Grundlagen und Praxis zur erfolgreichen Umsetzung **Markenaufbau und Markenpflege**

Prof. Dr. Torsten Tomczak
Tim Oliver Brexendorf (Hrsg.)

© 2005 Jean Frey AG, BILANZ, Zürich
Alle Rechte vorbehalten
Projektleitung: Michael Ebnöther
Realisation: additiv AG, Zürich
Herstellung: Fotolitho Longo AG, Bozen
ISBN 3-909267-06-8

Vorwort

Der «Faszinationswert» von Marken ist gross. Sowohl Konsumenten als auch Unternehmen messen Marken eine hohe Bedeutung bei. Für Unternehmen bedeutet die Führung von Marken heute mehr als die Entwicklung eines Logos und eines Markennamens. Sie versprechen sich durch die zielgerichtete Führung von Marken eine Steigerung des Markenwertes und eine damit verbundene Erhöhung des Unternehmenswertes. Eine starke Marke ermöglicht es den Unternehmen, sich dem zunehmend dynamischeren Wettbewerb, der zunehmenden Angleichung von Produkten und den kürzeren Innovationszyklen zu entziehen. Weiterhin können durch Marken Preis- und Mengen-Premiums erzielt werden, die den Umsatz erhöhen und damit die Wettbewerbsfähigkeit des Unternehmens sicherstellen können.

Der gezielte Aufbau, die Pflege und die Bewertung von Marken werden in der Theorie häufig im Zusammenhang mit (inter)nationalen Grossunternehmen thematisiert. Als Best-Practice-Beispiele werden Marken wie Nestlé, Coca-Cola oder BMW genannt. In der Praxis sind die Erkenntnisse der Markenführung aber insbesondere für Klein- und Mittelunternehmen (KMU) bedeutsam.

Bewusst haben wir daher KMU-Marken aus unterschiedlichen Branchen für dieses Buch ausgewählt, um die Vielfalt erfolgreicher Marken in KMU aufzuzeigen. Gemein ist ihnen dennoch eins: Sie sind starke Marken. Starke Marken ermöglichen eine Differenzierung gegenüber der Konkurrenz und schöpfen Potenziale in der Führung von KMU aus, die bisher weit gehend ungenutzt blieben. Eine kontinuierliche, gezielte Markenführung erfolgt in vielen Klein- und Mittelunternehmen eher beiläufig und unsystematisiert. Mit dem vorliegenden Werk sollen daher Anregungen für die gezielte Markenführung gegeben werden. Um das Themenfeld Markenführung für Klein- und mittelständische Unternehmen zu vertiefen, ist das vorliegende Buch in drei Hauptkapitel unterteilt. In einem ersten, theoretischen Teil werden die Grundlagen der Markenführung geschaffen. Namhafte Vertreter aus Markenforschung und -beratung zeigen praktikable Konzepte auf, die in der Markenführung eingesetzt werden können. Im zweiten, praktischen Teil geben Schweizer KMU-Unternehmen wie BLACKSOCKS, MOTOREX, ODLO und Rivella vertiefte Einblicke in die Führung ihrer Marken. Die Leser können hieraus Analogien zu ihrer eigenen Praxis ziehen und aus den Erfahrungen der Unternehmen profitieren. Der dritte Teil des Buches führt die Ergebnisse kurz zusammen und zeigt zukünftige Entwicklungen der Markenführung auf.

Mit der Herausgabe eines Buches gebührt vielen Personen Dank für die erfolgreiche Unterstützung in der Entstehung des Buches. Die Herausgeber danken insbesondere auch allen Mitautoren, die mit ihren Beispielen eindrucksvolle und erfolgreiche Beispiele der Markenführung in KMU liefern.

Wir wünschen Ihnen viel Spass bei der Lektüre und Impulse für die tägliche Arbeit.

Torsten Tomczak, Tim Oliver Brexendorf

Die Herausgeber freuen sich auf eine Diskussion und Anregungen jeder Art:

Torsten Tomczak, Tim Oliver Brexendorf
Institut für Marketing und Handel
Universität St. Gallen
Dufourstrasse 40a, 9000 St. Gallen

Autorenverzeichnis

Dr. Stephan Feige
ist geschäftsführender Partner der htp St. Gallen Managementberatung AG. Seine Tätigkeitsschwerpunkte sind Markenstrategie, Kommunikation, Konsum- und Gebrauchsgüter sowie Handel.

Simone Hofstetter
ist Senior-Beraterin bei der htp St. Gallen Managementberatung AG. Ihre Arbeitsschwerpunkte sind Markenstrategie, Intelligente Marktforschung, Kundenbindungskonzepte, Marketing- und Vertriebskonzepte.

Dr. Clemens Koob
ist geschäftsführender Partner bei der htp St. Gallen Managementberatung AG. Seine Arbeitsschwerpunkte sind Konsumgüter und Dienstleistungen, Strategisches Marketing und Marktforschung.

Lic. oec. Geri Aebi
ist Geschäftsführer der Wirz Werbung und Gesellschafter bei dieser Firma. Nach Abschluss des BWL-Studiums war er Texter und danach geschäftsführender Gesellschafter bei GGK, Wien.

Martin Vogel
ist eidg. dipl. Bankfachmann und arbeitet bei der UBS als Leiter Firmenkunden Schweiz. Zuvor übte er verschiedene Tätigkeiten innerhalb der UBS aus und besuchte diverse Management- und Senior-Executive-Programme.

Dr. Peter Felser
ist CEO und Mitinhaber der Werbeagentur Spillmann/Felser/Leo Burnett in Zürich.

Eric Meier
ist Leiter Markenabteilung und Mitglied der Direktion des Eidgenössischen Instituts für Geistiges Eigentum in Bern.

Stefan Bosshardt
ist Leiter Kommunikation & Information des Eidgenössischen Instituts für Geistiges Eigentum in Bern.

Stefan Fraefel, Fürsprecher
ist Leiter der Sektion Markenprüfung 1 des Eidgenössischen Instituts für Geistiges Eigentum in Bern.

Samy Liechti
ist Gründerpartner und Geschäftsführer von BLACKSOCKS AG. Nach dem Studium an der HSG hatte er verschiedene Engagements als Berater in den Bereichen Marketing/Kommunikation für namhafte Unternehmen.

Franz Rieder
ist Vorsitzender der Geschäftsleitung der Rivella AG. Zuvor war er über 30 Jahre bei Unilever in verschiedenen Sparten tätig und danach war er Geschäftsführer bei der Elida Cosmetics AG.

Edi Fischer
ist Leiter Marketing und Verkauf und stellvertretender Geschäftsführer der Firma Bucher AG, Langenthal. Zuvor war er acht Jahre lang für die Unilever Bestfood tätig und übte dort verschiedene Funktionen im In- und Ausland aus.

Claudia Merkel
ist Kommunikationsfachfrau. Nach Tätigkeiten in der Konzernkommunikation des österreichischen Unternehmens Mobilkommunikation und selbstständiger Tätigkeit im Bereich Beratung und Training leitet sie die Abteilung PR International bei ODLO International AG.

Thomas Ramseier
ist Gründungsmitglied und Geschäftsführer der Markenberatungsagentur BrandPulse, die sich schwerpunktmässig mit der Entwicklung neuer Marken und der Vitalisierung bestehender beschäftigt.

Dr. Joachim Kernstock
ist Lehrbeauftragter für Betriebswirtschaftslehre mit besonderer Berücksichtigung des Marketing an der Universität St. Gallen und leitet das Kompetenzzentrum Brand Management am Institut für Marketing und Handel.

Herausgeber:

Prof. Dr. Torsten Tomczak
ist Direktor am Institut für Marketing und Handel und Ordinarius für Betriebswirtschaftslehre mit Berücksichtigung des Marketing an der Universität St. Gallen (HSG).

Tim Oliver Brexendorf
ist wissenschaftlicher Mitarbeiter und Doktorand am Institut für Marketing und Handel an der Universität St. Gallen (HSG). Zuvor war er in verschiedenen internationalen Handelsunternehmen tätig.

Inhaltsverzeichnis

1. **Teil 1   Der Basisteil**
   - 1.1   Strategische Markenführung — 9
   - 1.2   Markenpositionierung: Ein Guide für KMU — 83
   - 1.3   Typisch KMU: Wenig Budget, viel Ideen — 105
   - 1.4   Der Markenwert – ein KMU-Erfolgsfaktor — 117
   - 1.5   Markenevaluation: Was zeichnet wertvolle Marken aus? — 129
   - 1.6   Markenschutz — 157

2. **Teil 2   Der Praxisteil**
   - 2.1   Socken-Geschichten um die Marke BLACKSOCKS — 179
   - 2.2   Rivella – welche Farbe hat Dein Durst? — 195
   - 2.3   MOTOREX – «Challenge the limits» — 207
   - 2.4   ODLO – «passion for sports» — 217

3. **Teil 3   Der Ausblick**
   - 3.1   Erfolgreiche Markenführung für KMU — 233
   - 3.2   Zukünftige Entwicklung der Markenführung — 251

Teil 1
Der Basisteil

Strategische Markenführung

1.1.1 Einleitung

Nescafé, Novartis, UBS, Nestlé, Roche sind laut einer Untersuchung der Markenberatung Interbrand und der Schweizer Wirtschaftszeitschrift «Bilanz» die fünf wertvollsten Marken der Schweiz (vgl. o.V. 2005, S. 83). Diese fünf Marken besitzen einen hohen Wert, stellen jedoch nur einen geringen Anteil der in der Schweiz existierenden Marken dar. Allein in der Schweiz sind insgesamt 198 000 Marken im Register eingetragen, zu denen jährlich um 12 000 Markengesuche hinzukommen (Eidgenössisches Institut für Geistiges Eigentum, Stand: 9.9.2004). Eine Vielzahl der im Markenregister eingetragenen Marken sind Marken von Klein- und Mittelunternehmen (KMU).

Trotz der starken Bedeutungszunahme der Markenführung im Allgemeinen werden die Potenziale der Markenführung in KMU oft unterschätzt oder bleiben weit gehend unerschlossen. Marken werden eher beiläufig und intuitiv geführt. Das Verständnis für die relevanten Markensteuerungsaspekte ist bei der Geschäftsführung oft gering, und die für den Markenaufbau wichtigen Kommunikationsaktivitäten werden oft von externen Agenturen geplant, die meist wenig über die strategischen Ziele der Marke wissen. Während international tätige Grosskonzerne wie Nestlé, Beiersdorf oder Unilever hohe Kompetenzen in der Markenführung aufweisen, nehmen diese Kompetenzen bei kleinen und mittleren Unternehmen ab. Markenführung in KMU wird vielfach noch mit der Gestaltung von Wort-Bild-Kombinationen gleichgesetzt.

Prof. Dr. Torsten Tomczak, Tim Oliver Brexendorf

64 Prozent der deutschen KMU setzen dabei auf eine Zusammenarbeit mit externen Partnern, um die Kompetenzen in der Markenführung zu erhöhen und Defizite in der Markenführung auszugleichen (vgl. Müller et al. 2003, S. 6). Eine hohe Anzahl ist auch für die Schweiz zu vermuten.

Ziel dieses Beitrages ist es, einen vertieften Einblick in die Strategische Markenführung zu geben. Es sollen Konzepte aufgezeigt werden, die erste Einblicke in die Markenführung und eine Anwendung in der täglichen Praxis von KMU ermöglichen. In der Erläuterung der Konzepte beziehen wir uns hierbei sowohl auf Markenbeispiele von KMU als auch Grossunternehmen, um das gesamte Spektrum der Markenführung aufzuzeigen.

1.1.2 Rahmenbedingungen der Markenführung

Strategische Markenführung beschäftigt sich mit der Pflege im Markt eingeführter Angebote entlang ihres Lebenszyklus. In einem erweiterten Sinne gehört dazu auch der Aufbau von Marken als Voraussetzung für ihre Einführung in den Markt. Ohne eine systematisch geplante Markenidentität ist eine erfolgreiche Markenführung nicht denkbar. Das bedeutet, dass die Marke während sämtlicher Phasen – der Entwicklungs-, Einführungs-, über die Wachstums-, Reife- bis hin zur Degenerationsphase – begleitet werden muss.

Zur Analyse der Umweltsituation eines KMU ist es notwendig, die so genannten Triebkräfte des Wettbewerbs (vgl. Porter 1990, S. 25-61) – Endkunden, Absatzmittler, Mitbewerber und Lieferanten – systematisch zu analysieren, um von diesen Kräften ausgehende Einflüsse auf das eigene Angebot zu ermitteln (vgl. Haedrich et al. 2003, S. 14). (Vergleiche Abb. 1)

In allen Branchensektoren zeichnen sich in der letzten Zeit dynamische Veränderungen mit zunehmender Intensität ab. Revolutionäre Entwicklungen, initiiert u.a. durch den Markteintritt branchenfremder

Anbieter, können zur Folge haben, dass sich die Regeln des Wettbewerbs in relativ kurzer Zeit völlig verändern (Beispiele sind die Märkte der Medien, der Telekommunikation, des Finanzwesens und des Tourismus). Durch die Tatsache, dass die Nachfrage in zahlreichen Marktsegmenten gesättigt ist und die Angebote in den Augen der Nachfrager weit gehend austauschbar sind, gewinnt die Markenführung höhere Bedeutung.

Die weiterhin starke Zunahme der Konzentration im Absatzmittlerbereich erschwert die Verhandlungen mit dieser Ebene, insbesondere für Hersteller, die über keine starken Marken verfügen. Hinzu treten Veränderungen aus dem globalen Umfeld, die sich beispielsweise auf gewandelte ökonomische, soziale, technologische, politische, ökologische und kulturelle Rahmenbedingungen beziehen und die strategische Markenführung ebenfalls beeinflussen können. Nicht zuletzt setzt die zunehmende Internationalisierung einzelner Märkte neue Eckpunkte für die strategische Markenführung von KMU.

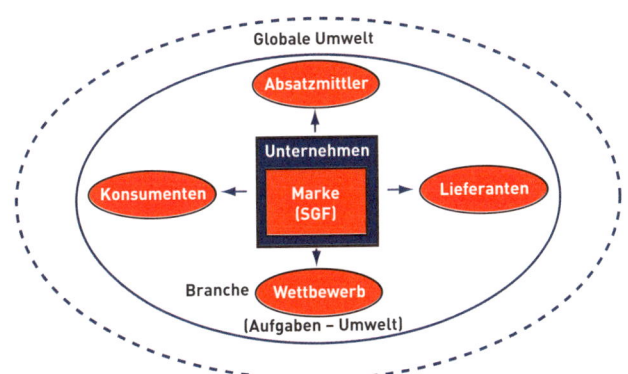

Abbildung 1: Die Marke in ihrem Umfeld. Quelle: Haedrich et al. 2003, S. 19.

Während strategische Markenführung in der Regel auf Konstanz ausgerichtet ist und damit verbunden möglichst langfristige strategische Planungszeiträume anstrebt, muss sie heute und in Zukunft einen strategischen Wandel «zwischen Anpassung und Kontinuität» vollziehen. Jenner weist darauf hin, «dass sich die strategische Markenführung im

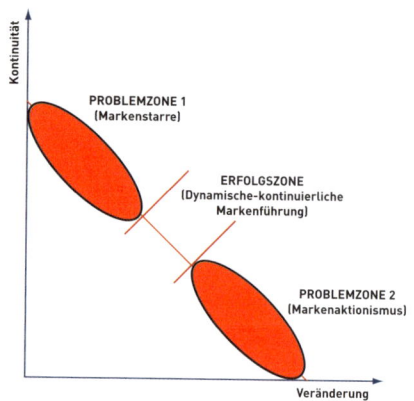

Abbildung 2: Markenführung zwischen Markenstarre und Markenaktionismus.
Quelle: Jenner 1999, S. 24.

Spannungsfeld zwischen dem Aufbau einer eindeutigen Identität der Marke und der Notwendigkeit einer situativ bedingten Anpassung an veränderte Rahmenbedingungen bewegt» (Jenner 1999, S. 151).

Auf der einen Seite kann das Verfolgen eingefahrener Bahnen und das Festklammern an einer festgelegten Markenidentität und -positionierung Gefahren für die Marke mit sich bringen, andererseits fügt aber ein unkontrollierter Markenaktivismus der Marke voraussichtlich Schaden zu.

Unter der Leitlinie «So viel Kontinuität wie möglich, so viel Wandel wie nötig» erfolgt beispielsweise auch die Weiterentwicklung der Marke BMW. Die Entwicklung der Marke in diesem strategischen Korridor zwischen Veränderung und Kontinuität kann man anhand der Entwicklung des BMW-Markenlogos und des charakteristischen Kühlergrills in Form der Doppelniere beobachten (vgl. Kalbfell 2003, S. 239).

Markenbegriff

Im Folgenden wird der Begriff der Marke näher spezifiziert. Eine einheitliche Begriffsbezeichnung existiert derzeit in Wissenschaft und Praxis nicht. Vielmehr bestehen verschiedene Sichtweisen des Markenbegriffes.

Im weitesten Sinne versteht man unter einer Marke ein auf einer Ware angebrachtes Zeichen, das der Individualisierung dient (vgl. Dichtl 1992, S. 4). Demnach erfolgt die Kennzeichnung durch den Markennamen sowie durch verschiedene Markenelemente wie Logo, Symbole, die Warenausstattung (Design) bzw. durch eine Kombination von Markennamen und verschiedenen Markenelementen.

Es werden jedoch nicht nur nur physische Güter, sondern auch Dienstleistungen durch eine Marke gekennzeichnet, um auf diese Weise eine Differenzierung von Wettbewerbsangeboten zu erreichen. Keller erwähnt ergänzend, dass sich eine Marke auch auf Organisationen (z.B. auf industrielle bzw. Handelsunternehmen), Personen, auf bestimmte Veranstaltungen (z.b. aus dem Bereich der Kunst, der Unterhaltung oder des Sports) sowie auf geografische Destinationen beziehen kann (vgl. Keller 2003, S. 13–33).

Marken im rechtlichen Sinne sind schutzfähige Kennzeichen. Laut Bundesgesetz über den Schutz von Marken und Herkunftsangaben vom 28. August 1992 ist die Marke «ein Zeichen, das geeignet ist, Waren oder Dienstleistungen eines Unternehmens von solchen anderer Unternehmen zu unterscheiden» (MSchG, Art. 1, 1) (vgl. Beitrag Institut für Geistiges Eigentum). Gemäss Artikel 1, Absatz 2 Markenschutzgesetz (MSchG) können Marken «insbesondere Wörter, Buchstaben, Zahlen, bildliche Darstellungen, dreidimensionale Formen oder Verbindungen solcher Elemente untereinander oder mit Farben sein» (MschG, Art. 1, 2).

Für den Aufbau und die Führung von Marken hat sich in letzter Zeit der Begriff Branding eingebürgert. Im weiteren Sinne umfasst Branding «alle Massnahmen ..., die dazu geeignet sind, ein Produkt aus der Masse gleichartiger Produkte herauszuheben und die eine eindeutige Zuordnung von Produkten zu einer bestimmten Marke ermöglichen» (Esch/Langner 2001, S. 441).

Häufig werden die Begriffe Marke und Markenartikel gleichgesetzt. Ein Markenartikel ist nach verbreiteter Auffassung ein Produkt, das sich durch gleich bleibende, jeweils am neuesten technischen Standard orientierte Qualität auszeichnet, durch Kommunikation bekannt gemacht und profiliert, breit distribuiert und auf einheitlichem Preisniveau angeboten wird. Diese merkmalsbezogene Definition stösst bei Dienstleistungen insofern auf Schwierigkeiten, als eine gleich bleibende Qualität nicht immer garantiert werden kann – u.a. durch die Einbringung eines so genannten externen Faktors (vgl. u.a. Engelhardt 1990) sowie durch die Tatsache, dass es sich oft um Leistungsbündel handelt, an denen unterschiedliche Anbieter beteiligt sind (vgl. Engelhardt et al. 1993). Ausserdem sind die Kriterien des einheitlichen Preisniveaus sowie der breiten Distribution in der Praxis nicht durchgängig nachweisbar; beispielsweise gelten auch selektiv bzw. exklusiv vertriebene Angebote als Markenartikel.

Daher setzt sich heute bei der Definition des Markenbegriffs mehr und mehr eine konsumentenorientierte Sichtweise durch, durch die die merkmalsbezogene Definition nicht ersetzt, jedoch näher spezifiziert wird. Meffert versteht unter einer Marke «ein in der Psyche des Konsumenten verankertes, unverwechselbares Vorstellungsbild von einem Produkt oder einer Dienstleistung» (Meffert 2000, S. 847).

Nicht jedes markierte Angebot, auf das die merkmalsbezogene Definition zutrifft, ist also danach als Marke einzustufen, sondern die Definition gilt lediglich für solche Angebote, die ganz bestimmte Voraussetzungen erfüllen. Offensichtlich lösen Marken bei den Abnehmern (Konsumenten, Handel, weiteren Bezugsgruppen wie z.B. Lieferanten, Banken, Arbeitnehmern) Vorstellungen aus, die u.a. durch den Markennamen, die Produkteigenschaften und den «Absender» (Hersteller, sonstigen Anbieter) der Marke gesteuert werden (Markenimage). Bei solchen «starken» Marken, die mit einem hohen Markenwert versehen sind, existieren so genannte Marken-Schemata, die sich beim Konsumenten als feste Vorstellungsbilder einprägen und für die Aufnahme und Verarbeitung zusätzlicher markenspezifischer Informationen massgebend sind. Der Aufbau von Marken-Schemata setzt voraus, dass die betreffende Marke bekannt ist und für Produkte einer bestimmten Warengattung steht (z.B. Tempo für Taschentücher). Eine derartige Auffassung von Marken wirkt nicht nur einschränkend, sondern auch erweiternd in dem Sinne, dass als Marke nicht nur Markenartikel im engeren Sinne (Herstellermarken), sondern auch Handelsmarken anzusehen sind, wenn diese die genannten Bedingungen erfüllen.

Nachfolgend wird eine Marken-Definition angeboten, die die Grundlage für alle folgenden Ausführungen bildet.

Als Marke wird im Folgenden «jedes Angebot bezeichnet (Konsumgut, Dienstleistung, Investitionsgut), das mit einem Markennamen und zusätzlich mit festen Markenelementen gekennzeichnet ist, das den Angehörigen der Zielgruppe und weiterer Bezugsgruppen bekannt und mit einem ausgeprägten und unverwechselbaren Markenbild (Image) versehen ist» (Haedrich et al. 2003, S. 18).

Funktionen von Marken
Marken erfüllen sowohl aus Hersteller- als auch aus Konsumentensicht wichtige Funktionen.

Aus der Perspektive der Konsumenten erfüllen Marken wichtige Aufgaben. Im Langzeitgedächtnis abgespeicherte und verdichtete Informationen in Form von Marken-Schemata reduzieren das Risiko beim Kauf und wirken auf diese Weise verhaltenssteuernd und stressreduzierend. Eine ganz besondere Rolle spielt dieser Sachverhalt bei Dienstleistungen, die stark durch so genannte Vertrauenseigenschaften gekennzeichnet werden können.

Wie bereits in den Marken-Definitionen anklang, dienen Marken den Anbietern dazu, ihre Leistungen für Abnehmer identifizierbar zu machen und gleichzeitig von denen des Wettbewerbs zu differenzieren. Markenführung muss also gründlich geplant werden. Das erfordert erhebliche Investitionen, u.a. in die Bereiche Forschung & Entwicklung und Marketing/Vertrieb zur Entwicklung der Produktqualität und zum Aufbau von Bekanntheit und Image der Marke.

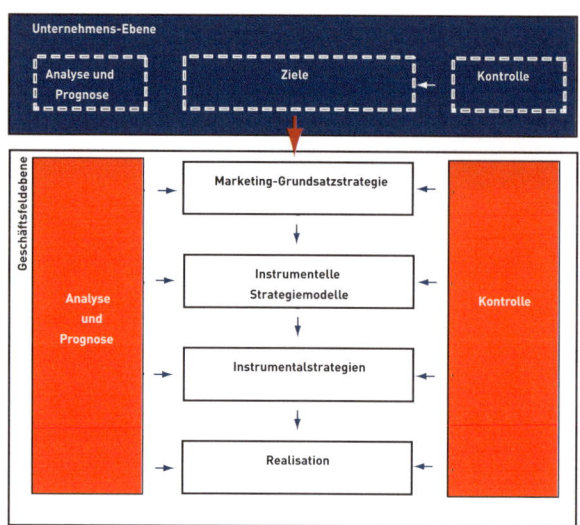

Abbildung 3: Marketingplanungsprozess. Quelle: Haedrich et al. 2003, S. 25.

Der Ablauf der Marketingplanung ist aus Abbildung 3 zu entnehmen.

Auf der Markenebene geht es um die Planung der Marketingstrategie, die sich aus einer Grundsatzstrategie, dem instrumentellen Strategiemodell (der instrumentellen Leitplanung) und der instrumentellen Detailplanung zusammensetzt (zur Übersicht vgl. u.a. Haedrich/Tomczak 1994, S. 925–948; Kuss/Tomczak 2004). Begleitend sind jeweils Analyse-, Prognose- und Kontrollphasen. Wichtige Aufgabe der Analyse- und Prognosephase ist die Erstellung der so genannten SWOT-Analyse, bei der Stärken (Strengths) und Schwächen (Weaknesses) des Planungsobjekts den Chancen (Opportunities) und Risiken (Threats), die sich in dem Umfeld abzeichnen, gegenübergestellt werden. Unter anderem sind marktliche Trends aufzudecken, aber auch Gefahren, die sich beispielsweise aus Gegenreaktionen von Abnehmern oder anderen Stakeholdern (Wettbewerbern, politischen Gruppen, Ad-hoc-Gruppierungen wie Bürgerinitiativen oder Umweltschutzvereinigungen) bzw. Veränderungen in der globalen Umwelt ableiten lassen.

1.1.3 Aufbau und Entwicklung der Markenidentität

Das zentrale Ziel der Markenführung ist der Aufbau von starken Marken, mit anderen Worten von Marken mit hohem Markenwert (vgl. Esch/Wicke 2001, S. 44-51). Der Wert einer Marke hängt davon ab, ob es gelingt, eine unverwechselbare Markenidentität zu schaffen. Vor dem Hintergrund der Markenidentität erfolgt die Positionierung der Marke, die ihrerseits die Basis für die Markenprofilierung und die Entwicklung eines positiven Markenimages mit Hilfe eines Programms zum systematischen Aufbau der Marke darstellt. In Zusammenhang mit der Profilierung des Produktes und dem Aufbau eines positiven Markenimages stehen die Kennzeichnung des Produktes mit einer Marke sowie kommunikative Massnahmen, die zur Profilierung dienen, im Vordergrund. Produkt- und preispolitische Massnahmen sowie solche im Bereich der Distribution treten flankierend hinzu, damit ein klares Markenprofil entstehen kann.

Als weitere Aufgabe im Rahmen der Markenführung nennen Aaker/Joachimsthaler den Aufbau einer Markenarchitektur, insbesondere bei stark diversifizierten Unternehmen mit einer Aufgabe von zentraler Bedeutung. Hierbei geht es um die Entwicklung organisatorischer Strukturen und Prozesse, um den Markenaufbau wirksam zu flankieren (vgl. Aaker/Joachimsthaler 2000, S. 25-28).

Meffert/Burmann sprechen von einer identitätsorientierten Markenführung als «aussen- und innengerichtetem Managementprozess mit dem Ziel der funktionsübergreifenden Vernetzung aller mit dem Marketing von Leistungen zusammenhängenden Entscheidungen und Massnahmen zum Aufbau einer starken Markenidentität ...» (Meffert/Burmann 2002, S. 30). Das Konzept der Markenidentität wird in einem doppelten Sinne aus der Innenperspektive des Unternehmens («Selbstbild der Markenidentität») und aus der Aussenperspektive der Konsumenten und sonstigen Bezugsgruppen («Fremdbild der Markenidentität») aufgefasst; letzterer Begriff ist identisch mit dem Markenimage.

Beim Aufbau einer Markenidentität handelt es sich im ersten Schritt um die Identifikation der inneren Werte der Marke, hier als strategische Erfolgspotenziale der Marke bezeichnet. Strategische Erfolgspotenziale sind einzigartige Ressourcen und Fähigkeiten des Unternehmens, die bei der Entwicklung der Markenidentität zur Verfügung stehen; sie sollten wertvoll, knapp, nicht vollständig imitierbar und nicht substituierbar sein (vgl. Barney 1991, S. 105 f.), als Voraussetzung dafür, dass Wettbewerbsvorteile aufgebaut werden können.

Im zweiten Schritt geht es um die Implementierung dauerhafter Wettbewerbsvorteile mit Hilfe der Positionierung und deren Umsetzung auf dem Wege über eine geeignete Marketingstrategie. Dabei spielt der zentrale Nutzen, den der Konsument mit der Marke in Verbindung bringt und der die Marke von Wettbewerbsangeboten deutlich unterscheidet, eine wichtige Rolle. Markenidentität und Markenimage stehen in einem wechselseitigen Austauschprozess; gelingt es dem Markenmanagement, die Kernidentität der Marke (den Markenkern, geprägt durch unveränderbare innere Werte der Marke) und das Image der Marke in Übereinstimmung zu bringen und entsprechend auf diese Weise Selbst- und Fremdbild der Marke, so ist damit die Basis für den Aufbau einer starken Marke geschaffen.

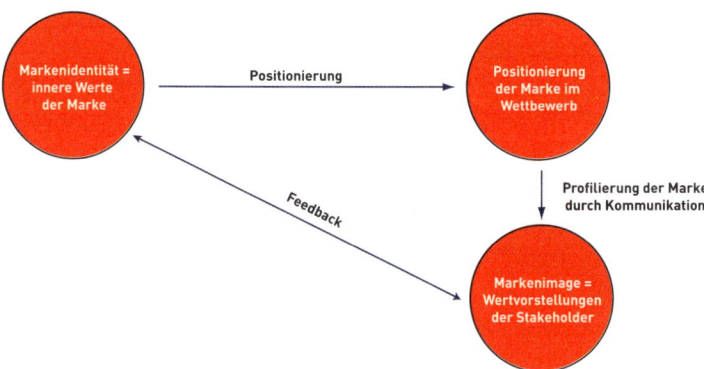

Abbildung 4: Markenidentität, Positionierung und Profilierung.
Quelle: Haedrich et al. 2003, S. 31.

Nach Aaker besteht die Identitätsstruktur einer Marke aus vier Dimensionen:

- der Produktdimension (Assoziationen u.a. betreffend Eigenschaften der Produktgattung und des Produktes selbst, die Konsumsituation, die Zielgruppe und das Ursprungsland der Marke. Schliesslich sind auch mit dem Ursprungsland der Marke in Verbindung stehende Assoziationen oftmals identitätsstiftend (Schweizer Produkte gelten u.a. einerseits als überdurchschnittlich umweltfreundlich und als internationale Spitzenprodukte, auf der anderen Seite jedoch als relativ wenig innovativ, vgl. Kühn 1992);
- einer organisationalen Dimension (verbunden u.a. mit Vorstellungen über den Hersteller oder Anbieter des Produktes und den regionalen Geltungsbereich der Marke);
- einer persönlichkeitsbezogenen Dimension (Assoziationen betreffend die Markenpersönlichkeit und emotionale Beziehungen zwischen Marke und Kunden);
- einer symbolischen Dimension (geprägt u.a. durch den Markennamen, das Markenlogo und die symbolhafte Ausgestaltung der Marke).

Nur auf diese Weise gelingt es, ein konsistentes Markenimage aufzubauen, das – ausgehend vom Markenkern – schrittweise durch weitere Elemente der Markenidentität zu einem festen und reichhaltigen Markenschema vervollkommnet wird. Das gesamte Netz von Markenassoziationen ist im Laufe der Zeit vor allem durch kontinuierliche Kommunikationsaktivitäten verdichtet worden, um das Markenimage auszubauen, dabei dem gewandelten Markenumfeld Rechnung zu tragen und auf diese Weise die Marke stets aktuell zu halten.

Die Entwicklung einer unverwechselbaren Markenidentität ist Aufgabe des Markenmanagements, das mit dem Aufbau und der Führung der Marke befasst ist; hier ist u.a. die wichtige Frage der Markenkultur angesprochen, die in einer Organisation herrscht. Diese wird geprägt durch die Vision und das Leitbild der Organisation als Träger übergeordneter Werte und Zielvorstellungen (vgl. Aaker/Joachimsthaler 1997, S. 40). 30,2 Prozent der Unternehmen mit einer Grösse von einem bis neun

Mitarbeitenden haben die Unternehmensvision nicht explizit formuliert. Der Inhaber des Unternehmens kann diese Visionen jedoch implizit durch sein Verhalten in der täglichen Arbeit leben, ohne dies schriftlich fixiert zu haben (vgl. Müller et al. 2003, S. 28).

Ob ein konsistentes Markenbild entsteht, das sich bei der Zielgruppe nach und nach zu einem festen Markenschema verdichtet, hängt von den Fähigkeiten des Managements zur Markenführung sowie den organisatorischen Strukturen und Prozessen ab, in die Aufbau und Pflege von Marken eingebettet sind. Strategische Markenführung ist eine Top-Management-Aufgabe und verlangt Kreativität, Kontinuität und gleichzeitig Spürsinn für Veränderungen im marktlichen und globalen Umfeld des Unternehmens. Die Führungs- und Umsetzungsverantwortung der Markenführung liegt bei 91,9 Prozent der KMU bei der Geschäftsführung (vgl. Müller et al. 2003, S. 42). Eine Delegation der Verantwortung der Markenführung an untere Hierachieebenen ist für KMU auf Grund der Unternehmensgrösse und der hohen Bedeutung der Markenführung selten sinnvoll. Eine hohe persönliche Identifikation mit der Marke ohne Distanz schafft eine Überzeugungskraft gegenüber den Mitarbeitern und anderen Anspruchsgruppen des Unternehmens. Bedeutsam ist die Verankerung der zentralen Verantwortung für die Marke. Dietrich Mateschitz war und ist Hüter der Marke Red Bull, ebenso wie Hans Riegel von Haribo.

Im Folgenden soll auf die symbolische Dimension der Markenführung vertieft eingegangen werden.

Gestaltung des Markenlogos
Mit einer Marke assoziierte Farben (z.B. die Farbkombination rot/gelb für Produkte der Marke Maggi oder orange für Migros), die besondere typographische Gestaltung eines Markennamens, Markensymbole (z.B. der Schriftzug von Ricola oder der Schlüssel der UBS), Slogans (z.B. St. Moritz: Top of the World) und Metaphern (z.B. der Weisse Riese als Ausdruck enormer Waschkraft) lösen bei der Zielgruppe bestimmte Vorstellungen aus, helfen bei der Differenzierung des Angebots vom Wettbewerb und erhöhen die Schutzfähigkeit der Marke.

Häufig werden bestimmte Farbkombinationen, Symbole, Slogans und Metaphern bei der Entwicklung eines Markenlogos verwendet. Der Markenname und das Markenlogo stellen wesentliche Elemente des Markenkerns dar (vgl. Keller 2003, S. 181). Bei 82 Prozent der KMU hat das Markenzeichen einen direkten Bezug zum Unternehmensnamen (vgl. Müller et al. 2003, S. 6). Das Markenlogo bildet einen Gedächtnisanker für die mit der Marke verbundenen Assoziationen, da visuelle Reize leichter als verbale Reize im Gedächtnis gespeichert werden.

Dem Markenlogo als Kennzeichnungsmerkmal eines Produktes fallen mehrere Aufgaben zu (vgl. Haedrich et al. 2003, S. 39 f.):

- es muss in hohem Masse identitätsstiftend und daher in der Lage sein, starke positive Assoziationen auszulösen; das Logo muss prägnant sein, die Produktleistung (den Produktnutzen) in den Augen der Zielgruppe erkennbar und unverwechselbar machen und das Angebot auf diese Weise klar und eindeutig von Wettbewerbsangeboten positiv abgrenzen;
- es muss einen hohen Aktivierungs-, Wiedererkennungs- und Erinnerungswert besitzen; im Sinne der ganzheitlichen Aufgabe des Branding muss sich das Logo auf die Produktausstattung und -verpackung übertragen und in sämtlichen vertriebs- und kommunikationspolitischen Massnahmen problemlos einsetzen lassen;
- es muss möglichst flexibel sein, d.h. «dehnbar» (im Sinne der Übertragung auf Produkte in anderen Branchen und in anderen Regionen);
- schliesslich muss es die Schutzfähigkeit des Angebots erhöhen.

Das Logo «Putting a smile on peoples faces» von Imholz bzw. TUI erfüllt diese Ansprüche und vermittelt durch ein frisches Mehrfarbensystem die Werte der Marke «smile», «dream» and «joy» über alle sprachlichen und kulturellen Grenzen hinweg.

Da die auf dem Markenkern aufbauende Positionierung heute oftmals vordergründig emotionale Dimensionen anspricht, muss bei der Entwicklung des Markenlogos darauf geachtet werden, dass möglichst auch emotionale Potenziale erschlossen werden. Diese steuern den gesamten Informationsverarbeitungsprozess beim Konsumenten, der in Zusammenhang mit einer Kaufentscheidung abläuft, d.h. sowohl die Wahrnehmung und Wiedererkennung des Produktes, beispielsweise im Einzelhandel, aber auch in sämtlichen kommunikativen Massnahmen, z.B. in der Mediawerbung und Verkaufsförderung. Unter Low-Involvement-Bedingungen kann ein konkretes Angebot auf diesem Wege aus seiner Produktkategorie positiv herausgehoben und unverwechselbar gemacht werden.

Auswahl des Markennamens
Der Aufbau klarer Assoziationen spielt bei der Auswahl des Markennamens eine bedeutsame Rolle. Bei der Auswahl des Markennamens unterscheidet Esch daher zwischen bedeutungslosen und bedeutungshaltigen Namen (vgl. Esch 1999, S. 352). Bedeutungshaltige Markennamen zeichnen sich durch einen assoziativen Bezug (z.B. Du darfst für kalorienreduzierte Nahrungsmittel) oder einen direkten Bezug (z.B. Volkswagen) zum Angebot aus und leisten einen Beitrag zur Positionierung der Marke.

Was die Zielsetzung für die Namensgebung betrifft, so steht bei der Auswahl des Markennamens der Aspekt der Produktpositionierung im Vordergrund: 61 Prozent der Befragten geben an, den Markennamen an der beabsichtigten Produktpositionierung zu orientieren. Die Differenzierbarkeit des Produktes sowie die klare Einordnung des Angebots in ein abgrenzbares Marktsegment werden von jeweils 41 Prozent der Befragten als wichtige Ziele angegeben und folgen damit auf dem zweiten Rang (vgl. Kohli, LaBahn 1997).

Einige Unternehmen versuchen sich durch abstrakte oder bedeutungslose Markennamen zu differenzieren. Oftmals können Konsumenten abstrakte Markenelemente noch lange nach der Markeneinführung nicht richtig zuordnen. Eine Untersuchung von Endmark hat festgestellt, dass 67,8 Prozent der befragten Personen einen bekannten Markennamen aus sinnlos zusammengesetzten Buchstabenkürzeln nicht korrekt mit der Leistung assoziieren können. GMX wurde als Off-Road-Fahrzeug von BMW, als Navigationssystem, aber auch als Internetdienstleister wahrgenommen (Endmark, 2001).

Eine weitere Gefahr besteht in der Verwechslungsgefahr von Markennamen. Bei vielen Markennamen bestehen durch stereotype und branchenspezifische Bezeichnungen Verwechslungsgefahren, die eine Differenzierung und Einprägsamkeit des Markennamens erschweren. Namensbestandteile wie «pharm», «tech» oder «tel» behindern eine eindeutige Positionierung und Abgrenzung zur Konkurrenz. Die zunehmende Vielfalt an Markennamen erhöht die Schwierigkeit für Unternehmen, einen differenzierungsfähigen, prägnanten Namen mit einer starken Assoziationsleistung zum Unternehmen zu finden.

Kohli/LaBahn haben den Prozess der Namensfindung empirisch untersucht; sie verwendeten dazu eine Stichprobe von Markenmanagern aus der amerikanischen Industrie. Auf dieser Basis untergliedern sie den Prozess der Namensfindung in fünf Stufen (vgl. Kohli/LaBahn 1997).
In Tabelle 1 ist die Bedeutung verschiedener Kriterien für die Bewertung von Markennamen wiedergegeben. Offensichtlich spielen der Bezug des Namens zu der Produktkategorie sowie seine assoziative Verbindung mit dem Produkt die grösste Rolle; aber auch die Sympathie, die dem Namen entgegengebracht wird, Wiedererkennbarkeit, Differenzierungs- und Erinnerungsvermögen spielen eine grosse Rolle. Bei

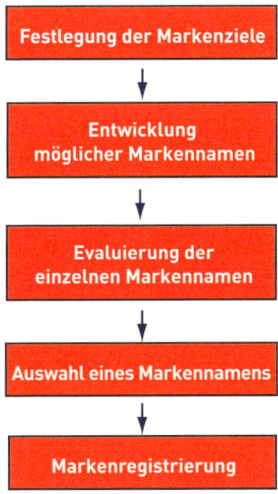

Abbildung 5: Prozess der Namensgebung. Quelle: Kohli, LaBahn 1997, S. 69.

der endgültigen Auswahl des Markennamens kommt dann schliesslich noch der Gesichtspunkt der Schutzfähigkeit zum Tragen.

Stellenwert der Kriterien	Gesamtheit n = 101	Konsumgüter n = 48	Industriegüter n = 53
Relevanz in Bezug auf die Produktkategorie	5,99	6,10	5,88
Konnotationen	5,83	5,93	5,74
Allgemeine Anziehungskraft	5,79	5,68	5,89
Leichtigkeit der Wiedererkennung («recognition»)	5,77	5,84	5,69
Unterscheidungsvermögen	5,49	5,55	5,44
Leichtigkeit der Erinnerung («recall»)	5,42	5,43	5,40
Vereinbarkeit mit Unternehmensimage	5,42	5,51	5,34
Schutzfähigkeit	5,14	4,95	5,32
Leichtigkeit der Aussprache	5,07	5,19	4,96
Vereinbarkeit mit dem Produktprogramm	4,95	5,10	4,80
Profane oder negative Konnotationen	4,59	4,51	4,67
Verwendbarkeit für andere Produkte	3,61	3,71	3,52
Übersetzbarkeit in andere Sprachen	3,18	3,00	3,34

Tabelle 1: Stellenwert einzelner Kriterien bei der Evaluierung von Markennamen.
Quelle: Kohli, LaBahn 1997, S. 72.

Kotler weist darauf hin, dass auch darauf geachtet werden sollte, dass der Markenname gut aussprechbar ist (vgl. Kotler 1999, S. 64). Um dieses Problem bei der Einführung der Marke Stuyvesant im deutschen Zigarettenmarkt zu lösen, wurde seinerzeit von dem Hersteller u.a. starke Radiowerbung eingesetzt. Kunden, die nicht wissen, wie der Markenname auszusprechen ist, haben oft Hemmungen beim Kauf bzw. vermeiden es, mit anderen Personen über das Produkt zu sprechen.

Aus der Gestaltpsychologie ist bekannt, dass Reize gesamthaft auf die Wahrnehmung von Menschen wirken. Zur Realisierung der überlegenen Kommunikationswirkungen eines integrierten Branding müssen Markenname und Markenlogo deshalb innerhalb eines abgestimmten Prozesses gemeinsam entwickelt werden (vgl. Langner/Esch, 2004, S. 109 ff.). Daher sind übereinstimmende Assoziationen zwischen dem Markenlogo und dem Markennamen besser als voneinander abweichende Assoziationen. Eine gegenseitige Assoziation zwischen Markenname und -logo kann durch eine inhaltliche und formale Integration der beiden Brandingelemente erzielt werden werden (vgl. Esch/Langner, 2001, S. 519). So unterstützt das gebundene Nest den Markennamen Nestlé und umgekehrt, sodass eine wechselseitige Assoziierbarkeit gewährleistet ist. Auch die Marke Stepstone («Sprungbrett») nutzt den gegenseitigen Bezug zwischen dem Markennamen und dem Logo, welches einen steinigen Weg nach oben darstellt.

1.1.4 Positionierung von Marken

Jede angebotene Marke besitzt aus dem subjektiven Blickwinkel der Kunden eine bestimmte Position im Markt. Mit der Marke Milka verbinden die Konsumenten in der Regel Schokoladengenuss aus echter Alpenmilch. Diese Position wird unter anderem durch den in der Kommunikation verwendeten Claim «die zarteste Versuchung seit es Schokolade gibt» und durch die Figur der lila Kuh vermittelt. Die Position einer Marke wird durch vielfältige Faktoren beeinflusst. Selbst ohne den zielgerichteten Einsatz des Marketingmix weist eine angebotene Marke ein mehr oder weniger prägnantes Profil auf, d.h. sie kann – und dies ist in der Praxis durchaus der Fall – eine bestimmte Position im Markt weit gehend passiv und ungesteuert besetzen. Die Positionierung zielt auf die **strategische** und **aktive** Gestaltung der Stellung einer Marke im jeweils relevanten Markt ab (vgl. hierzu Esch 1992; Mühlbacher/Dreher 1996).

Anforderungen an die Positionierung
Zentrale Aufgabe der Positionierung ist es, die zukünftige Stellung einer Marke im Markt und im Wettbewerb festzulegen, um die Richtung für einen effizienten Einsatz des Marketingmix gemäss den öko-

nomischen Zielsetzungen vorzugeben. Die Positionierung liefert die Leitidee für die quantitative und qualitative Ausgestaltung des Marketingmix (vgl. Becker 1996). Eine Marke ist derart zu positionieren, dass eine dauerhafte und profitable Alleinstellung im Wettbewerb erreicht wird. Ein komparativer Konkurrenzvorteil bzw. – in der Sprache der Praxis – eine «Unique selling proposition (USP)» oder «Unique marketing proposition (UMP)» ergibt sich, wenn die folgenden Anforderungen erfüllt sind (vgl. insbesondere Meffert 1988, S. 119-121; Magyar 1987, S. 142-149):

- Ein echter, d.h. für die anvisierte Kundengruppe bedeutsamer Kundennutzen, muss angesprochen werden. Die Leistungen der eigenen Marke sind in eine Leistung für den jeweiligen Kunden zu übersetzen.
- Der Nutzen muss für die Kunden deutlich wahrnehmbar sein. Massstab für die erfolgreiche Umsetzung einer Positionierung ist somit die subjektive Wahrnehmung der Kunden (vgl. Tomczak/Müller 1992).
- Der Nutzen muss die eigene Marke möglichst dauerhaft von den Marken der Wettbewerber positiv abgrenzen. Die zentrale Zielsetzung besteht nicht in einer Maximierung des Nutzens des jeweiligen Kunden, sondern darin, einen relevanten Kundennutzen besser als irgendein anderer Wettbewerber oder der Kunde selbst befriedigen zu können. Mit anderen Worten, im Mittelpunkt steht die relative Steigerung des Kundennutzens (vgl. Grosse-Oetringhaus 1994).
- Der Nutzen sollte auf Kernkompetenzen im Unternehmen treffen. «Die Analyse der eigenen Ressourcenpotenziale im Sinne von besonderen Fähigkeiten ist eine entscheidende Voraussetzung für die Definition von KKVs» (Backhaus 1992, S. 22). D.h., dauerhafte komparative Konkurrenzvorteile liegen nur dann vor, wenn tatsächlich überlegene Fähigkeiten und Ressourcen vorhanden sind (vgl. Day/Wensley 1988).

Klassisches Positionierungsmodell/Reaktive Positionierung
Ein zentraler Grundgedanke des Marketing lautet: Kunden wählen diejenigen Produkte bzw. Leistungen, deren wahrgenommene Eigenschaften ihren (Nutzen-)Erwartungen am besten entsprechen. Es gilt, sich an dieser zentralen Hypothese zu orientieren, wenn Produkte bzw. Leistungen im Markt erfolgreich positioniert werden sollen. Diese

Grundgedanken liegen dem «klassischen» Positionierungsmodell zugrunde. Hierbei werden die Positionen verschiedener, miteinander im Wettbewerb stehender Produkte bzw. Leistungen in einem so genannten Positionierungsraum wiedergegeben. Dieser Positionierungsraum wird durch Achsen gebildet, die die kaufentscheidungsrelevanten Produkteigenschaften eines Marktes widerspiegeln (vgl. u.a. Freter 1983, S. 33–42; Brockhoff 1992). Für Kaffee können dies beispielsweise die Produkteigenschaften Geschmack und Bekömmlichkeit sein.

Neben den Positionen der derzeit am Markt präsenten Marken lassen sich in derartigen Positionierungsmodellen auch Ansatzpunkte für eventuell offene Marktsegmente erfassen, indem so genannte Idealmarken erhoben werden, die die Idealvorstellungen bzw. Präferenzen einer bestimmten Kundengruppe im Hinblick auf den betrachteten Markt bündeln.

Das «klassische» Positionierungsmodell weist vier **Kernelemente** auf (vgl. insbesondere Freter 1983, S. 34–35; Wind 1982):

- **Eigenschaften:** Die relevanten spezifischen (Nutzen-)Erwartungen der Kunden sind zu ermitteln. Zu beachten ist, dass Eigenschaften nicht gleichgewichtig auf die Kaufentscheidungen der Kunden Einfluss nehmen. Für Kaffeekäufer sind die Eigenschaften «Geschmack» (Aroma, Bohnenmischung usw.) und «Bekömmlichkeit» (Koffeingehalt, Reizarmut usw.) von besonderer Bedeutung für die Kaufentscheidung und Zufriedenheit.

- **Positionen von Marken:** Jede Marke wird durch die von den Kunden wahrgenommenen Ausprägungen in den relevanten Eigenschaften charakterisiert.

- **Positionen von Kunden:** Jeder Kunde verfügt über ein Anforderungsprofil an eine ideale Marke bzw. ein Präferenzprofil. Kunden mit ähnlichen Anforderungen und somit homogenen Bedürfnissen bilden ein Marktsegment.

- **Distanzen zwischen Marken- und Kundenpositionen:** Zwischen der Position eines Kunden und den wahrgenommenen Ausprägungen der betrachteten angebotenen Marken bestehen Distanzen. Die zentralen Hypothesen des «klassischen» Positionierungsmodells lauten: Je geringer die Real-Ideal-Distanz, desto grösser wird die Wahrscheinlichkeit, dass der Kunde eine bestimmte Marke kauft.

Grundsätzlich lassen sich zwei Stossrichtungen bei der Entwicklung einer Positionierung unterscheiden (Esch 1992, S. 10–11; Kroeber-Riel/Weinberg 2004, S. 203–204):

Anpassung der angebotenen Leistungen an die Nutzenerwartungen (Bedürfnisse, Wünsche) der Kunden: Bei dieser Vorgehensweise werden die Nutzenerwartungen der Kunden an die so genannte Idealmarke als gegeben angenommen. Es wird das Ziel verfolgt, eine Marke auf den Markt zu bringen, welche der Idealmarke möglichst gut entspricht.

Anpassung der Nutzenerwartungen der Kunden an die angebotenen Leistungen: Hier wird versucht, die Nutzenerwartungen der Kunden an die Idealmarke so zu verändern, dass ihnen die angebotenen Realmarken zusagen.

Die Zielsetzung beider Vorgehensweisen besteht somit immer in einer Verringerung des von den Kunden wahrgenommenen Abstandes zwischen Ideal- und Realmarken. In der Regel kommen in der Praxis beide Ansätze kombiniert zum Einsatz.

Möglichkeiten und Grenzen des klassischen Positionierungsmodells

Das klassische Positionierungsmodell liefert dem Marketingpraktiker in KMU zweifellos wertvolle und unverzichtbare Hinweise für die Planung des zukünftigen Einsatzes seines Marketingmix. Auf Basis einer Ist-Analyse lassen sich Erkenntnisse darüber gewinnen, ob mit der aktuell verfolgten Marketingstrategie die relevanten Bedürfnisse der Zielgruppe befriedigt werden oder ob gewisse Verschiebungen bei der Wahrnehmung des Images stattgefunden haben. Auch lassen sich – wie aufgezeigt – bis zu einem gewissen Grad wettbewerbsorientierte

Strategien ableiten, indem beispielsweise angestrebt wird, die eigene Marke möglichst nahe bei einer bisher vom Wettbewerb nicht bedienten Idealmarke zu positionieren.

Angesichts der heutigen intensiven Wettbewerbsverhältnisse weist eine lediglich an dem klassischen Positionierungsmodell ausgerichtete Marketingstrategie in zahlreichen Märkten allerdings einige schwerwiegende Mängel auf. Im Einzelnen sind dies:

- **Trend zur Gleichschaltung der konkurrierenden Angebote:** Alle Wettbewerber in einem Markt verfügen heutzutage nahezu über dieselben Informationen und kommen in der Folge dann zumindest in der Tendenz zu ähnlichen Schlussfolgerungen bezüglich der Ausrichtung der Marketing- und Wettbewerbsstrategien. Diese Entwicklung lässt sich in der Realität in zahlreichen Märkten beobachten (z. B. Waschmaschinen, Autoreifen, Joghurts).

- **Reaktives Marketing:** Das Modell ist vergangenheitsorientiert (vgl. Trommsdorff 1992, S. 332). Sowohl Wettbewerb als auch Kundenerwartungen bzw. -bedürfnisse sind jedoch dynamisch.

- **Mangelnde Innovationsorientierung:** Die Präferenzen der Kunden (Idealmarken) werden in der Praxis durch gängige Methoden der Marktforschung ermittelt, in der Regel durch repräsentative Befragungen. Auf diesem Weg lassen sich aber nur die verbreiteten Ansichten der Kunden erheben, die massgeblich durch das in der Vergangenheit betriebene Marketing geprägt wurden. Eine Positionierung, die sich an zukünftigen Marktpotenzialen orientiert und eine Alleinstellung gegenüber der Konkurrenz erlaubt, lässt sich auf diesem Weg nicht erreichen. Innovative Positionierungen verlangen Kreativität, Spekulation und strategische Weitsicht vom Anbieter. Eine innovative Marke wie beispielsweise der Energydrink Red Bull beruht nicht auf der Befragung potenzieller Kunden, sondern auf ungewöhnlichen, kreativen Ideen sowie dem Gespür dafür, welche neuen Nutzenkombinationen vom «Markt» akzeptiert werden.

- **Unzureichende Annahmen zum Kundenverhalten:** Die Realität der Märkte sieht heutzutage vielfach so aus, dass sich kein Wettbewerber Defizite bei einem Basis-Imagemerkmal bzw. bei einer grundlegenden Eigenschaft der angebotenen Marken erlaubt. Trommsdorff (1992, S. 330) identifiziert vor diesem Hintergrund eine weitere fundamentale Schwäche des «klassischen» Positionierungsmodells, wenn er feststellt: «Die Vorstellung von einem allen Wettbewerbsmarken gemeinsamen, einheitlichen Image-Merkmalsraum verträgt sich insbesondere nicht mit den Erkenntnissen der noch jungen Low-Involvement-Theorie der Konsumentenbeeinflussung. Es werden durchaus nicht alle Wettbewerbsmarken nach denselben Kriterien beurteilt.» Erfolgreiche Marken sind auf eigenen, nur von diesen besetzten Eigenschaftsdimensionen positioniert. Im höherpreisigen Automobilmarkt besetzt BMW beispielsweise die Positionierungsdimension «elegante Fahrdynamik»; schwedische Automobilmarken (Volvo, Saab) sind hingegen traditionell nahezu ein Synonym für die Eigenschaft «solide Sicherheit».

Als Fazit lässt sich feststellen, dass mit Hilfe des «klassischen» Positionierungsmodells versucht wird, entweder die angebotenen Marken an die Erwartungen der Kunden oder die Erwartungen der Kunden an die angebotenen Marken anzupassen. Im Mittelpunkt eines solchen Vorgehens stehen Wünsche, die von den Kunden in welcher Form auch immer explizit mit Blick auf eine bestimmte Produktkategorie artikuliert wurden. Daher kann das Positionierungsvorgehen nach diesem Modell als reaktiv bezeichnet werden.

Aktive Positionierung

Vor dem Hintergrund der oben diskutierten Entwicklungen gewinnt in vielen Märkten ein ergänzender Positionierungsansatz immer grössere Bedeutung (vgl. Tomczak/Reinecke 1995). In zahlreichen Märkten reicht es heutzutage nicht mehr aus, das Marketing an artikulierten Kundenwünschen auszurichten. Vielmehr wird es erforderlich, latent vorhandene Kundenwünsche zu eruieren und mit entsprechenden Marketingaktivitäten zu bedienen.

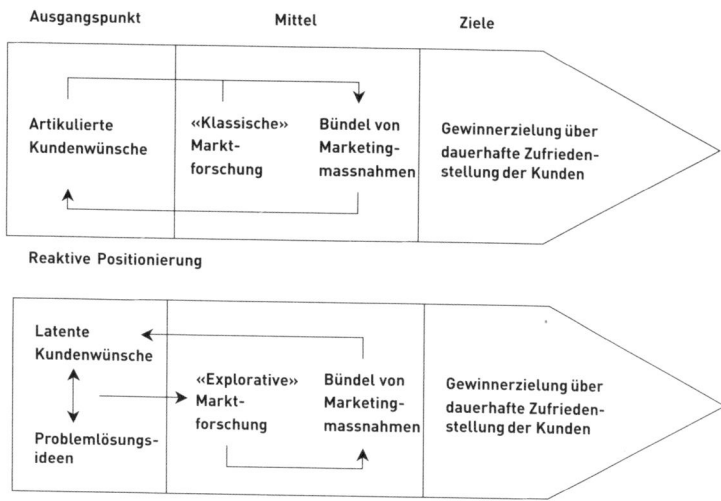

Abbildung 6: Reaktive und aktive Positionierung. Quelle: Haedrich/Tomczak 1996, S. 143.

Die hier vorgestellten Überlegungen zur aktiven Positionierung greifen Überlegungen von Ries/Trout auf (vgl. Ries/Trout 1986; 1993). Bei der aktiven Positionierung geht es darum, eine neue, dem Kunden bis zu diesem Zeitpunkt unbekannte, für seine Kaufentscheidung aber wichtige Eigenschaftsdimension (möglichst die wichtigste) in einzigartiger Weise zu besetzen. So empfehlen Ries/Trout (1986, S. 79–88) Marktherausforderern, nicht das Ziel zu verfolgen, die vorhandenen Marktregeln besser als der Marktführer zu beherrschen («Grösser-und-besser»-Philosophie), sondern eine Strategie zu wählen, die nach neuen Regeln bzw. nach einem neuen Markt sucht («New-game-Strategie»).

Für die Entwicklung einer aktiven Positionierung stehen zwei Ansatzpunkte aus dem strategischen Management zur Verfügung – die Outside-in- und die Inside-out-Orientierung. Generell basieren Ideen für neue Marken sowohl auf dem kontinuierlichen Monitoring und der Analyse der Kundenbedürfnisse als auch auf der Nutzung der spezifischen Ressourcen und des Know-hows des Unternehmens.

Tabelle 2 zeigt anhand einiger Beispiele auf, wie Marken im Sinne einer Outside-in-Orientierung bzw. Inside-out-Orientierung erfolgreich auf dem Markt positioniert wurden.

Beispiele für die Outside-in-Orientierung	Beispiele für die Inside-out-Orientierung
Magnum: Der Markt für Eiscreme am Stiel konzentrierte sich lange Zeit auf Kinder und Jugendliche als Hauptzielgruppe. Auch Erwachsene geniessen gerne Eiscreme als Snack, erheben jedoch andere Ansprüche als Kinder und Jugendliche. Als Konsequenz spricht Unilever mit der Marke Magnum das bisher nicht abgedeckte Bedürfnis nach einer hochwertigen Eiscreme am Stiel an.	Sony-Walkman: Der Sony-Walkman war der erste tragbare Kassettenrekorder auf dem Markt und stellte eine einzigartige Innovation auf dem Gebiet der Unterhaltungselektronik dar. Erst nach der Entwicklung des Geräts ging Sony daran, bei den Konsumenten das Bedürfnis zu wecken, unterwegs Musik zu hören und sie auf den Sony-Walkman aufmerksam zu machen.
Swatch: Swatch wurde nicht deshalb zum Erfolg, weil es gelang, die Marke in einem Modell mit bekannten Imagedimensionen so zu positionieren, dass sie besser den Idealvorstellungen einer bestimmten Kundengruppe entsprach. Vielmehr gelang es, neue Dimensionen wie «modische Aktualität» für den Uhrenmarkt zu entdecken und möglichst einzigartig zu besetzen.	Gore: Die Firma Gore entwickelt unter der Marke Gore-Tex basierend auf einer wetterfesten und zugleich atmungsaktiven Membran Lösungen für die unterschiedlichsten Anwendungen und Kundenbedürfnisse, von wetterfester, atmungsaktiver Bekleidung über Kabelummantelungen bis zur Medizinaltechnik.

Focus:	Nivea:
Das wöchentlich erscheinende Nachrichtenmagazin Focus wurde 1996 lanciert und konnte sich erfolgreich auf dem deutschen Zeitschriftenmarkt etablieren. Es appelliert vor allem an das Bedürfnis der Konsumenten nach einem informativen und visuell ansprechenden Magazin. Im Gegensatz zur Konkurrenz (z. B. Spiegel, Stern) ist Focus politisch neutraler und durch kürzere Artikel sowie zahlreiche farbige Grafiken und Übersichten sehr leserfreundlich gestaltet. Zudem wird die Zeitschrift durch Online-Angebote, z. B. Börseninformationen, ergänzt.	Eine einzigartige Kombination pflegender Wirkstoffe bildet die Basis für die Nivea-Creme. Diese Creme wird seit 1911 von den Konsumenten geschätzt. Da die Pflegebedürfnisse der Konsumenten jedoch im Laufe der Zeit differenzierter wurden, wird dementsprechend heute unter der Marke Nivea ein breites Spektrum an Pflegeprodukten – z. B. als Sonnenschutz oder speziell für Männer – angeboten.

Tabelle 2: Beispiele für die Outside-in- und für die Inside-out-Orientierung.
Quelle: Haedrich et al. 2003, S. 54, 55.

Die Grundthese der Outside-in-Orientierung besagt, dass Unternehmen durch die konsequente Ausrichtung ihres Handelns an den Bedürfnissen der Kunden bzw. durch den Aufbau von Differenzierungs- oder Kostenvorteilen gegenüber der Konkurrenz in wirtschaftlich attraktiven Märkten Wettbewerbsvorteile schaffen können. Übertragen auf die Positionierung wird somit bei der Outside-in-Orientierung in einem ersten Schritt versucht, latent vorhandene und bisher noch nicht abgedeckte Bedürfnisse von bestimmten Kundengruppen zu identifizieren, um dann in einem zweiten Schritt durch die Nutzung (bzw. den Aufbau) der entsprechenden Ressourcen nach innovativen Problemlösungen zu suchen.

Die strategische Perspektive der **Inside-out-Orientierung** (vgl. Kuss/ Tomczak 2004, S. 167 f.) geht davon aus, dass Unternehmen durch spezifische Ressourcenausstattungen Wettbewerbsvorteile erzielen können. In der Regel schaffen Unternehmen Wettbewerbsvorteile nicht durch einzelne Ressourcen, sondern durch die Integration mehrerer Ressourcen zu so genannten Kernkompetenzen (vgl. Prahalad/Hamel

1990). Verfolgt ein Unternehmen somit vorrangig eine Inside-out-Orientierung, so werden bei der Positionierung in einem ersten Schritt ausgehend von dem Know-how bzw. einer spezifischen Ressourcenausstattung des Unternehmens innovative Problemlösungen kreiert, für die in einem zweiten Schritt Kunden mit (latent vorhandenen) Bedürfnissen gesucht werden.

Als Fazit lässt sich die These aufstellen, dass eine aktive Positionierung sich dann nachhaltig am Markt etablieren lässt, wenn ein Unternehmen sowohl ein relevantes Kundenbedürfnis anspricht, als auch über einen nachhaltigen Ressourcenvorteil verfügt.

Zur Erhebung latenter oder zukünftig relevanter Bedürfnisse reichen jedoch die klassischen Methoden der Marktforschung in der Regel nicht aus. Vielmehr ist es notwendig, neben einer umfassenden Analyse der vorhandenen internen und externen Informationen in einer Unternehmung auch neue Informationen im Rahmen einer Innovationsbedarfserfassung zu generieren. Ziel dieses explorativen Vorgehens ist es, die Probleme der Kunden besser zu verstehen und schneller als die Konkurrenz im Rahmen der Gestaltung der eigenen Marke zu berücksichtigen. Zur Informationsgewinnung kann auf verschiedene Ansätze zurückgegriffen werden wie beispielsweise die Kundenpartizipation, insbesondere die Einbeziehung von Lead Usern (vgl. von Hippel 1988, Herstatt 1991, Herstadt/von Hippel 1992), die Situationsanalyse (intensive Anwenderbeobachtung), Kreativitäts- oder Prognosetechniken oder explorative Expertengespräche.

Abschliessend lässt sich feststellen, dass Überlegungen, die sich von der Analyse eines «klassischen Positionierungsmodells» leiten lassen (reaktive Positionierung), mit den Ansätzen zu einer aktiven Positionierung zu kombinieren sind. Je nach Situation müssen die Schwerpunkte allerdings entweder eher bei einer reaktiven oder eher bei einer aktiven Positionierung liegen. Insbesondere in jungen Märkten, in denen die Wettbewerbsintensität noch nicht so hoch ist, lassen sich auch heute noch mit Hilfe einer reaktiven Positionierung komparative Konkurrenzvorteile erlangen. In nahezu allen gesättigten Märkten müssen dagegen innovative Wege mittels einer aktiven Positionierung beschritten werden, um auf diese Weise quasi einen neuen Markt zu definieren.

Positionierungsziele und -strategien
Die Ziele einer Positionierung hängen vom langfristigen Involvement der Zielgruppe ab, die angesprochen werden soll. Unter **Involvement** versteht man «(...) den Grad wahrgenommener persönlicher Wichtigkeit und/oder persönlichen Interesses, der durch einen Reiz (oder Reize) in einer bestimmten Situation hervorgerufen wird» (Antil 1984, S. 204). Bei hohem Involvement interessiert sich der Konsument generell für die betreffende Produktkategorie und sucht in der Regel aktiv nach Informationen, bevor er sich für eine bestimmte Marke entscheidet. Demgegenüber bringt der Konsument bei geringem Involvement der betreffenden Produktkategorie nur wenig Interesse entgegen bzw. steht ihr gleichgültig gegenüber. Die Wahl einer bestimmten Marke erfolgt eher passiv.

Ein hoher Grad an kognitivem Involvement äussert sich in der Regel in der intensiven Suche und Verarbeitung von Informationen aus unterschiedlichen Quellen. Dies ist häufig bei komplexeren Gütern der Fall, da hierbei die Marken aus Konsumentensicht meist Unterschiede hinsichtlich ihrer funktionalen und technischen Ausstattung aufweisen und auch mit verhältnismässig hohen Ausgaben verbunden sind. Beispiele hierfür sind Videorecorder oder Autos.

Bei hohem emotionalen Involvement ist es dem Konsumenten wichtig, bestimmte Marken zu erwerben, da sie zu seinem Selbstbild – die Summe seiner Einstellungen und Werte – passen oder da er nach aussen ein bestimmtes Bild verkörpern möchte. Der Kauf von Marken ist in der Regel weniger ein Prozess mit intensiver Informationssuche und -bewertung, sondern eher ein sinnliches Erlebnis. Beispiele hierfür sind Kleidung oder CDs.

Auf Basis des ermittelten langfristigen Involvements der angestrebten Zielgruppe lassen sich die Positionierungsziele für eine Marke ableiten. Esch (2001, S. 240–244) unterscheidet hier grundsätzlich vier Typen (vgl. Abbildung 7), die im Folgenden kurz beschrieben und anhand eines Praxisbeispiels konkretisiert werden.

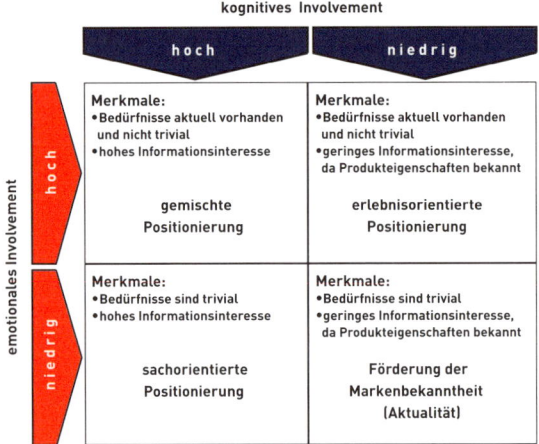

Abbildung 7: Normziele der Positionierung.
Quelle: In Anlehnung an Levermann 1994, zitiert nach Esch 2001b, S. 241.

Gemischte Positionierung: Hohes emotionales und kognitives Involvement

Wenn die Konsumenten sowohl ein hohes Informationsinteresse als auch ein bestimmtes emotionales Bedürfnis aufweisen, so ist eine gemischte Positionierung zu wählen. Ziel der Positionierung ist es somit, das betreffende emotionale Bedürfnis anzusprechen und Informationen über die Marke und ihre Kompetenz, dieses Bedürfnis zu befriedigen, zu liefern (vgl. Kroeber-Riel/Esch 2004). Beispielsweise appelliert die Marke Kellogg's an das Bedürfnis nach einem gesunden Frühstück. Detaillierte Angaben auf der Packung informieren über die in den Cerealien enthaltenen Vitamine und Mineralstoffe und damit über den hohen gesundheitlichen Wert der Kellogg's-Produkte. Gleichzeitig spricht Kellogg's die Konsumenten aber auch emotional an, beispielsweise durch das Angebot einer breiten Palette von Geschmacksvarianten, die für Abwechslung auf dem Frühstückstisch sorgen sollen.

Sachorientierte Positionierung: Niedriges emotionales und hohes kognitives Involvement

In diesem Fall ist das kognitive Involvement der Konsumenten hoch, die Konsumenten assoziieren jedoch kaum sinnliche Erlebnisse mit den betreffenden Marken. Daher ist es bei der Positionierung entscheidend, an die vorhandenen, überwiegend rationalen Bedürfnisse der Konsumenten zu appellieren und differenzierte, sachliche Informationen in den Vordergrund zu stellen. Häufig interessieren sich die Konsumenten insbesondere für die technischen und/oder funktionalen Eigenschaften der Marken, insbesondere für die innovativen Elemente von Neueinführungen. Entsprechend appelliert beispielsweise Hilti – die Marke steht für kompetente, innovative Lösungen für den Profi am Bau – etwa bei der Einführung eines neuen Laser-Distanzmessgerätes an ein Grundbedürfnis der Zielgruppe – messen von Distanzen – und stellt sachlich-informativ dar, durch welche innovative Eigenschaften (z. B. Laserpointer) dieses Bedürfnis befriedigt werden kann.

Erlebnisorientierte Positionierung: Hohes emotionales und niedriges kognitives Involvement

Das Ziel der erlebnisorientierten Positionierung wird vor allem dann verfolgt, wenn die in einem bestimmten Markt angebotenen Marken in Bezug auf ihre sachlich-funktionalen Eigenschaften wenig differenzierte Profile aufweisen. Dies ist häufig auf gesättigten Märkten der Fall. In solchen Märkten entscheiden sich die Konsumenten nicht auf Grund bestimmter Grundfunktionen und -leistungen für eine Marke. Diese werden von den Konsumenten bei allen Marken als nahezu gleich wahrgenommen, daher sind die Konsumenten auch kaum an sachlichen Produktinformationen interessiert. Die Konsumenten suchen vielmehr Marken, die für bestimmte emotionale Werte stehen und sich durch ein einzigartiges Erlebnisprofil von den Wettbewerbern abheben.

Positionierung durch Aktualität: Niedriges emotionales und kognitives Involvement

In diesem Fall ist zum einen der Informationsbedarf der Konsumenten gering, zum anderen sind die Konsumenten auch emotional kaum involviert. Ziel der Positionierung ist es, dafür zu sorgen, dass die

Marke in den Köpfen der Konsumenten präsent bleibt. Es gilt, den Konsumenten die Marke und ihre zentrale Botschaft immer wieder ins Gedächtnis zu rufen. Bei einer Positionierung durch Aktualität sollen weder die konkreten sachlich-funktionalen Eigenschaften der Marke noch die spezifischen emotionalen Werte vermittelt werden, sondern die Marke an sich soll durch regelmässige Wiederholung in den Köpfen der Konsumenten verankert bleiben. So werden beispielsweise die Marken Milka (Tafelschokolade) oder Nivea(-creme) immer wieder neu thematisiert und weisen daher sowohl eine konstant hohe allgemeine Markenbekanntheit als auch eine hohe Markenaktualität auf.

Positionierungsstrategien

Nachdem die Zielsetzung der Positionierung festgelegt wurde, ist im nächsten Schritt eine Positionierungsstrategie auszuwählen, die sich zur Erreichung dieser Zielsetzung eignet.

Hierbei sind generell folgende vier Entscheidungsdimensionen zu beachten (vgl. Kuss/Tomczak 2004, S. 173 f.):

- **Strategie-Variation:** Soll die bisher verfolgte Positionierungsstrategie beibehalten oder verändert werden und wenn ja, in welchem Grad?
- **Strategie-Stil:** Mit welchem Vorgehen soll dem Wettbewerb begegnet werden?
- **Strategie-Substanz:** Welcher zentrale Nutzen soll den Kunden angeboten werden?
- **Strategie-Feld:** Welche Zielgruppen sollen vorrangig angesprochen werden?

Die folgenden Ausführungen konzentrieren sich auf die Frage, in welchem Ausmass die bisher verfolgte Positionierungsstrategie verändert werden sollte und welche strategischen Stossrichtungen sich dementsprechend ergeben. Zu den übrigen Entscheidungsdimensionen sei an dieser Stelle auf Kuss/Tomczak (2004, S. 174 ff.) verwiesen. Grundsätzlich lassen sich drei strategische Stossrichtungen unterscheiden (siehe Abbildung 8):

```
                    Positionierungsstrategie
         ┌───────────────────┴───────────────────┐
   alter Positionierungsraum              neuer Positionierungsraum
   ┌─────────┬─────────┐                   ┌──────────┬──────────┐
Beibehaltung Anpassungs- Beeinflussungs-   Anbaustrategie  Neupositionierung
der          strategie:  strategie:
Position     Ideal als   Verändere Ideal-
             Datum!      vorstellungen!
             └────────────┬────────────────────┬──────────┘
                      Kombinationen
                      Umpositionierung
```

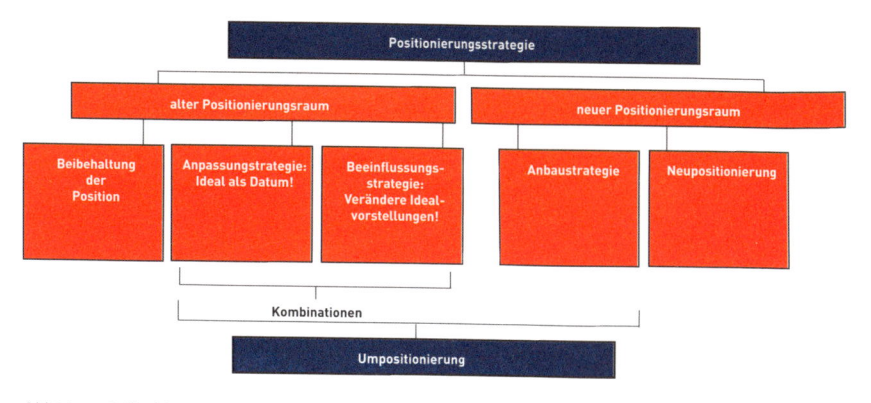

Abbildung 8: Positionierungsstrategien. Quelle: in Anlehnung an Esch 2001b, S. 246.

- Beibehaltung der Position der Marke
- Umpositionierung der Marke durch eine Anpassungs- und/oder Beeinflussungsstrategie (Umpositionierung im alten Positionierungsraum)
- Anbaustrategie (Umpositionierung im neuen Positionierungsraum)
- Neupositionierung der Marke

Diese werden im Folgenden erläutert und anhand eines Praxisbeispiels konkretisiert (vgl. zu den folgenden Ausführungen insbesondere Kuss/Tomczak 2004, S. 159 ff., sowie Esch 2001b, S. 245 ff.; Haedrich/Tomczak 1996, S. 105 ff.):

Beibehaltung der Position der Marke

Die Positionierung einer Marke wird dann beibehalten, wenn sich die Zielgruppe als wirtschaftlich tragfähig und die bisher eingesetzte Marketingstrategie als passend und wirksam zur Ansprache dieser Zielgruppe erwiesen hat. Auf instrumenteller Ebene ist es in der Regel zu empfehlen, die Identität und das Image der Marke im Kern zu bewahren, im Zeitablauf aber dennoch kleinere Änderungen vorzunehmen, um das Image der Marke zeitgemäss zu halten und die Awareness bei der Zielgruppe zu stärken. Die Strategie der Beibehaltung der Markenposition wird beispielsweise von Toblerone verfolgt. Toblerone ist als Schweizer Qualitätsschokolade mit Honig und Mandelnougat in der einzigartigen dreieckigen Form positioniert. Diese Position wird z. B. durch eine Werbekampagne mit berühmten Sehenswürdigkeiten in dreieckiger Form (z. B. Matterhorn, Oper in Sydney) gleichzeitig gestärkt und aktuell gehalten.

Umpositionierung der Marke
Wenn sich die Vorstellungen der Konsumenten in Bezug auf die Idealmarke geändert haben, vergrössert sich als Folge möglicherweise die Distanz zwischen der Idealmarke und der eigenen Marke. Dies macht häufig eine Umpositionierung der Marke erforderlich. Weitere Gründe für eine Umpositionierung können z. B. eine Verkleinerung der Zielgruppe – sodass diese unrentabel wird – oder eine Imitation der eigenen Strategie durch die Konkurrenz sein.

Erfolgt die Umpositionierung im alten Positionierungsraum, so spricht man von einer Anpassungs- und/oder einer Beeinflussungsstrategie. Während die Anpassungsstrategie darauf abzielt, die eigene Marke wieder stärker an die – neue – Position der Idealmarke anzunähern, wird mit der Beeinflussungsstrategie versucht, die Idealvorstellungen der Konsumenten zu Gunsten der eigenen Marke zu verändern. Darüber hinaus besteht auch die Möglichkeit, eine Umpositionierung im neuen Positionierungsraum durchzuführen. Diese Vorgehensweise wird als Anbaustrategie bezeichnet. Hierbei werden in der Regel einige zentrale Elemente der Positionierung der Marke beibehalten, aber um eine (oder mehrere) weitere Positionierungseigenschaft(en) ergänzt. Als Beispiel für eine derartige Umpositionierung lässt sich die Marke Adidas anführen: Nachdem Adidas in den 80er-Jahren bei jüngeren Konsumenten Imageverluste gegenüber amerikanischen Konkurrenten wie Nike und Reebok zu verzeichnen hatte, gelang es dem Unternehmen in den 90er-Jahren – da die Marke zunächst in der Technoszene zu Kultstatus gelangte –, den Mythos der bekannten Marke mit den drei Streifen neu zu beleben. Das charakteristische und weltweit bekannte Logo mit den drei Streifen und die hohe Qualität der Sportbekleidung wurden beibehalten, zusätzlich wurde Adidas jedoch als trendige, modische Marke nicht nur für Sportler positioniert.

Neupositionierung der Marke
Eine grundsätzliche Neupositionierung der Marke wird notwendig, wenn sich die Einstellungen der bisherigen Zielgruppe so stark geändert haben, dass die Position der eigenen Marke sehr weit von der Position der Idealmarke entfernt ist. In diesem Fall ist es zu empfehlen, die Marke in einem neuen Positionierungsraum mit veränderten Positionierungseigenschaften zu positionieren. Die Marke Gatorade stellt ein Beispiel für die Neupositionierung einer Marke dar (vgl. hierzu Arnold 1992, S. 171 ff.; vgl. auch Beitrag Koob/Feige/Hofstetter): Zunächst wurde Gatorade für eine verhältnismässig kleine Zielgruppe positioniert – als isotonisches Sportgetränk für Training und Wettkämpfe von Leistungssportlern, insbesondere zum Ersatz der durch extreme körperliche Anstrengung verlorenen Substanzen, wie z. B. Mineralstoffe. Es stellte sich jedoch heraus, dass das Konzept der Marke gegenüber den Konsumenten nicht klar genug kommuniziert wurde und dass die angestrebte Zielgruppe zu klein war. Im Zuge der Neupositionierung wurde die Zielgruppe von Gatorade deutlich erweitert: Es werden nicht nur Leistungssportler angesprochen, sondern Konsumenten in verschiedenen Situationen, die starken Durst hervorrufen, z. B. Krankheit/Fieber, körperliche Arbeit, sommerliche Temperaturen und sportliche Betätigung wie etwa Joggen. Die Marke wurde somit zum einen in einem neuen Positionierungsraum – «alkoholfreie Erfrischungsgetränke» mit Konkurrenten wie z. B. Coca-Cola, Apollinaris usw. – positioniert, zum anderen mit neuen Positionierungseigenschaften belegt (z. B. «erfrischend», «wohlschmeckend», «durstlöschend» im Gegensatz zu den früheren zentralen Positionierungseigenschaften «isotonisch» und «wissenschaftlich getestet»).

1.1.5 Umsetzung von Markenidentität und Markenpositionierung

Aufbau des Markenimages durch integrierte Kommunikationsmassnahmen
Kommunikationspolitische Massnahmen haben eine Schlüsselfunktion bei der Profilierung einer Marke und beim Imageaufbau (vgl. insbeson-

dere Beitrag BLACKSOCKS, Rivella). Ausgehend von der Festlegung der Markenidentität und den dort verankerten Wertvorstellungen geht es darum, die zukünftige Position der Marke zu planen und mit Hilfe offensiver Kommunikationsmassnahmen einen Alleinstellungsanspruch gegenüber der Zielgruppe durchzusetzen (vgl. Aaker 1996, S. 71).

Auf Grund der relativ schwachen Aufmerksamkeit, die der Markenkommunikation von Konsumenten in Situationen einer geringen persönlichen Betroffenheit (Low-Involvement-Situationen) entgegengebracht wird, ist es zweckmässig, nichtverbale Informationsmittel in den Vordergrund zu stellen und die sachbezogenen Informationen auf wenige Aussagen zu konzentrieren. Im Mittelpunkt steht ein einprägsames, unverwechselbares Bildmotiv, ergänzt durch Headline und Slogan in Verbindung mit dem Markenzeichen und evtl. einigen knappen textlichen Erläuterungen. Da damit gerechnet werden muss, dass die Botschaft in Low-Involvement-Situationen nur langsam gelernt wird, sind häufige Wiederholungen ratsam.

Um auch unter erschwerten Kommunikationsbedingungen ein konsistentes Markenschema aufbauen und Schritt für Schritt komplettieren zu können, ist eine einheitliche Linie bei sämtlichen Kommunikationsmassnahmen Voraussetzung. Sowohl auf formaler als auch auf inhaltlicher Ebene ist daher eine konsequente Integration aller markenbezogenen Kommunikationsaktivitäten notwendig. Esch gibt anhand einer Integrationsmatrix Anhaltspunkte für die Vorgehensweise.

Beispiele für formale Integration sind Präsenssignale wie Markenzeichen, bestimmte Farbkombinationen, typografische Elemente und die gesamte Optik der Kommunikationsmittel; inhaltlich kann die Integration durch Schlüsselbilder oder identische bzw. semantisch gleiche Kernaussagen erfolgen.

Untersuchungen haben ergeben, dass hinsichtlich der Eignung einzelner Gestaltungsmittel zur kommunikativen Integration eine Wirkungshierarchie existiert. Bildliche Integration – anhand von so genannten strategischen Schlüsselbildern – ist sowohl einer sprachlichen Integration – z.B. durch Slogans – als auch der formalen Integration

Mittel zur Integration / Dimensionen der Integration	Kombination		inhaltliche Integration			
	«klassische» formale Mittel (CD-Massnahmen)	Präsenzsignale, Wort-Bild-Zeichen	durch Sprache		durch Bilder	
			identische Aussage	semantisch gleiche Aussagen	gleicher Bildinhalt	Schlüsselbild
zeitlich						
zwischen den eingesetzten Kommunikationsmitteln						

Abbildung 9: Integrationsmatrix. Quelle: Esch 2001a, S. 612.

überlegen. Formale Integrationselemente – beispielsweise die Marke oder das Corporate Design – spielen wiederum eine grössere Rolle als sprachliche Integrationsbemühungen. Das ist dadurch zu erklären, dass kommunikative Beeinflussungsversuche oftmals – in der heute häufig anzutreffenden Situation des Low Involvements – darauf hinauslaufen, den Konsumenten auf der emotionalen Ebene anzusprechen bzw. durch deutliche Betonung formaler Gestaltungselemente eine hohe Markenaktualität zu erreichen.

Esch schlägt vor, bei der Integration der Kommunikationsaktivitäten zwischen Leit-, Integrations- und Folgeinstrumenten zu unterscheiden:

An der Spitze der Bedeutungsskala steht nach wie vor die klassische Werbung. Hier ist der Gestaltungsspielraum relativ gering, d.h. die eingesetzten Kommunikationsmittel müssen in formaler und inhaltlicher Hinsicht konsequent abgestimmt werden. Grösser sind die Freiheitsgrade z.B. bei der Integration von Verkaufsförderungsmassnahmen, noch grösser bei den «Folgeinstrumenten», wie beispielsweise Internet, Direct Mail und Sponsoring. Eine derartige Klassifizierung kann allerdings nur grundsätzlicher Natur sein; situativ kann sich die Einordnung der eingesetzten Kommunikationsinstrumente auf beiden Dimensionen deutlich verschieben.

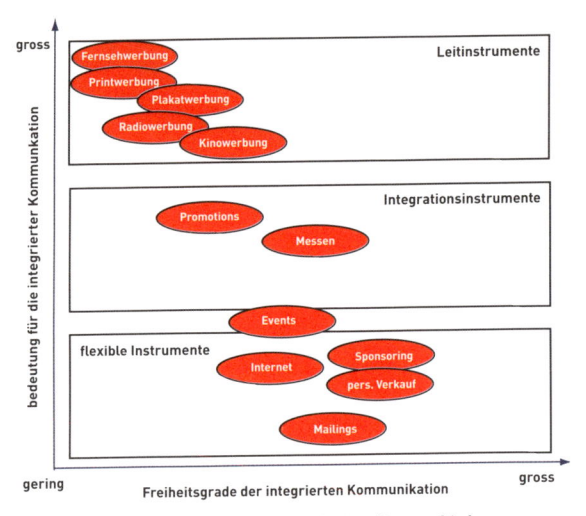

Abbildung 10: Freiheitsgrade integrierter Kommunikation für verschiedene Kommunikationsinstrumente. Quelle: Esch 2001a, S. 615.

KMU zeichnen sich durch einen engen Kundenkontakt aus. Neben der massenmedialen Kommunikation ist demnach auch die persönliche Kommunikation über die Marke zu berücksichtigen. Die Autoren Watzlawick, Bevin und Jackson haben mit der Aussage «Man kann sich nicht nicht verhalten» betont, dass Kommunikation ein Bestandteil jeder Interaktion darstellt (Watzlawick et al. 2000, S. 51). Somit gibt es keinen persönlichen Kontakt, bei dem nicht angemessene oder unangemessene Eindrücke absichtlich oder unabsichtlich, bewusst oder unbewusst entstehen können. Ob man will oder nicht, beeinflusst die persönliche Kommunikation das Markenimage der Anspruchgruppen des Unternehmens.

In der Beziehung zwischen Mitarbeiter und Konsument ist es demnach wesentlich, dass Mitarbeiter die Garantie liefern, in einer gegebenen Situation die gewünschte Markenidentität durch eigenes Verhalten zu vermitteln. Insbesondere bei Dienstleistungsunternehmen prägt das Verhalten der Mitarbeiter im hohen Masse die Markenwahrnehmung. Überall dort, wo wesentliche Teile der Leistung des Unternehmens an der Schnittstelle zwischen Unternehmen und Konsumenten erbracht werden, stellt das Mitarbeiterverhalten einen wichtigen Kanal für den Transport der Markenbotschaft dar (vgl. Tomczak et al. 2005, S. 25).

Die Notwendigkeit einer integrierten Markenkommunikation über alle Kommunikationsmassnahmen wird nach Bruhn umso wichtiger,

- je mehr Abteilungen sich an der Markenkommunikation beteiligen,
- je vielfältiger die Zielgruppen einer Marke sind,
- je internationaler eine Marke ausgerichtet ist,
- je stärker das Konkurrenzumfeld einer Marke und insbesondere
- je vielfältiger die intern und extern eingesetzten Kommunikationsinstrumente sind (Bruhn 2004, S. 1444).

Da in KMU wenige Mitarbeiter die Markenkommunikation verantworten, ist die Realisierung einer integrierten Markenkommunikation i.d.R. leichter sicherzustellen als in Grossunternehmen. Die Fallbeispiele BLACKSOCKS, MOTOREX, ODLO und Rivella zeigen weitere Einblicke in die Umsetzung einer integrierten Markenkommunikation.

Flankierung der Kommunikationspolitik durch produkt-, preis- und distributionspolitische Massnahmen

Integrierte Kommunikationsmassnahmen sind Bestandteil des Marketingmix und werden nur im Rahmen sämtlicher für die Marke geplanter und umgesetzter Massnahmen wirksam. Aus den Beispielen und Ausführungen in den vorangegangenen Abschnitten geht deutlich hervor, dass strategische Markenführung eng mit Entscheidungen hinsichtlich der Wahl der situationsadäquaten Positionierungsstrategie und – davon ausgehend – dem Einsatz und der Ausgestaltung der Marketinginstrumente verknüpft ist. Neben den kommunikationspolitischen Massnahmen tragen demnach auch die produkt-, preis- und distributionspolitischen Massnahmen eines KMU zum Aufbau des Markenwertes bei.

Das Präferenzniveau einer Marke wird zunächst durch die Produktqualität beeinflusst; Markenartikel – insbesondere Premiummarken – implizieren i.d.R. ein relativ hohes Qualitätsniveau. Produktqualität findet ihren Ausdruck zunächst in der technischen Beschaffenheit des

Produktes, darüber hinaus in Ausstattung, Verpackung und Produktdesign; durch eine entsprechende Gestaltung dieser produktpolitischen Instrumente kann sich ein wichtiger strategischer Wettbewerbsvorteil für die Marke ergeben (Beispiel: Thermamed-Zahnpasta; hier liegt ein wichtiger Profilierungsschwerpunkt bei der zur Zeit der Markteinführung neuartigen Verpackung. Hochwertiges Design ist z.b. kennzeichnend für Produkte der Marken Braun und Alessi). Gemeinsam mit dem Markenzeichen übernehmen diese Elemente wichtige Funktionen hinsichtlich der Identifizierung und Differenzierung des Angebots.

Überdurchschnittlich erfolgreiche Modelle der instrumentellen Leitplanung (beispielsweise das Premiummarken-Modell und das Qualitätsstrategie-Modell; vgl. Haedrich/Tomczak 1994, S. 942–945) deuten darauf hin, dass auch die Programm- und Servicepolitik wichtige Beiträge für eine effiziente Markenführung liefern können. Eine auf die Bedürfnisse der Zielgruppe im Hinblick auf Programmbreite und -tiefe abgestimmte Programmpolitik sowie die Höhe des Serviceniveaus (Beratung und Information, Lieferleistung, Kundendienst, Garantieleistung, vgl. Haedrich/Tomczak 1996, S. 46–51) eröffnen Gestaltungsspielräume, die kreativ ausgeschöpft werden können.

Eng mit der Produktpolitik verbunden sind preispolitische Massnahmen. Aus kalkulatorischen Gründen ist unmittelbar einsichtig, dass eine anspruchsvolle Ausgestaltung des produktpolitischen Instrumentariums relativ hohe Kosten erfordert, die mit dem Produktpreis eingespielt werden müssen. Mindestens ebenso wichtig ist aber der Einfluss des Produktpreises auf die Nachfrage: Von dem Preis gehen Signalwirkungen aus, die dem Käufer die Einordnung des Produktes in das subjektiv empfundene Preis-Leistungs-Verhältnis der Warengruppe erleichtert (das ist bei dem «Premiummarken-Modell» der Fall). Je nach der angestrebten Höhe des Präferenzniveaus kann ein relativ hoher Preis positive Qualitätsanmutungen flankieren und eine wichtige Stütze des Markenimages werden. Die wahrgenommene Wertigkeit der Marke aus Sicht des Kunden ergibt sich durch die Abwägung von Qualitäts- und Nutzenvorstellungen einerseits und die dafür einzusetzenden Kosten auf der anderen Seite, wobei der zu entrichtende Preis, aber auch Opportunitätskosten (u.a. Zeit- und Energieaufwand) eine Rolle spielen. Als Value Pricing wird dabei eine Vorgehensweise bezeichnet, die sich das Ziel setzt, die richtige Balance zwischen wahrgenommener Produktqualität, den Kosten des Produkts und dem Produktpreis zu finden, um auf diese Weise für das Angebot eine positive Alleinstellung in der Preis-Leistungs-Relation der Produktgattung zu sichern (vgl. Keller 2003, S. 251).

Auch distributionspolitische Massnahmen erfüllen beim Markenaufbau wichtige Funktionen. Das betrifft sämtliche Entscheidungsfelder, auf denen eine Kooperation mit den Vertriebskanälen zweckmässig ist, u.a. im Bereich der Sortimentspolitik, der Warenpräsentation, beim Service, bei Beratung und Verkaufsförderung. Je nach dem angestrebten Präferenzniveau der Marke wird entweder eine generelle oder selektive, im Einzelfall sogar exklusive Distribution angezeigt sein. In den beiden letzteren Fällen sind bestimmte rechtliche Rahmenbedingungen zu beachten (vgl. Ahlert 1991, S. 205–213; Ahlert/Schröder 1996, S. 384–406).

Grundsätzlich kann davon ausgegangen werden, dass ein konsistenter Marketingmix beim Markenaufbau und der Markenführung relativ grosse positive Synergien entfaltet. Neben der Abstimmung der Instrumente zwischen einzelnen Instrumentalbereichen kommt es auch auf einen Intra-Fit der Instrumente an. Oberste Zielsetzung ist die Entwicklung eines Marketingmix für das Angebot, das den Ansprüchen an das angestrebte Qualitätsniveau Rechnung trägt. Das beginnt bei der Gestaltung der Produktqualität, der Markierung des Produkts, der Programmpolitik und des Serviceniveaus und setzt sich beim Preis-, Vertriebs- und Kommunikationsmix fort. Bei Dienstleistungen ist besonders darauf zu achten, dass derartige Produkte entlang einer Dienstleistungskette wahrgenommen werden (z.B. entsteht ein touristisches Produkt erst durch die Zusammenfügung zahlreicher Produktelemente wie Beratung und Buchung im Reisebüro, Transport zum Zielort, Unterbringung und Verpflegung am Zielort, die durch den Kunden in Anspruch genommen werden und auf die von ihm wahrgenommene Produktqualität mehr oder weniger starken Einfluss nehmen).

Was die kommunikativen Massnahmen angeht, so kommt ihnen bei der Markenführung eine Hebelwirkung zu. Die formale, inhaltliche und zeitliche Abstimmung aller Kommunikationsmassnahmen spielt daher beim Markenaufbau und in der strategischen Markenführung eine herausragende Rolle. Sowohl beim Aufbau als auch bei der Festigung des Markenschemas hat ein konsistenter kommunikativer Auftritt der Marke grosse Bedeutung. Insbesondere solche neuen Informationen werden in das Markenschema aufgenommen und dienen der notwendigen Verdichtung und Festigung des Markenimages, die sich in das vorhandene Markenbild einordnen lassen, d.h., die aus Sicht des Konsumenten einen deutlich erkennbaren Bezug zu der Marke aufweisen.

Markenassoziationen gehen u.a. auch von der Organisation aus, sofern diese als «Absender» der Marke in Erscheinung tritt. Insofern ist für eine erfolgreiche strategische Markenführung nicht nur die Abstimmung des Marketingmix auf der Markenebene Voraussetzung, sondern erforderlich ist ein kongruenter Auftritt der gesamten Organisation. Sowohl Corporate Communication, Corporate Design als auch Corporate Behaviour müssen aufeinander abgestimmt sein. Voraussetzung für den Aufbau eines konsistenten Markenimages sind im Innenbereich der Organisation klare Vorstellungen über die Unternehmensidentität als Grundlage für den Aufbau eines Unternehmensimages. Mit anderen Worten, alle Massnahmen auf der Marken- und Unternehmensebene sind eng miteinander verzahnt (vgl. Haedrich 1993; Jeschke 1993).

1.1.6 Strategische Einsatzfelder der Markenführung

Je nach der Ausgangssituation des Unternehmens und seiner strategischen Geschäftsfelder – abhängig von der Wettbewerbsintensität und der Wettbewerbsposition (vgl. Porter 1990) – sind zur Erreichung der gesetzten Unternehmens- und Marketingziele unterschiedliche markenstrategische Optionen Erfolg versprechend. Die folgenden Ausführungen beziehen sich auf die Geschäftsfeldebene und betreffen ausgewählte Basisentscheidungen bezüglich des Markentyps, und zwar hinsichtlich des Einsatzgebietes der Marke (der geografischen Reichweite der Marke) und der Art der Marke (der Zahl der unter einer Marke angebotenen Produkte). Für weiterführende Erläuterungen strategischer Einsatzfelder der Markenführung sei auf Haedrich et al. 2003 verwiesen.

1.1.7 Markentyp

Hinsichtlich der Art der Marke kann in
- Produkt-(Einzel- bzw. Mono-)Marken,
- Produktgruppen-, Familien- bzw. Range-Marken und
- Programm-, Dach- bzw. Company-Marken untergliedert werden.

Einer Produktmarke ist eindeutig ein bestimmtes Produkt zugeordnet (z.B. Ragusa). Becker stellt die Vor- und Nachteile von Produktmarken gegenüber (vgl. Tabelle 3). Vorteile liegen vor allem in der Ausrichtung auf eine fest umrissene Zielgruppe und in den eindeutigen Positionierungs- und Profilierungsmöglichkeiten, Nachteile sind insbesondere mit der immer kürzer werdenden Amortisationsdauer notwendiger Entwicklungs- und Marktinvestitionen verbunden.

Vorteile	Nachteile
• Klare («spitze») Profilierung eines Produktes möglich • Konzentration auf eine definierte Zielgruppe • Wahl einer spezifischen Positionierung gegeben • Gute Darstellungsmöglichkeit des Innovationscharakters eines neuen Produktes • Profilierungs- und Positionierungsfreiheiten im Produktlebenszyklus (Relaunch-Massnahmen) • Vermeidung eines Badwill-Transfereffektes bei Misserfolg des Produktes auf andere Produkte des Unternehmens	• Produkt muss den gesamten Markenaufwand (Markenbudget) alleine tragen • Voraussetzung ist ein tragfähiges Marktvolumen (-potenzial) • Langsamer Aufbau einer Markenpersönlichkeit («brand identity») • Bei immer kürzeren Produktlebenszyklen Gefahr, dass der Break-even-point nicht mehr erreicht wird • Durch Strukturwandel von Märkten kann die Überlebensfähigkeit produktspezifischer Marken gefährdet sein • Immer grössere Probleme, geeignete und schutzfähige Makennamen zu finden

Tabelle 3: Wichtige Vor- und Nachteile der Einzelmarke. Quelle: Becker 2004, S. 646.

Deshalb ist heute die Tendenz klar erkennbar, Produktgruppenmarken aufzubauen bzw. eingeführte Einzelmarken zu Markenfamilien auszubauen (Beispiel: Knorr, MOTOREX, Rivella, Zweifel). Allerdings kommt es darauf an, dass sich der Markenkern für derartige Massnahmen als ausreichend tragfähig erweist bzw. Chancen und Risiken eines Markentransfers gründlich überprüft worden sind.

Wie aus Tabelle 4 ersichtlich ist, bieten Familienmarken u.a. den Vorteil, dass sich das erforderliche Marketingbudget auf mehrere Produkte verteilt. Sofern ein spezifischer Positionierungs- und Imagevorteil der Stammmarke vorhanden ist, kann dieser unter bestimmten Voraussetzungen auf andere Produkte übertragen werden, wodurch eine Markenfamilie entsteht und das Markenimage des Stammproduktes u.U. sogar gestärkt wird. Allerdings besteht die Gefahr der «Markenüberdehnung», beispielsweise der sog. Kannibalisierung des Stammproduktes, sofern die einzelnen Produkte der Markenfamilie nicht ausreichend gegeneinander abgegrenzt werden können.

Vorteile	Nachteile
• Spezifische Profilierungsmöglichkeit (vor allem bei spezieller «Nutzenphilosophie» für Produktlinien) • Mehrere Produkte tragen den erforderlichen Markenaufwand (Markenbudget) • Neue Produkte partizipieren am Goodwill der Familienmarke (Starthilfe) • Insbesondere bei Vorhandensein einer speziellen Nutzenphilosophie gute Ausschöpfungsmöglichkeiten von (neuen) Teilmärkten (Satellitenstrategie) • Jedes neue «philosophie-gerechte» Produkt stärkt das Markenimage (Markenkompetenz) • Die Familienmarke ermöglicht die Bildung eigenständiger «strategischer Geschäftsfelder» (Organisationseinheiten mit eigenen strategischen Erfolgsfaktoren)	• Der «Markenkern» der Ausgangsmarke begrenzt die Innovationsmöglichkeiten • Andererseits Gefahr der Markenüberdehnung bzw. -verwässerung durch nicht philosophie-adäquate Neuprodukte («rubber effect») • Bei der Profilierung einzelner Produkte muss Rücksicht auf die Basispositionierung genommen werden • Wettbewerbsbedingte Restrukturierungsmassnahmen (Relaunch) sind relativ begrenzt (insbesondere gegenüber starken Einzelmarken) • Die Familienmarke ist nur dort einsetzbar, wo die Abnehmer (Verbraucher) Angebotssysteme mit entsprechenden Nutzenklammern akzeptieren • Familienmarkensysteme sind gefährdet, wenn der Handel solche Systeme nicht voll aufnimmt (bzw. nicht als System präsentiert)

Tabelle 4: Wichtige Vor- und Nachteile der Familienmarke. Quelle: Becker 2004, S. 650.

Schliesslich stellt der Aufbau von Dach- bzw. Company-Marken einen weiteren Schritt dar, um Synergiepotenziale in dem Angebotsprogramm auszuschöpfen, allerdings unter Inkaufnahme von Problemen, die sich zwangsläufig hinsichtlich der eigenständigen Positionierung und Profilierung einzelner Marken unterhalb der Dachmarke ergeben (Beispiel: Viele Anbieter suchen daher nach Auswegen, spezielle Zielgruppenangebote von der Dachmarke zu lösen und als Mono- bzw. Produktgruppenmarken zu positionieren).

Vorteile	Nachteile
• Alle Produkte tragen den notwendigen Markenaufwand (Markenbudget) gemeinsam • Eine vorhandene Dachmarke erlaubt relativ leicht die Einführung neuer Produkte • Jedes neue Produkt kann am Goodwill der Dachmarke partizipieren (Starthilfe) • Kurze Produktlebenszyklen bei einzelnen Produkten gefährden nicht die gesamte Ökonomie der Marke • Man ist nicht auf den aufwändigen Prozess der Suche nach neuen schutzfähigen Marken angewiesen	• Die klare Profilierung eines ganzen Programms unter einer Marke ist stark erschwert (nur «runde» Profilierung möglich) • Die Konzentration auf einzelne Zielgruppen ist im Prinzip nicht möglich • Als Positionierung kann nur eine allgemeine, eher unspezifische «Lage» gewählt werden • Auf Besonderheiten der Profilierung einzelner Programmteile kann (auch bei Relaunch-Aktivitäten) keine Rücksicht genommen werden • Innovationen können nicht spezifisch profiliert bzw. ausgelobt werden • Im Falle des Scheiterns eines Produktes ergeben sich Badwill-Transfereffekte auf die Marke und alle Produkte insgesamt

Tabelle 5: Wichtige Vor- und Nachteile der Dachmarke. Quelle: Becker 2004, S. 648.

1.1.8 Markenarchitektur

Diversifizierte Unternehmen führen i.d.R. ein mehr oder weniger umfangreiches Portfolio von Marken, die in unterschiedlichen Segmenten eines Marktes angesiedelt sind. Eine systematische Ordnung der Marken ist sowohl aus Sicht des Marktes als auch des Unternehmens zweckmässig: Jeder Marke muss eine strategische Rolle zugewiesen werden, die ihre Mission, den Markeninhalt sowie die Ausrichtung der Marke sichtbar macht. Lediglich 26,2 Prozent der deutschen KMU-Unternehmen verfügten über eine Markenarchitektur. Unternehmen in der Grössenklasse von 50 bis 250 Mitarbeiter verzichten weitestgehend auf eine differenzierte Markenarchitektur (vgl. Müller et al. 2003, S. 40).

Die Entwicklung einer Markenarchitektur ist logische Konsequenz einer Mehrmarkenstrategie, die das Ziel verfolgt, mehrere Segmente ein und desselben Marktes bzw. einen Gesamtmarkt durch unterschiedliche Marken effektiv und effizient zu bearbeiten. Häufig werden in den Unternehmen Mehrmarkenstrategien geplant, um die Potenziale verschiedener Marktschichten in den bearbeiteten Märkten so gut wie möglich auszuschöpfen; erst zu einem späteren Zeitpunkt folgen Überlegungen, die Rollen der einzelnen Marken in einem Markt und ihre Aufgaben im Marken-Portfolio zu bestimmen. Ausgehend von dem Anliegen des Portfolio-Managements, Chancen und Risiken einzelner Strategischer Geschäftsfelder sowie der darin zusammengefassten Marken mit ihren jeweiligen Stärken und Schwächen im Verhältnis zum Hauptwettbewerb zu ermitteln und Prioritäten bezüglich der Ressourcenverteilung und der Marktbearbeitung festzulegen, können zunächst folgende grundsätzliche Schlussfolgerungen abgeleitet werden:

1. Zweckmässig ist zunächst eine Fokussierung des Ressourceneinsatzes auf **strategisch wichtige Marken**, mit anderen Worten auf solche Marken, die sich in der Vergangenheit positiv entwickelt haben und die noch deutlich erkennbare Markt- und Nachfragepotenziale aufweisen («question marks» und «stars»).
2. Weiterhin zu gewährleisten ist der möglichst lange Erhalt von Marken, die in der Reifephase stehen und relativ hohe liquide Mittel erwirtschaften («cash cows»), die zur Finanzierung der «question marks» und «stars» sowie zur Entwicklung neuer Produkte benötigt werden.
3. Zu bereinigen ist das Portfolio von Marken, die keinen Zukunftstrend erkennen lassen und deren Lebenszyklus weit gehend abgeschlossen ist («dogs»).

Für jedes Unternehmen ist es daher unabdingbar, die Position seiner Marken und deren Entwicklungstrends in der Vergangenheit und Zukunft systematisch und kontinuierlich zu analysieren. Nestlé beispielsweise sieht als strategisch wichtige Marken («bread-and-butterbrands») die Dach- bzw. Produktgruppenmarken Nestlé, Maggi, Buitoni und Perrier an. Strategisch wichtige Marken sind oft solche, die für das Unternehmen weltweit von Bedeutung sind; allerdings spielen in vielen Märkten nationale oder multinationale Marken eine Rolle, sodass der Gesichtspunkt der geografischen Reichweite einer Marke in Relation zu der räumlichen Abgrenzung ihres relevanten Marktes zu beurteilen ist.

In diesem Zusammenhang müssen u.a. auch Breite und Tiefe des Programms jeder einzelnen strategisch wichtigen Marke festgelegt sowie geklärt werden, welche Produkte innerhalb der einzelnen Programme besonders förderungswürdig bzw. welche eliminationsverdächtig sind. Zu unterstützen sind solche Produkte, die besondere Umsatzchancen in der Zukunft haben; ihre Aufgabe besteht gleichzeitig darin, Aktualität und Image des Unternehmens systematisch auszubauen. Konsequent zu eliminieren sind dagegen solche Produkte, die lediglich Ressourcen binden und keine klare Aufgabe im Rahmen des Marken-Portfolios haben.

Um die Aufgabe jeder einzelnen Marke des Marken-Portfolios hinsichtlich der zu bearbeitenden Märkte bzw. Marktsegmente, ihre Leistungskompetenz sowie ihre Wettbewerbsposition zu verdeutlichen, ist es zweckmässig, eine Markenhierarchie zu entwickeln, die die Struktur des Marken-Portfolios sichtbar macht.

Markentransfer

Einen wichtigen Bestandteil des Werts einer Marke stellt neben dem Beitrag zum Erfolg in existierenden Geschäftsfeldern deren Potenzial dar, ausserhalb des bisherigen Geschäfts- bzw. Tätigkeitsbereich Umsätze und Gewinne generieren zu können. Smith/Park (2001) bezeichnen diesen Wertbestandteil einer Marke als latenten Markenwert.

Aufgabe von Markentransfers (Markendehnungen bzw. -erweiterungen) ist es, diesen Markenwert auszuschöpfen, indem der «Goodwill» der Stammmarke – das Markenguthaben – auf Erweiterungsprodukte bzw. in neue Tätigkeitsfelder übertragen und somit kapitalisiert wird. Zu betonen ist, dass ein idealtypischer Markenerweiterungsprozess nicht nur dadurch gekennzeichnet ist, dass «Goodwill» von der Stammmarke auf das Erweiterungsprodukt, sondern auch umgekehrt «Goodwill» vom Erweiterungsprodukt auf die Stammmarke übertragen wird (siehe u.a. Esch/et al. 2001, S. 762 ff.).

Ziel ist es, den latenten Markenwert durch Markentransfers zu festigen und zu stärken (siehe auch Abbildung 11). Als Beispiel für einen erfolgreichen Markentransfer lässt sich die Marke Marlboro nennen: Unter der Marke Marlboro werden neben Zigaretten auch Reisen und Outdoor-Bekleidung vermarktet. Einerseits wurden die Potenziale des Markenimages von Marlboro mit den zentralen Werten Freiheit und Abenteuer genutzt. Andererseits stärkte der Markterfolg der Transferprodukte wiederum das Image der Zigarettenmarke.

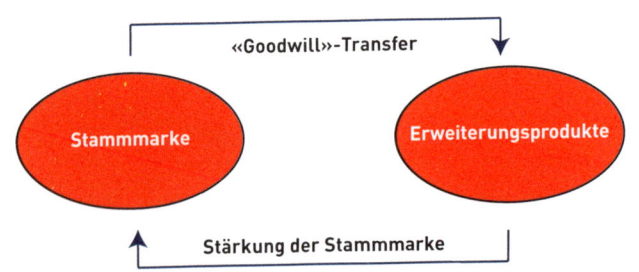

Abbildung 11: Idealtypischer Markenerweiterungsprozess. Quelle: Esch et al. 2001, S. 763.

Optionen und Erfolgsfaktoren des Markentransfers

Die Optionen des Markentransfer können durch die folgenden drei interdependenten Fragenkreise eingegrenzt werden (vgl. Haedrich et al. 2003, S. 124 ff.):

1. Soll eine etwaige Produkt- bzw. Leistungsinnovation unter einer neuen Marke oder unter Nutzung eines etablierten Markennamens eingeführt werden?
2. In welchen neuen Produkt- bzw. Leistungsfeldern lässt sich das Guthaben einer bestehenden Marke nutzen?

3. Ist es erforderlich, das Kompetenzfeld einer bestehenden Marke durch neue Produkte bzw. Leistungen zu ergänzen, um diese zu stärken?

Ein Markentransfer liegt demnach dann vor, wenn ein Unternehmen einen etablierten Markennamen benutzt, um ein neues Produkt einzuführen bzw. ein neues Geschäftsfeld zu erschliessen (siehe auch Keller 2001a, S. 796). Folgende Optionen des Markentransfers lassen sich unterscheiden (vgl. Haedrich et al. 2003, S. 125):
- Produktlinienerweiterung (z.B. die Marke Rivella rot mit den Erweiterungen «blau» und «grün»).
- Produktkategorieerweiterung (z.B. Erweiterung der Babywindel-Marke Pampers um Feuchtigkeitstücher).
- Diversifikation (z.B. Verwendung des Markenbildes von McDonald's ausserhalb der Fastfood-Gastronomie im Hotelbereich).

Neben der Möglichkeit derartiger horizontaler Markentransfers besteht auch die Option, Markenwerte vertikal, d.h. sowohl vorwärts als auch rückwärts, zu transferieren. So ist die Marke Virgin nicht nur horizontal breit gedehnt worden, sondern verfügt sowohl über eine starke Präsenz auf Hersteller- (z.B. Cola-Getränke, Jeans, CDs) als auch auf Handelsebene (z.B. Virgin Megastores, Virgin Travelstore).

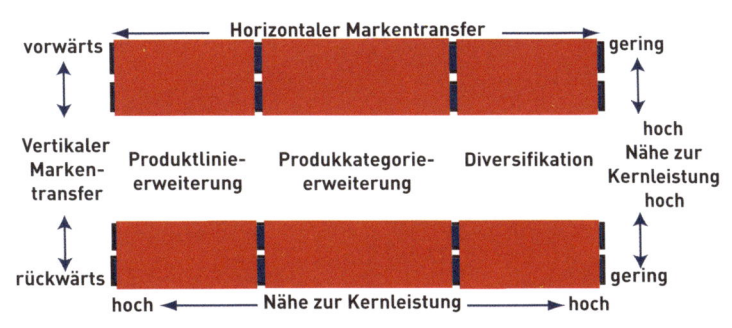

Abbildung 12: Optionen des Markentransfers. Quelle: Haedrich et al. 2003, S. 125.

Ingesamt lässt sich feststellen, dass insbesondere zwei übergeordnete Faktoren das Erweiterungspotenzial einer Marke positiv oder negativ beeinflussen (vgl. Haedrich et al. 2003, S. 127 ff.):

- Grad des Abstraktionsniveaus der zu transferierenden Assoziationen

Hier gilt, je abstrakter diese Assoziationen sind, desto breiter ist das von der Marke abgedeckte Kompetenzfeld und desto wahrscheinlicher ist ein «Fit» zwischen zu transferierender Marke und neuem Produkt. Eine Marke wie Virgin, die für eher abstrakte Werte wie «Fun» und ein gewisses Underdog-Image steht, verträgt offensichtlich ein Leistungsspektrum, welches von Erfrischungsgetränken über Airlines bis hin zu Textilien reicht. Hingegen ist eine produktgeprägte Marke wie Pampers («Babywindeln») auf ein eher enges Kompetenzfeld beschränkt. Empirische Untersuchungen haben z.B. ergeben, dass eine Markenerweiterung bei prestigehaltigen Marken (z.B. Rolex, BMW) grundsätzlich Erfolg versprechender als bei funktionalen, d.h. grundnutzenbezogenen, Marken ist (vgl. Park/Milberg/Lawson 1991).

- Stärke der zu transferierenden Marke

Hier gilt, je stärker, d.h. je aktueller («Markenbekanntheit») und je profilierter («Markenimage»), eine Marke ist, desto erfolgreicher lassen sich Markentransfers durchführen (vgl. u.a. Keller/Aaker 1992; Esch/et al. 2001). Marken mit einem hohen Qualitätsimage sind offensichtlich dehnbarer als solche im mittleren Qualitätssegment (vgl. Keller/Aaker 1992).

Marken, die ein breites Kompetenzfeld abdecken und gleichzeitig eine hohe Markenstärke aufweisen, besitzen in diesem Sinne einen hohen latenten Markenwert bzw. verfügen über ein grosses Potenzial für Markentransfers (siehe Abbildung 13). Um den Wert der betreuten Marke zu steigern, besteht die Aufgabe des Markenmanagements somit darin, die Markenstärke bei gleichzeitiger Erweiterung des Kompetenzfeldes zu erhöhen. Dies ist fraglos eine äusserst herausfordernde Aufgabe, denn die Kapitalisierung von Marken steht dabei im Spannungsfeld zwischen kurzfristiger Abschöpfung von Cashflows und langfristigem Markenwertaufbau (vgl. Tomczak/Brexendorf 2004, S. B1). Denn die These, dass mit steigendem Abstraktionsniveau («Erweiterung des Kompetenzfeldes») die Markenstärke («Profiliertheit der

Marke») abnimmt, ist nicht nur plausibel, sondern entspricht auch den Erfahrungen zahlreicher Markenverantwortlicher. Andererseits ist festzuhalten, dass es sich nicht um ein «Naturgesetz» handelt, sondern um eine Aufgabe, die, wie beispielsweise die Marke Virgin oder auch viele Luxusmarken zeigen, unter gewissen Rahmenbedingungen gelöst werden kann.

Zudem sollte das Erweiterungsprodukt ein ausreichendes Innovationspotenzial aufweisen. Ein bekanntes Markenimage reicht nicht aus, um in einer neuen Produktkategorie erfolgreich zu sein, vielmehr sollte das Erweiterungsprodukt eine innovative Problemlösung und/oder ein originelles Marketingkonzept bieten, um sich nicht als Me-too-Produkt zu positionieren. Häufig ist es wenig Erfolg versprechend, mit einem Markentransfer in einen Markt einzudringen, der bereits durch die Präsenz starker und etablierter Marken bestimmt ist. Daher streben viele Unternehmen mit einem Markentransfer an, in einem Markt, der noch nicht durch dominierende Marken gekennzeichnet ist, eine führende Position einzunehmen. Hier sind die Chancen höher, sich gegenüber der Konkurrenz durchzusetzen. Somit ist die Diskriminierungsfähigkeit der Marke eine weitere wichtige Voraussetzung für einen erfolgreichen Markentransfer.

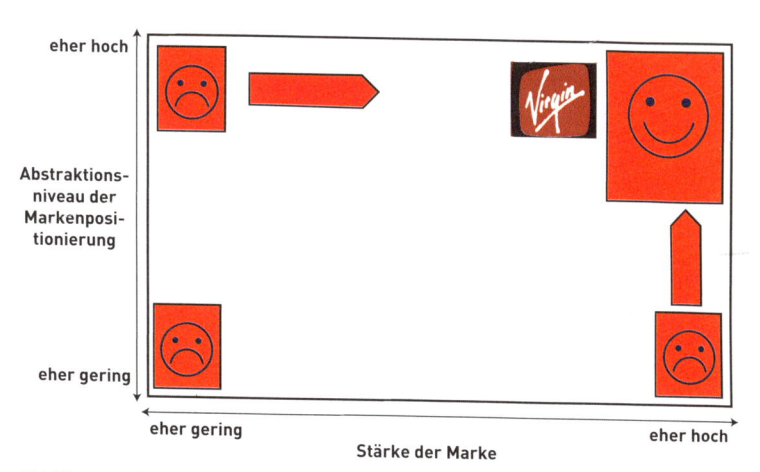

Abbildung 13: Erweiterungspotenzial einer Marke.
        Quelle: in Anlehnung an Esch et al. 2001, S. 773.

Chancen und Risiken von Markentransfers

Aus einem finanzorientierten Blickwinkel stellt der latente Markenwert die Differenz des diskontierten Wertes zukünftiger Cashflows zwischen einer etablierten und einer neuen Marke dar, summiert über die Anzahl möglicher Produkte, um die die Marke erweitert werden kann (vgl. Smith/Park 2001).

Im Einzelnen nehmen bei der Wahl einer Markentransferstrategie die im Folgenden beschriebenen Faktoren in positiver bzw. negativer Weise einen Einfluss auf die zukünftigen Cashflows und damit auf den Wert des Unternehmens (vgl. Abbildung 14):

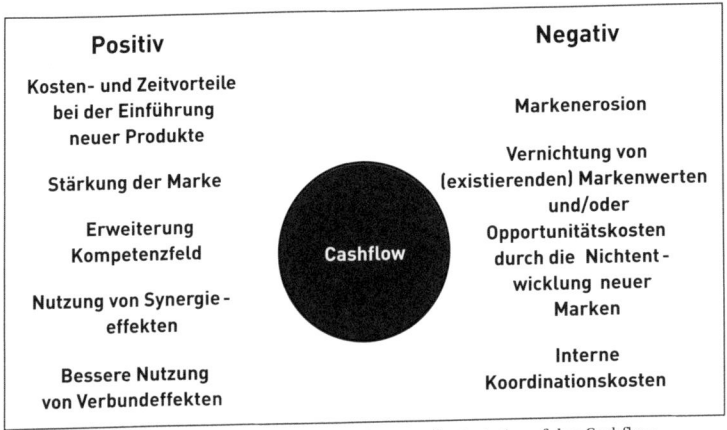

Positiv	Negativ
Kosten- und Zeitvorteile bei der Einführung neuer Produkte	Markenerosion
Stärkung der Marke	Vernichtung von (existierenden) Markenwerten und/oder Opportunitätskosten durch die Nichtentwicklung neuer Marken
Erweiterung Kompetenzfeld	
Nutzung von Synergieeffekten	
Bessere Nutzung von Verbundeffekten	Interne Koordinationskosten

Abbildung 14: Potenzielle Wirkungen einer Markentransferstrategie auf den Cashflow.
Quelle: Haedrich et al. 2003, S. 130.

Einsatzgebiet einer Marke und internationale Markenführung

Hinsichtlich des Einsatzgebietes können lokale, regionale, überregionale, nationale und internationale Marken unterschieden werden, wobei internationale Marken sowohl multinational, beispielsweise ländergruppenspezifisch, als auch global in Form von Weltmarken ausgeprägt sein können. Lokale bzw. regionale Marken werden häufig für Produkte verwendet, die über lokale bzw. regionenspezifische Besonderheiten positioniert werden sollen (wie z.B. die Marke Appenzeller Bier).

Bei der internationalen Markenführung geht es allgemein gesagt um die Übertragung von Marken auf Auslandsmärkte. Für viele Schweizer Unternehmen ist die erfolgreiche Internationalisierung angesichts der beschränkten Wachstumsmöglichkeiten überlebenswichtig (vgl. Tomczak et al. 2002, S. 3 f.). Unternehmensinterne Gründe, die für eine internationale Markenpolitik sprechen, sind einerseits Chancen zur Einsparung von Kosten, zu erklären durch das Konzept der so genannten Erfahrungskurve (vgl. Haedrich/Tomczak 1996, S. 107 f.). Unter anderem wirken sich Lern- und Grössendegressionseffekte potenziell positiv auf die Senkung der Stückkosten aus. Lerneffekte können sich u.a. in reduzierten Marketingkosten (beispielsweise durch die Abstimmung von Kommunikations- und Vertriebsaktivitäten) niederschlagen. Auf der anderen Seite verkörpert eine internationale Marke aus Sicht der Abnehmer u.U. einen Mehrwert, insbesondere bei prestige-orientierten Marken – wie z.B. bei bestimmten Kosmetika und Textilien.

Grundsätzlich muss jedes Unternehmen zunächst die Entscheidung fällen, welche Marken innerhalb des Marken-Portfolios internationalisiert werden sollen. Dabei spielt die Wettbewerbsposition eine Rolle: Eine bekannte Marke, die sich im Heimatmarkt bereits durchgesetzt hat, hat i.d.R. relativ günstige Chancen im Ausland. Aus der Unternehmensperspektive handelt es sich oft um strategisch bedeutsame Marken, basierend auf ihrer marktlichen und technologischen Leistungskompetenz. Strategische Erfolgspotenziale, auf die eine Marke zurückgreifen kann (beispielsweise auf ein besonderes technisches Know-how) und tragfähige strategische Erfolgsfaktoren (z.B. eine anerkannt hohe Produktqualität) sind positive Signale.

In diesem Zusammenhang ist eine gründliche Markt- und Wettbewerbsanalyse unabdingbar, in der u.a. die Stellung wichtiger Wettbewerbsmarken in einzelnen Auslandsmärkten, ihre Erfolgspotenziale und die heutigen und absehbaren Strategien untersucht werden. Ist daher anhand der Analyse der Wettbewerbsposition der Marke im Heimatmarkt sowie der Untersuchung des Aufgabenumfeldes (Markt und Wettbewerb) die Grundsatzentscheidung zur Internationalisierung der Marke gefallen, so sind im zweiten Schritt die zu bearbeitenden Auslandsmärkte sowie ihre jeweilige Bedeutung im Länder-Portfolio der

Marke festzulegen. Die Auswahlkriterien sind vier Umfeldern zuzuordnen: dem ökonomischen, demographischen, kulturellen und politisch-rechtlichen Umfeld (vgl. Abbildung 15 und Keller 1998, S. 560 f.).

Ökonomische Umwelt
- Entwicklungsstufe
- Infrastruktur
- Lebensstandard
- Pro-Kopf-Einkommen
- Vermögensverteilung
- Währungsstabilität
- Wechselkurse

Kulturelle Umwelt
- Sprache
- Lebensstil
- Werte
- Normen und Gewohnheiten
- Ethische und moralische Grundsätze
- Verbote

Entscheidungen betr. die Auswahl und Förderung bestimmter Märkte

Demographische Umwelt
- Bevölkerungsgrösse
- Anzahl der Haushalte
- Haushaltsgrösse
- Altersstruktur
- Beschäftigungsstruktur
- Ausbildungsniveau
- Beschäftigungsrate
- Einkommensniveau

Politische Umwelt
- Regierungspolitik
- Gesetze und Verordnungen
- Politische Stabilität
- Nationalismus
- Einstellungen gegenüber Konzernen

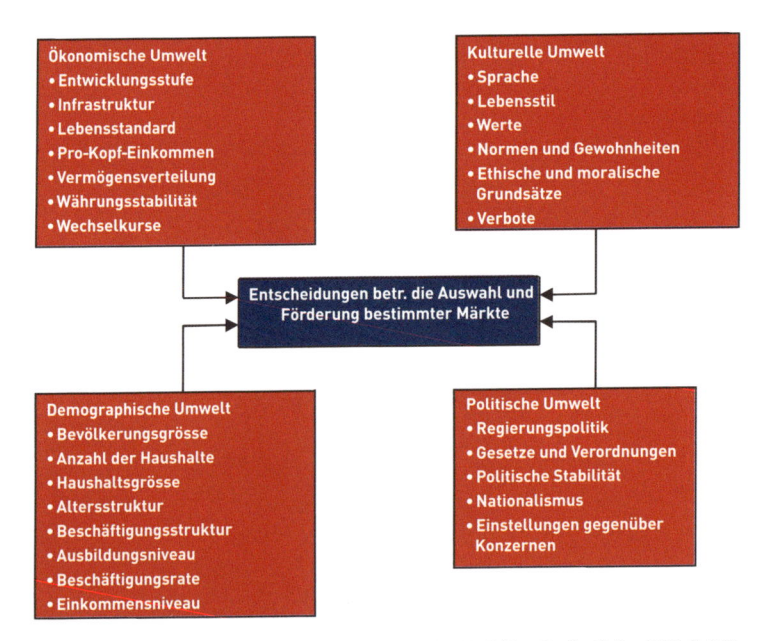

Abbildung 15: Auswahlkriterien zur Analyse des globalen Umfeldes. Quelle: Keller 1998, S. 560.

Im ökonomischen Umfeld sind u.a. die ökonomische Infrastruktur, das Pro-Kopf-Einkommen der Bevölkerung sowie die Währungsstabilität zu untersuchen. Gegenstand der Untersuchungen in dem demographischen Umfeld sind u.a. Bevölkerungsgrösse und -struktur, die Zahl und Struktur der Haushalte sowie das Bildungs- und Einkommensniveau. Sprache, Lebensstil, Werte, Normen sowie ethische und moralische Standards sind in dem kulturellen Umfeld von Interesse. Vor allem relativ junge Märkte der so genannten neuen Ökonomie zeichnen sich grenzüberschreitend durch weit gehend vergleichbare Werthaltungen, Einstellungen sowie Einkaufsgewohnheiten der Kunden aus. Die dadurch begünstigte Vereinheitlichung der Verbraucherbedürfnisse wird durch die weltweiten Kommunikationsmöglichkeiten sowie die hohe Mobilität dieser Zielgruppe noch verstärkt. Dagegen existieren beispielsweise im Bereich der Nahrungsmittel stark divergierende soziokulturelle Umweltfaktoren, die einer Standardisierung der Verbraucherbedürfnisse und -gewohnheiten im Wege stehen. Die Analyse in dem politisch-rechtlichen Umfeld schliesslich bezieht sich u.a. auf relevante Gesetze und Verordnungen, die politische Stabilität eines Landes und die generelle Einstellung der Bevölkerung gegenüber ausländischen Unternehmen. Zu prüfen ist in diesem Zusammenhang auch, ob in bestimmten Märkten mit eingeschränkten Möglichkeiten der Markeneintragung bzw. einem unzureichenden Markenschutz zu rechnen ist (vgl. Beitrag Eidgenössisches Institut für Geistiges Eigentum). In manchen Fällen kann eine Marke evtl. deshalb nicht im Ausland verwendet werden, weil die Rechte Dritter verletzt werden würden. Um die internationale Schutzfähigkeit sicherzustellen, ist beispielsweise die Marke Raider vor einigen Jahren in Twix umbenannt worden, eine Massnahme, die mit erheblichem finanziellem Aufwand verbunden gewesen sein dürfte.

Sind die Auslandsmärkte und ihre Bedeutung im Länder-Portfolio der Marke festgelegt worden, dann geht es jetzt im dritten Schritt um die Entwicklung einer internationalen Markenstrategie für die ausgewählten Auslandsmärkte. Ausgangspunkt ist die Markenidentität. Die Markenidentität und der Markenkern stellen die Basis der internationalen Markenstrategie dar. Zu untersuchen ist an dieser Stelle, ob der zentrale Verbrauchernutzen und die Markenpositionierung für die internationale Marktbearbeitung übernommen werden können oder ob der Verbrauchernutzen in einzelnen Märkten beispielsweise aus Gründen des kulturellen Umfeldes abgewandelt werden muss. Konkret würde das bedeuten, dass zwar bestimmte Markenassoziationen verändert werden müssen, Markenidentität und Markenkern aber erhalten bleiben.

Grundsätzlich stehen bei der Positionierungsentscheidung drei Möglichkeiten zur Disposition (vgl. Haedrich et al. 2003, S. 147):

1. die Entscheidung zur globalen Marktbearbeitung mit einheitlicher Positionierung;
2. die Bildung von Ländergruppen mit ähnlichen Bedürfnis- und Wettbewerbsstrukturen;

3. die Entscheidung zu einer an länderspezifischen Bedürfnissen orientierten Anpassung der Positionierung.

Eine globale Marke muss damit rechnen, dass nationale Wettbewerber auftreten, die bestimmte Verbraucherbedürfnisse besser erfüllen, indem sie der Verbraucherzielgruppe Präferenz- oder Preisvorteile bieten. Das ist besonders bei solchen Produkten anzutreffen, bei denen die Bedürfnisse der Verbraucher deutliche länderspezifische Unterschiede aufweisen. In solchen Fällen kann die globale Marke u.U. nur Grundbedürfnisse erfüllen, sodass überlegt werden muss, ob es zweckmässig ist, eine globale Markenstrategie zu verfolgen oder ob ein länder-(gruppen-)spezifisches Vorgehen sinnvoller ist.

Jenner stellt anhand einer gross angelegten empirischen Untersuchung in der deutschen Konsumgüterindustrie fest, dass eine einheitliche Markenpositionierung insbesondere dann vorteilhaft ist, wenn Konsumenten- und Wettbewerbssituation in den einzelnen bearbeiteten Märkten vergleichbar sind (vgl. Jenner 1994, S. 272–275). Davon ausgehend kann die Marketing-Grundsatzstrategie analog zum Heimatmarkt festgelegt werden. Ist das nicht der Fall, so sind i.d.R. länder-(gruppen-)spezifische Variationen der Grundsatzstrategie unvermeidbar. Inwieweit die Marketing-Detailplanung standardisierbar ist, ist von Fall zu Fall zu entscheiden; weiter gehende Empfehlungen können hier nicht ausgesprochen werden.

1.1.9 Markencontrolling

Die bisherigen Ausführungen haben gezeigt, dass die strategische Markenführung mit erheblichen Investitionen verbunden ist und somit der systematischen Planung, Steuerung und Kontrolle bedarf. Das folgende Kapitel behandelt daher das Markencontrolling. Der Begriff des Controllings wird hierbei nicht lediglich als Kontrolle mit dem Ziel der Überwachung, sondern als umfassenderer Managementbegriff im Sinne einer Steuerungshilfe verstanden (vgl. Köhler 1998, S. 10 f.). Ziel des Markencontrollings ist zum einen die Ermittlung und Analyse der für die strategische Markenführung relevanten Einflussgrössen (z. B. welche Faktoren beeinflussen das Image einer Marke?). Daraus lassen sich wertvolle Empfehlungen für die Steuerung der Marke ableiten. Zum anderen dient das Markencontrolling aber auch der Kontrolle: Ziel ist es, die Ergebnisse der im Rahmen der Markenführung eingesetzten Strategien und Massnahmen zu überprüfen.

Grundlagen

Die verhaltenswissenschaftlichen Ansätze des Markencontrollings gehen davon aus, dass eine Marke dann am Markt erfolgreich ist, wenn die Konsumenten sich ein bestimmtes, mit positiven Assoziationen verbundenes Bild von der betreffenden Marke bilden. Dies beeinflusst auch den Markenwert positiv. Auf die theoretischen Grundlagen sowie auf verschiedene Ansätze zur Bestimmung des Markenwerts in der Praxis wird im Beitrag «Der Markenwert – Ein KMU-Erfolgsfaktor» vertieft eingegangen. Im Folgenden sollen dagegen das Markenwissen der Konsumenten, die einzelnen Dimensionen dieses Wissens und Methoden zur Messung des Markenwissens behandelt werden.

Die Entstehung von Markenassoziationen und Markenwissen kann durch Erkenntnisse aus der Konsumentenverhaltensforschung, insbesondere aus dem Bereich der Gedächtnisforschung, erklärt werden (vgl. Bekmeier-Feuerhahn 2000a, S. 1017). Bei der Bildung von Markenvorstellungen spielen bildliche Informationen häufig eine noch wichtigere Rolle als verbale Informationen. Dies ist darauf zurückzuführen, dass das Gedächtnis für Bildinformationen im Vergleich zum Gedächtnis für verbale Informationen als leistungsfähiger gilt (vgl. Kroeber-Riel/Weinberg 2003, S. 350 ff.).

Demzufolge speichern Konsumenten Markenvorstellungen im Gedächtnis häufig nicht in verbaler Form, sondern in Form von inneren Bildern (Kroeber-Riel/Weinberg 2003, S. 351). Innere Bilder erfüllen nicht nur die Funktion der gedanklichen Speicherung von Informationen, sondern können auch die emotionale Haltung der Konsumenten (z. B. gegenüber verschiedenen Marken) nachhaltig beeinflussen. Wie stark diese Wirkungen sind, hängt insbesondere von der Lebendigkeit des inneren Bildes ab, d.h. von der «Klarheit oder Deutlichkeit, mit der das Bild vor den inneren Augen des Betrachters steht» (Kroeber-Riel/Weinberg 2003, S. 352). Ist das innere Bild der Konsumenten von einer Marke besonders lebendig, so erhöht sich die Wahrscheinlichkeit, dass die betreffende Marke bei der Kaufentscheidung berücksichtigt wird. Die Marke Marlboro setzt diese Erkenntnisse sehr erfolgreich um: Durch die Besetzung einzigartiger Eigenschaften und eine hohe Konsistenz bei der Ausgestaltung der Kommunikation gelingt es, ein besonders lebendiges Bild der Marke Marlboro in Form des Marlboro-Cowboys in der entsprechenden Landschaft zu schaffen.

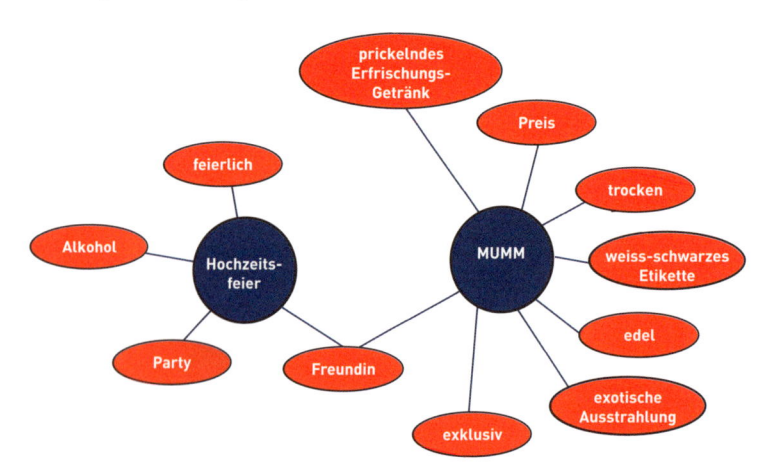

Abbildung 16: Semantisches Netzwerk am Beispiel der Sektmarke «Mumm».
Quelle: Bekmeier-Feuerhahn 2000a, S. 1018.

Das Markenwissen der Konsumenten baut häufig auf inneren Bildern auf, geht aber oft noch darüber hinaus, insbesondere wenn die Konsumenten mit der betreffenden Marke über einen längeren Zeitraum hinweg vertraut sind. So genannte semantische Netzwerke oder Schemata (vgl. hierzu Kroeber-Riel/Weinberg 2003, S. 231 ff. sowie Bekmeier-Feuerhahn 2000a, S. 1017) repräsentieren das Markenwissen der Konsumenten. Darunter versteht man besonders fest im Gedächtnis verankerte bzw. standardisierte Markenvorstellungen. Schemata zeichnen sich dadurch aus, dass sie die «wichtigsten Merkmale eines Gegenstandsbereichs wiedergeben, mehr oder weniger abstrakt (konkret) und hierarchisch organisiert sind» (Kroeber-Riel/Weinberg 2003, S. 233).

Die Abbildung 16 zeigt beispielhaft ein semantisches Netzwerk für die Sektmarke Mumm. Hieraus wird erkennbar, dass das Markenwissen der Konsumenten durch mehrere verschiedene Quellen beeinflusst werden kann (vgl. Esch/Geus 2001, S. 1031): Zum einen spielen etwa persönliche Erlebnisse der Konsumenten und Erfahrungen von Menschen aus dem persönlichen Umfeld (Familie, Freunde, Arbeitskollegen usw.) eine wesentliche Rolle (z. B. «Party», «Freundin»). Zum anderen stellen die Produktleistung an sich und die eigene Konsumerfahrung (z. B. «prickelnd», «trocken») wichtige Einflussfaktoren dar. Darüber hinaus wirken sich auch der Einsatz der Marketingmix-Instrumente, insbesondere die in der Kommunikation (z. B. Fernsehwerbung) vermittelten Inhalte, auf das Wissen der Konsumenten über die Marke Mumm aus (z. B. «weiss-schwarzes Etikett», «klassisch trocken», «exklusiv») (vgl. Bekmeier-Feuerhahn 2000a, S. 1018). Das Markenwissen der Konsumenten (siehe Abbildung 17) lässt sich anhand zweier Dimensionen – der Markenbekanntheit und des Markenimage – beschreiben (vgl. hierzu Keller 2001b, S. 1061 ff. sowie Bekmeier-Feuerhahn 2000b, S. 55 f.; Esch/Geus 2001, S. 1032 ff.). Die Markenbekanntheit wird als Fähigkeit

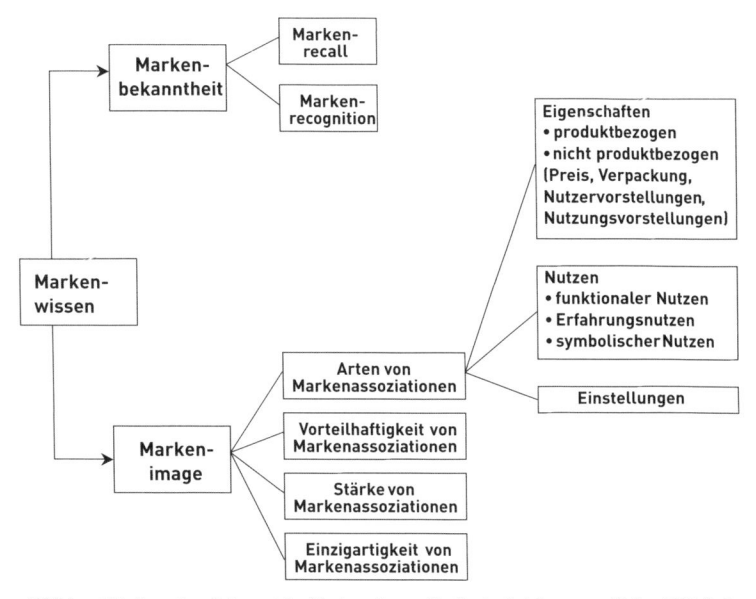

Abbildung 17: Operationalisierung des Markenwissens. Quelle: in Anlehnung an Keller 1993, S. 7.

des Verbrauchers, die Marke unter verschiedenen Bedingungen zu erinnern oder wiederzuerkennen, verstanden (vgl. Keller 2001b, S. 1061 ff.). Man unterscheidet hierbei zwischen dem Markenrecall – der aktiven Markenbekanntheit – und der Markenrecognition – der passiven Markenbekanntheit. Ungestützte Erinnerungsmessungen liefern Aussagen über den Markenrecall, während gestützte Erinnerungsmessungen den Konsumenten bestimmte Markennamen vorgeben und so der Erhebung der Markenrecognition dienen. In der Regel bezeichnet man die Markenbekanntheit als notwendige Bedingung für die Bildung eines spezifischen Images der Marke in den Köpfen der Konsumenten. Möglicherweise reicht die Markenbekanntheit jedoch sogar aus, um bei den Konsumenten ein positives Image der Marke zu erzeugen und den Kaufentscheidungsprozess entsprechend zu beeinflussen. Dieser Zusammenhang trifft häufig zu, wenn bei den Konsumenten nur ein geringes Mass an Involvement vorliegt und die Images der verschiedenen Marken aus ihrer Sicht sehr ähnlich sind. In diesem Fall wählen die Konsumenten häufig Marken, die ihnen bekannt und vertraut sind (vgl. Keller 2001b, S. 1061).

In vielen Fällen ist die Markenbekanntheit jedoch keine hinreichende, sondern lediglich eine notwendige Bedingung dafür, dass eine Marke im Kaufentscheidungsprozess des Konsumenten bevorzugt berücksichtigt wird. Daneben spielt das Markenimage eine entscheidende Rolle. Das Markenimage bezeichnet die «Wahrnehmung und Bevorzugung einer Marke auf der Basis verschiedener gespeicherter Markenassoziationen» (Keller 2001b, S. 1061). Somit lässt sich das Markenimage anhand mehrerer Dimensionen charakterisieren (vgl. zu den folgenden Ausführungen Keller 2001b, S. 1061 ff. sowie Esch/Geus 2001, S. 1033 ff.):

Die Arten der Markenassoziationen spielen eine entscheidende Rolle für den Aufbau des Markenimage. Markenassoziationen können auf konkreten produktbezogenen oder nicht produktbezogenen Eigenschaften, aber auch auf dem Nutzen der Marke oder bestimmten Einstellungen basieren. Beispielsweise beruht das Image der Marke Milka auf bestimmten produktbezogenen Eigenschaften wie etwa dem zarten Schmelz der Schokolade. Darüber hinaus sind auch nicht produktbezogene Eigenschaften wie z. B. die lila Verpackung und die Vorstellung der Konsumenten von einer intakten Alpenlandschaft bedeutsam für das Image der Marke Milka.

Die Vorteilhaftigkeit der Markenassoziationen ist ein weiterer wichtiger Faktor für das Markenimage. Damit ist gemeint, dass Assoziationen, die die Marke gegenüber anderen Marken positiv abheben, zu einem prägnanten Markenimage beitragen können. Zu beachten ist in diesem Zusammenhang, welche Assoziationen in der jeweiligen Produktkategorie aus Sicht der Konsumenten relevant sind und welche Ausprägungen positiv bewertet werden.

Bedeutsam für das Markenimage ist auch die Stärke der Markenassoziationen. Je nachdem, wie häufig und wie lange sich die Konsumenten mit Informationen über die betreffende Marke auseinander setzen und wie intensiv sie sich gedanklich mit diesen Informationen beschäftigen, sind die Assoziationen mit dieser Marke mehr oder weniger stark. Nach Keller (2000b, S. 970) können Markenmanager die Assoziationen und damit auch das Markenimage stärken, indem sie darauf achten, den Konsumenten ein im Zeitablauf möglichst konsistentes Bild der Marke zu liefern. Darüber hinaus kann sich auch ein hohes Involvement der Konsumenten positiv auf die Stärke der Markenassoziationen auswirken.

Schliesslich beeinflusst die Einzigartigkeit von Markenassoziationen das Markenimage. Wenn sich eine Marke durch eine herausragende Eigenschaft von den übrigen Marken in dieser Kategorie abhebt, trägt dies dazu bei, dass die Marke ein einzigartiges Profil erhält und so im Kaufentscheidungsprozess der Konsumenten weniger austauschbar gegenüber konkurrierenden Marken erscheint. Andererseits müssen Markenmanager möglicherweise darauf achten, dass ihre Marke bestimmte Assoziationen aufweist, wenn sie mit anderen Marken in einer bereits bestehenden Kategorie in Konkurrenz treten soll.

Das Markenwissen kann durch quantitative und qualitative Methoden erhoben werden.

Die Auswahl der einzusetzenden quantitativen (z. B. repräsentativen Befragung zur Erhebung eines Imageprofils der Marke) und/oder qualitativen (z. B. projektive Techniken) Messmethoden sollte auf der jeweils zugrunde liegenden Problemstellung basieren (nähere Ausführungen vgl. Haedrich et al. 2003, S. 163 ff.)

Bestimmung des Markenwerts
In den letzten Jahren ist in Wissenschaft und Praxis eine zunehmende Thematisierung des Markenwerts zu beobachten. Neben dem Begriff «Markenwert» wird jedoch häufig auch der Ausdruck «Markenstärke» verwendet. Diese beiden Begriffe lassen sich wie folgt gegeneinander abgrenzen: Die Markenstärke stellt insbesondere bei den verhaltenswissenschaftlich orientierten Messansätzen den wichtigsten Einflussfaktor auf den Markenwert dar (vgl. u.a. Keller 1993). Markenstärke wird definiert als die «Antriebskraft, die aus der subjektiven Wertschätzung der Markierung resultiert» (Bekmeier-Feuerhahn 1999a, S. 1015). Eine hohe Antriebskraft bzw. Markenstärke hat zur Folge, dass die Konsumenten die betreffende Marke im Vergleich zu anderen Marken häufiger in ihren Kaufentscheidungsprozess einbeziehen und dass sich die Kaufwahrscheinlichkeit erhöht. Somit resultiert ein hoher Markenwert aus einer hohen Markenstärke. Im Folgenden werden daher beide Begriffe verwendet, je nachdem, ob es sich um den «Input» – also die Markenstärke – oder um den «Output» – den Markenwert – handelt.

In zahlreichen Unternehmen hat sich die Erkenntnis durchgesetzt, dass die Marke ein wertvolles Unternehmenskapital und einen zentralen Erfolgsfaktor darstellt. Zudem wird die Marke zunehmend als Investitionsobjekt und nicht als Kostenfaktor angesehen. Wertvolle Marken zeichnen sich durch eine einzigartige Positionierung aus Sicht der Konsumenten aus, differenzieren sich somit besser gegenüber anderen Marken und sind so besser gegen Aktivitäten der Konkurrenz geschützt (vgl. Aaker 1992, S. 21 f.).

Eine zunehmende Beschäftigung mit dem Markenwert ist aus folgenden Gründen notwendig (Haedrich et al. 2003, S. 171 ff.):
- Der Wert des Marken-Portfolios entscheidet bei Unternehmenskäufen und -zusammenschlüssen massgeblich über den Preis.

- Der Wert der Marke ist bei Nutzung in Lizenz- und Franchisegeschäften Grundlage der Gebührenberechnung.
- Der Wert der Marke bildet die Grundlage zur Steuerung des Marken-Portfolios.
- Die Markensteuerung und das Markencontrolling beruhen auf dem Markenwert.

Als Vorteile einer hohen Markenstärke lassen sich folgenden Aspekte anführen (vgl. hierzu Aaker 1992, S. 32 ff.; Esch/Wicke 2001, S. 45 f.):

- Verfügt ein Unternehmen über Marken von hoher Markenstärke, so wirkt sich dies positiv auf seine Stellung im Wettbewerb aus. Hohe Markenstärke stellt eine Barriere dar, die potenziellen Konkurrenten den Eintritt in den Markt erschwert.
- Auf Grund einer hohen Markenstärke lassen sich häufig auch höhere Gewinne erzielen. Dies kann zum einen daraus resultieren, dass Preisaufschläge erhoben werden können, zum anderen lassen sich möglicherweise die Kosten, beispielsweise für Vertriebsmassnahmen, reduzieren.
- Marken von hoher Markenstärke verfügen meist über eine grosse Anzahl treuer Kunden. Dies sichert dem Unternehmen konstante Umsätze. Hohe Markenloyalität hat weitere positive Effekte wie etwa die geringeren Kosten zur Bindung bestehender Kunden im Vergleich zur Akquisition von Neukunden (vgl. Reichheld/Sasser 1990) sowie eine erhöhte Toleranz der Kunden, beispielsweise wenn bei angekündigten Neulancierungen Verzögerungen auftreten. Dies lässt sich z. B. bei Automobilmarken feststellen.
- Auf Grund einer hohen Markenstärke können bei den Konsumenten Halo-Effekte entstehen (vgl. Kroeber-Riel/Weinberg 2003, S. 310): Konsumenten bewerten bestimmte Eigenschaften einer Marke besonders gut, wenn es sich um eine Marke mit hoher Markenstärke handelt. Durch diesen Zusammenhang wird eine Spirale an positiven Rückwirkungen ausgelöst: Die Markenstärke wirkt positiv auf die Wahrnehmung einzelner Elemente des Marketingmix (z.B. bei einer Werbekampagne zur Kommunikation der Marke). Dies führt wiederum zu einer positiven Beeinflussung der Markenstärke usw.
- Unternehmen können durch Marken von hoher Markenstärke ihre Verhandlungsstärke gegenüber dem Handel erhöhen. Starke Marken

werden häufig bei der Aufnahme neuer Marken in das Sortiment, Vergabe von Regalplätzen, Durchführung von Kommunikationsmassnahmen am POS usw. bevorzugt berücksichtigt. Da starke Marken wichtige Frequenzbringer sind, profitiert der Handel ebenfalls. Dies wirkt sich generell positiv auf die Zusammenarbeit zwischen Herstellern und Handelsunternehmen aus.

- Eine hohe Markenstärke ist Voraussetzung für die weitere Nutzung des Markenpotenzials, beispielsweise durch Markenerweiterungen oder -transfers. Hierfür ist es unabdingbar, dass die Marke einen hohen Bekanntheitsgrad sowie ein positives Image aufweist. Nur wenn sich die Marke in ihrer angestammten Produktkategorie erfolgreich positioniert hat, verfügt sie möglicherweise über Potenziale, die sich für eine Ausdehnung des Sortiments oder für den Transfer auf weitere Produktkategorien nutzen lassen.

Die bisherigen Ausführungen haben gezeigt, dass der Markenwert ein wichtiges Instrument für die strategische Markenführung ist. Bei der Bestimmung des Markenwerts können jedoch auch Probleme auftreten, die im Folgenden kurz dargestellt werden (vgl. Esch/Geus 2001, S. 1025 ff.; Sattler 2000, S. 225 ff., vgl. auch Beitrag von Felser):

- Die Marke zeichnet sich durch ein hohes Ausmass an qualitativen Kriterien aus. Somit ist eine Erfassung mit herkömmlichen Bewertungsmethoden, wie sie beispielsweise im Rahmen der Bilanzierung herangezogen werden, nur unzureichend möglich.
- Bei Mehrmarkenunternehmen stehen die einzelnen Marken häufig in Beziehung zueinander. Dies sollte bei der Bestimmung des Markenwerts ebenfalls berücksichtigt werden. Die separate Messung und das Management einzelner Marken reicht für die Planung, Steuerung und Kontrolle eines Markenportfolios nicht aus.
- Bei der Bestimmung des Markenwerts überwiegen häufig rein finanzorientierte Messverfahren mit objektiven Kennzahlen. Dadurch kann jedoch die Marke in ihrer Komplexität nicht vollständig erfasst werden.

Ansätze zur Bestimmung des Markenwerts

In der Praxis findet sich eine Vielzahl von Modellen und Instrumenten zur Bestimmung des Markenwerts. Die Ansätze zur Bestimmung des Markenwerts lassen sich grundsätzlich in zwei Gruppen unterteilen – die finanzwirtschaftlichen und die verhaltenswissenschaftlichen Methoden (vgl. Beitrag Vogel). Den Ansätzen liegen unterschiedliche Zielsetzungen zugrunde: Die finanzwirtschaftlichen Verfahren dienen in erster Linie der ökonomischen Bewertung des Markenwerts und richten sich vorrangig an externe Zielgruppen. Diese Verfahren werden für die Bilanzierung, Unternehmensbewertung, Ermittlung von Schadenersatzansprüchen usw. eingesetzt. Demgegenüber verfolgen die verhaltenswissenschaftlichen Methoden vor allem das Ziel, ein Verständnis der Funktion der Marke zu schaffen. Diese Verfahren lassen sich insbesondere als internes Steuerungs- und Kontrollinstrument nutzen.

Kaas (1990, S. 48) definiert den Markenwert im Rahmen der finanzwirtschaftlichen Ansätze als «Barwert aller zukünftigen Einzahlungsüberschüsse, die der Eigentümer der Marke erwirtschaften kann». Bei der Ermittlung dieses Wertes ergeben sich jedoch Probleme. Neben grundsätzlichen Unterschieden zwischen den verschiedenen Bewertungsmethoden tragen diese Probleme dazu bei, dass je nach eingesetzter Methode sehr unterschiedliche Ergebnisse für den Markenwert resultieren (siehe Abbildung 18).

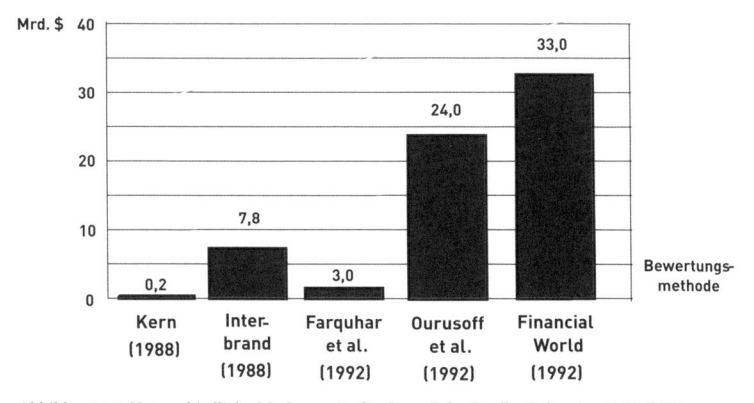

Abbildung 18: Unterschiedliche Markenwerte für Coca-Cola. Quelle: Bekmeier 1998, S.62.

Die Probleme der finanzwirtschaftlichen Ansätze treten vor allem bei der Prognose des Zahlungsstroms, bei der Definition des betrachteten Zeithorizonts und bei der Bestimmung des Abzinsungsfaktors auf (vgl.

Herrmann 1998, S. 493; Sattler 2000, S. 225 ff.). Finanzwirtschaftliche Ansätze werden somit zwar für die Markenbewertung im Rahmen der Bilanzierung und Lizenzierung herangezogen, eignen sich dagegen kaum als Entscheidungsgrundlage für das strategische Marketing. Hierfür ist der Einbezug der Konsumentenperspektive unerlässlich.

Diesem Mangel der finanzwirtschaftlichen Ansätze versuchen die verhaltenswissenschaftlichen Ansätze Rechnung zu tragen, indem sie die Konsumenten, d.h. ihre Wahrnehmung der Marke und ihre Reaktionen darauf, in den Mittelpunkt der Betrachtung stellen. Nach Keller (1993, S. 13) kann die Markenstärke als «(...) das Ergebnis der unterschiedlichen Reaktionen von Konsumenten auf Marketingmassnahmen einer Marke im Vergleich zu identischen Massnahmen einer fiktiven Marke auf Grund spezifischer, im Gedächtnis gespeicherter Markenvorstellungen verstanden werden». Entsprechend dieser Definition lässt sich die Markenstärke durch die beiden hypothetischen Konstrukte Markenbewusstsein und Markenimage ausdrücken. Marken mit hoher Markenstärke zeichnen sich somit dadurch aus, dass die Konsumenten ein hohes Mass an Bewusstsein und Vertrautheit mit der Marke aufweisen und dass die Marke bei den Konsumenten zudem starke, einzigartige und positive Assoziationen hervorruft. Zur Ermittlung der Markenstärke und darauf basierend des Markenwerts werden die hypothetischen Konstrukte Markenbewusstsein und Markenimage durch Indikatoren operationalisiert. Beispielsweise werden zur Bestimmung des Markenimage die Art, die Stärke, die Vorteilhaftigkeit und die Einzigartigkeit der durch die Marke hervorgerufenen Assoziationen bewertet.

Gemeinsam ist den verhaltenswissenschaftlichen Ansätzen die These, dass die Stärke einer Marke sich nicht an unternehmensinternen Faktoren wie z. B. finanziellen Ressourcen, Marketing-Know-how usw. festmachen lässt, sondern durch die (positive) Verankerung der Marke in den Köpfen der Konsumenten zustande kommt (vgl. Esch/Geus 2001, S. 1031). Es existieren verschiedene Methoden, um diese gedankliche Verankerung der Marke zu operationalisieren und zu messen (vgl. hierzu ausführlich Haedrich et al. 2003, S. 163 ff.).

1.1.10 Rechtliche Aspekte der Markenführung

Markenmanager sollten sich aus verschiedenen Gründen mit den rechtlichen Aspekten der Markenführung befassen. Zum einen ist die Kenntnis der relevanten juristischen Normen bei der Einführung einer neuen Marke von Bedeutung. Hierbei gilt es, die Marke als immaterielles Gut und geistiges Eigentum des Unternehmens von Anfang an bestmöglich zu schützen. Zum anderen sehen sich Markenmanager in einigen Fällen mit Verletzungen des Markenschutzes oder des guten Rufs der Marke, z. B. durch Fälschungen und Markenpiraterie, konfrontiert. Falls es zu derartigen Konflikten kommt, sollten Markenmanager sowohl über die entsprechenden Rechtsvorschriften informiert sein als auch über die verschiedenen Mittel, um ihre Ansprüche geltend zu machen. Darüber hinaus werfen bestimmte Aufgaben des Markenmanagements, beispielsweise die Lizenzierung oder Veräusserung von Marken, besondere rechtliche Fragestellungen auf.

Im Folgenden soll kurz auf die länderspezifischen Rechtsgrundlagen der Markenführung und der Nutzungsmöglichkeiten von Markenrechten eingegangen werden. Auf eine ausführlichere Darstellung rechtlicher Grundlagen der Markenführung wird verzichtet, da darauf im Beitrag «Zum ABC einer erfolgreichen Marke gehört das ®» eingegangen wird.

Länderspezifische Rechtsgrundlagen der Markenführung
Bezüglich der für die Markenführung relevanten Rechtsgrundlagen existieren länderspezifische Unterschiede.

In der Schweiz gelten ähnliche gesetzliche Regelungen wie in Deutschland (vgl. hierzu Pascual 1998). Im Jahr 1993 wurde das Bundesgesetz über den Schutz von Marken und Herkunftsangaben (kurz «Markengesetz») eingeführt. Ähnlich wie das seit 1995 in Deutschland gültige Markengesetz umfasst auch das Schweizer Markengesetz (MSchG) einige wesentliche Neuerungen und stellt somit eine grundsätzliche Reformierung der für Marken relevanten Rechtsgrundlagen dar. Eine zentrale Änderung des Schweizer Markengesetzes besteht darin, dass seit 1993 erstmals auch Dienstleistungsmarken in der Schweiz als

Marken schützbar sind, während diese in den meisten Ländern schon seit längerer Zeit als Marke geschützt werden konnten. Damit wurde der bedeutenden Rolle des Dienstleistungssektors für die Schweizer Wirtschaft Rechnung getragen. Ebenso wie in Deutschland wird der Marke nach Artikel 1 des Schweizer Markengesetzes eine Unterscheidungs- und Herkunftsfunktion zugesprochen. Übereinstimmung zwischen schweizerischer und deutscher Gesetzgebung besteht ebenfalls hinsichtlich der verschiedenen Arten von schützbaren Markenformen. Der Markenschutz wird in der Schweiz ausschliesslich durch Registrierung der Marke beim Eidgenössischen Institut für Geistiges Eigentum («EIGE») in Bern, nicht jedoch durch Benutzung oder Verkehrsgeltung erlangt (vgl. im Beitrag «Zum ABC einer erfolgreichen Marke gehört das ®»).

Innerhalb der Europäischen Union (EU) wird im Zuge der Schaffung eines Europäischen Binnenmarktes eine Harmonisierung zahlreicher gesetzlicher Regelungen, zu denen auch die für die Markenführung relevanten Rechtsgrundlagen zählen, angestrebt (vgl. Ahlert/Schröder 1996, S. 52 f.). Dementsprechend gilt seit 1994 die Gemeinschaftsmarkenverordnung (GmarkenV). Ziel dieser Verordnung ist es, das Vorgehen zur Registrierung von Marken und der Erlangung des Markenschutzes in der gesamten EU zu vereinheitlichen und zu vereinfachen (vgl. hierzu Ahlert/Schröder 1996, S. 134 ff.; Satter 2001, S. 48 f.). Um eine Marke im gesamten Gebiet der EU zu schützen, ist lediglich eine Registrierung der Marke als Gemeinschaftsmarke beim Harmonisierungsamt für den Binnenmarkt in Alicante, Spanien, erforderlich. Eine separate Registrierung der Marke in den verschiedenen Mitgliedsländern der EU, in denen zum Teil abweichende gesetzliche Regelungen zum Markenrecht gelten, entfällt somit. Das 1995 in Deutschland verabschiedete Markengesetz stellt die Umsetzung der europäischen Rechtsgrundlagen auf nationaler Ebene dar (vgl. Ahlert/Schröder 1996, S. 52 f.). Daher sind die gesetzlichen Regelungen der EU und das bereits dargestellte deutsche Markengesetz weitestgehend deckungsgleich. Ein Unterschied besteht jedoch darin, dass für den Schutz einer Marke als Gemeinschaftsmarke eine Registrierung zwingend erforderlich ist, während nach dem deutschen Markengesetz der Markenschutz auch durch Verkehrsgeltung oder notorische, d.h. allgemeine Bekanntheit der Marke, erlangt werden kann (vgl. Sattler 2001, S. 49).

Auch auf internationaler Ebene gibt es Bestrebungen, gesetzliche Regelungen für die länderübergreifende Schützbarkeit von Marken zu schaffen (vgl. hierzu Sattler 2001, S. 49 f.). Das Madrider Markenabkommen (MMA) bzw. die Pariser Verbandsübereinkunft zum Schutz des gewerblichen Eigentums stellen die juristische Grundlage für die internationale Registrierung dar. Darüber hinaus kann eine Marke auch basierend auf dem Protokoll zum MMA (PMMA) international registriert werden. Diese Option kommt für Markeneigentümer aus Nicht-Mitgliedsstaaten des MMA in Frage. Ziel dieser Regelung ist es, nach und nach den Geltungsbereich des MMA weiter auszudehnen. Beispielsweise planen die USA, dem PMMA im Jahr 2001 beizutreten. Nachdem ein Markeneigentümer seine Marke im eigenen Land sowie beim Internationalen Büro für geistiges Eigentum (OMPI) in Genf hinterlegt und die entsprechenden Gebühren entrichtet hat, kann er den Markenschutz auf weitere Mitgliedsstaaten des MMA ausdehnen. Die Schutzrechte sind jedoch nicht – wie in der Gemeinschaftsmarkenverordnung der EU – vereinheitlicht, sondern richten sich nach den gesetzlichen Regelungen der Länder, für die der Markeneigentümer Markenschutz beantragt hat. Gegenüber der separaten Registrierung einer Marke in mehreren Ländern bietet die internationale Registrierung einer Marke den Vorteil, dass dem Markeneigentümer so deutlich geringere Kosten entstehen.

Nähere Einzelheiten zum Markenschutz finden sich im Beitrag «Zum ABC einer erfolgreichen Marke gehört das ®» des Eidgnössischen Instituts für Geistiges Eigentum.

Nutzungsmöglichkeiten von Markenrechten
Markeneigentümer sind nicht nur berechtigt, ihre Markenrechte selbst in Anspruch zu nehmen, sondern auch, diese auf andere zu übertragen und weiterzuverwerten (Art. 17 MSchG). Die Lizenzvergabe (Art. 18 MSchG) stellt eine in der Praxis besonders relevante Nutzungsmöglichkeit von Markenrechten dar (vgl. hierzu Ahlert/Schröder 1996, S. 146 ff.; Schröder 1997, S. 182 ff.; Sattler 2001, S. 59 f.). Mit der

Erteilung einer Lizenz überträgt der Markeneigentümer dem Lizenznehmer das Recht, die Marke zu benutzen und damit die eigenen Waren bzw. Dienstleistungen zu kennzeichnen. Als Beispiel hierfür lässt sich die Firma Schöller anführen, die in Lizenz Eiscreme der Marke Mövenpick herstellt. Zudem spielt die Vergabe von Lizenzen häufig im Rahmen des Merchandising bekannter Kinofilme wie z.b. Harry Potter eine Rolle. Lizenzen wurden in diesem Fall beispielsweise an Coca-Cola (u. a. für die Nutzung der Harry-Potter-Figuren auf den Coca-Cola-Flaschen) und Mars (u.a. für den Vertrieb von Harry-Potter-Schokoladenfröschen) vergeben.

Die einzelnen Rechte und Pflichten von Lizenzgeber und -nehmer werden in der Regel schriftlich in einem Lizenzvertrag festgehalten. Dabei wird die vergebene Lizenz hinsichtlich Dauer, Qualität der Waren bzw. Dienstleistungen, personellem und sachlichem Umfang, räumlicher Gültigkeit, Exklusivitätsgrad sowie den zu entrichtenden Lizenzgebühren spezifiziert. Rechtliche Probleme zwischen Lizenzgeber und -nehmer können entstehen, wenn bestimmte vertragliche Vereinbarungen nicht eingehalten werden, beispielsweise wenn der Lizenznehmer Werbemassnahmen einsetzt, die nicht dem Image der Marke entsprechen.

Insbesondere durch die wachsende Anzahl von Unternehmensübernahmen und Fusionen kommt auch der Veräusserung von Marken eine zunehmende Bedeutung zu. Marken können als selbstständige, verkehrsfähige Wirtschaftsgüter auch unabhängig vom Gesamtunternehmen weiterverkauft werden. Die Veräusserung der Marke kann sich auf sämtliche mit der Marke gekennzeichnete Waren bzw. Dienstleistungen beziehen oder nur einen Teil betreffen.

1.1.11 Fazit

Der erfolgreiche Markenmanager der Zukunft braucht neben soliden planerischen Kenntnissen und Fähigkeiten eine ausgeprägte analytische Begabung, um Entwicklungen im Umfeld seiner Marke rechtzeitig aufdecken und richtig interpretieren zu können. Strategische Markenführung kann mit einem Radar verglichen werden, das bereits anhand schwacher Signale Chancen und Risiken für die Markenführung aufzeigt.

Die folgenden Beiträge zeigen dem Praktiker Konzepte auf, die für eine erfolgreiche Umsetzung der Markenführung hilfreich sein können. Über eine erfolgreiche Umsetzung in der Praxis berichten die Fallbeispiele der Marken BLACKSOCKS, MOTOREX, ODLO und Rivella.

Literatur

Aaker, D.A. (1992): Management des Markenwerts, Frankfurt am Main/ New York

Aaker, D.A. (1996): Building strong brands, New York

Aaker, D.A.; Joachimsthaler, E. (1997): Building brands without mass media, in: Harvard Business Review, January/February, S. 39-50

Aaker, D.A.; Joachimsthaler, E. (2000): Brand leadership, New York u.a.O.

Ahlert, D.; Schröder, H. (1996): Rechtliche Grundlagen des Marketing, 2., völl. überarb. Aufl., Stuttgart u.a.

Antil, J.H. (1984): Conceptualization and Operationalization of Involvement, in: Advances in Consumer Research, Vol. 11, No. 1, S. 203-209

Arnold, D. E. (1992): Modernes Markenmanagement, Wien

Barney, J.B. (1991): Firm ressources and sustained competitive advantage, in: Journal of Management, Vol. 17, No. 1, S. 99-120

Becker, J. (1996): Konzeptionelle Grundfragen der Positionierung, in: Tomczak, T.; Rudolph, Th.; Roosdorp, A. (Hrsg.): Positionierung - Kernentscheidung des Marketing, St. Gallen, S. 12-23

Becker, J. (2004): Typen von Markenstrategien, in: Bruhn, M. (Hrsg.): Handbuch Markenführung. Kompendium zum erfolgreichen Markenmanagement. Strategien - Instrumente - Erfahrungen, Band 1, 2. Aufl., Wiesbaden, S. 637-675

Bekmeier-Feuerhahn, S. (1998): Marktorientierte Markenbewertung - Eine konsumenten- und unternehmensorientierte Betrachtung, Forschungsgruppe Konsum und Verhalten, Gabler Edition Wissenschaft, Wiesbaden

Bekmeier-Feuerhahn, S. (2000a): Messung von Markenvorstellungen, in: Esch, F.-R. (Hrsg.): Moderne Markenführung, 3., erweiterte und aktualisierte Auflage, Wiesbaden, S. 1013-1030

Bekmeier-Feuerhahn, S. (2000b): Nachfrageorientierte Bewertung von Marken, in: Thexis, 17. Jg., Nr. 2, S. 54-58

Brockhoff, K. (1992): Positionierung, in: Diller, H. (Hrsg.): Vahlens Grosses Marketinglexikon, München, S. 878-879

Bruhn, M. (2004): Planung einer Integrierten Markenkommunikation, in: Bruhn, M. (Hrsg.): Handbuch Markenführung. Kompendium zum erfolgreichen Markenmanagement. Strategien - Instrumente - Erfahrungen, Band 2, 2. Aufl., Wiesbaden, S. 1441-1465

Day, C. S.; Wensley, R. (1988): Assessing Advantage: A Framework for Diagnosing Competitive Superiority, in: Journal of Marketing, April, S. 1-20

Dichtl, E. (1992): Grundidee, Varianten und Funktionen der Markierung von Waren und Dienstleistungen, in: Dichtl, E.; Eggers, W. (Hrsg.): Marke und Markenartikel als Instrumente des Wettbewerbs, München, S. 1-24

Eidgenössisches Institut für Geistiges Eigentum (2004): Statistische Informationen, Bern

Endmark (2001): Trendstudie: Zuordnung neuer Markennamen zu den jeweiligen Produkten, Dienstleistungen und Unternehmen, Köln

Engelhardt, W.H. (1990): Dienstleistungsorientiertes Marketing - Antwort auf die Herausforderungen durch neue Technologien, in: Adam, D.; Backhaus, K.; Meffert, H. (Hrsg.): Integration und Flexibilität. Wiesbaden, S. 267-289

Engelhardt, W.H.; Kleinaltenkamp, M.; Reckenfelderbäumer, M. (1993): Leistungsbündel als Absatzobjekte, in: Zeitschrift für betriebswirtschaftliche Forschung, Heft 5, S. 395-426

Esch, F.-R. (1992): Positionierungsstrategien - konstituierender Erfolgsfaktor für Handelsunternehmen, in: Thexis, Nr. 4, S. 9-15

Esch, F.-R. (1999): Markenpositionierung und Markenführung. In: R. Grünig/M. Pasquier (Hrsg.): Strategisches Management und Marketing. Bern/Stuttgart/Wien, S. 331-363

Esch, F.-R. (2001a): Aufbau starker Marken durch integrierte Markenpositionierung als Grundlage der Markenführung, in: Esch, F.-R. (Hrsg.): Moderne Markenführung, 3., erweiterte und aktualisierte Auflage, Wiesbaden, S. 233-265

Esch, F.-R. (2001c): Markenpositionierung als Grundlage der Markenführung, in: Esch, F.-R. (Hrsg.): Moderne Markenführung, 3., erweiterte und aktualisierte Auflage, Wiesbaden, S. 233-265

Esch, F.-R.; Geus, P. (2001): Ansätze zur Messung des Markenwerts, in: Esch, F.-R. (Hrsg.): Moderne Markenführung, 3., erweiterte und aktualisierte Auflage, Wiesbaden, S. 1025-1057

Esch, F.-R.; Langner, T. (2001): Branding als Grundlage zum Markenaufbau, in: Esch, F.-R. (Hrsg.): Moderne Markenführung. Grundlagen - innovative Ansätze - praktische Umsetzungen. 3., erweiterte und aktualisierte Aufl., Wiesbaden, S. 437-450

Esch, F.-R.; Wicke, A. (2001): Herausforderungen und Aufgaben des Markenmanagements, in: Esch, F.-R. (Hrsg.): Moderne Markenführung. Grundlagen – innovative Ansätze – praktische Umsetzungen. 3., erweiterte und aktualisierte Aufl., Wiesbaden, S. 3-55

Esch, F.-R.; Fuchs, M.; Bräutigam, S. (2001): Konzeption und Unsetzung von Markenerweiterungen, in: Esch, F.-R. (Hrsg.): Moderne Markenführung, 3., erweiterte und aktualisierte Aufl., Wiesbaden, S. 755-791

Freter, H. (1983): Marktsegmentierung, Stuttgart u. a.

Grosse-Oetringhaus, W. F. (1994): Value Marketing – Steigerung des Geschäftserfolgs durch Erhöhung von Kundenwerten, in: Tomczak, T.; Belz, Ch. (Hrsg.): Kundennähe realisieren, St. Gallen: Thexis, S. 55-79

Haedrich, G.; Tomczak, T. (1994): Strategische Markenführung, in: Bruhn, M. (Hrsg.): Handbuch Markenartikel, Stuttgart, S. 925-948

Haedrich, G.; Tomczak, T. (1996): Produktpolitik, Stuttgart u.a.

Haedrich, G.; Tomczak, T.; Kaetzke, P. (2003): Strategische Markenführung, 3. Aufl., Bern

Herrmann, A. (1998): Produktmanagement, München

Herstatt, C. (1991): Anwender als Quelle für Produktinnovationen, Zürich

Herstatt, C.; von Hippel, E. (1992): From Experience: Developing New Product Concepts Via the Lead User Method, in: The Journal of Product Innovation Management, Vol. 9, S. 213-221

Jenner, Th. (1994): Internationale Marktbearbeitung, Wiesbaden

Jenner, Th. (1999): Überlegungen zum strategischen Wandel in der Markenführung, in: Marketing ZFP, Heft 2, S. 149-160

Jeschke, B.G. (1993): Überlegungen zu den Determinanten des Unternehmens-Image, in: Armbrecht, W.; Avenarius, H.; Zabel, U. (Hrsg.): Image und PR, Opladen, S. 73-85

Kaas, K. (1990): Langfristige Werbewirkung und Brand Equity, in: Werbeforschung und Praxis, Heft 3, S. 48-52

Kalbfell, K.-H. (2003): BMW Group: BMW, MINI und Rolls-Royce. Emotionale Strahlkraft in Reinkultur, in: Gottschalk, B./Kalmbach, R. (Hrsg.): Markenmanagement in der Autombilbranche, Wiesbaden, S. 221-241

Keller, K. L. (1993): Conceptualizing, Measuring and Managing Customer-Based Brand Equity, in: Journal of Marketing, Vol. 57, January, S. 1-22

Keller, K. L. (1998): Strategic Brand Management: Building, Measuring, and Managing Brand Equity, Upper Saddle River/NJ

Keller, K. L. (2001a): Erfolgsfaktoren von Markenerweiterungen, in: Esch, F.-R. (Hrsg.): Moderne Markenführung, 3., erweiterte und aktualisierte Aufl., Wiesbaden, S. 793-807

Keller, K. L. (2001b): Kundenorientierte Messung des Markenwerts, in: Esch, F.-R. (Hrsg.): Moderne Markenführung, 3., erweiterte und aktualisierte Auflage, Wiesbaden, S. 967-987

Keller, K. L. (2003): Strategic Brand Management: Building, Measuring, and Managing Brand Equity, 2nd Ed., Upper Saddle River/NJ

Keller, K.L.; Aaker, D.A. (1992): The effects of sequential introduction of brand extensions, in: Journal of Marketing Research, Vol. 29, February, S. 35-50

Köhler, R. (1998): Marketing-Controlling: Konzepte und Methoden, in: Reinecke, S.; Tomczak, T.; Dittrich, S. (Hrsg.): Marketingcontrolling, Fachbuch für Marketing, St. Gallen, S. 10-21

Kohli, Ch.; LaBahn, D.W. (1997): Observations: Creating effective brand names: A study of the naming process, in: Journal of Advertising Research, Januar/Februar, S. 67-75

Kotler, Ph. (1999): Kotler on Marketing. How to create, win, and dominate markets, New York

Kroeber-Riel, W./Weinberg, P. (2003): Konsumentenverhalten, 8. Aufl., München

Kroeber-Riel, W.; Esch, F.-R. (2004): Strategie und Technik der Werbung, 6. Aufl., Stuttgart u.a.O.

Kühn, R. (1992): Das «Made-in-Image» der Schweiz als strategischer Parameter, in: Die Unternehmung, Nr. 4, S. 303-314

Kuss, A.; Tomczak, T. (2004): Marketingplanung. Einführung in die marktorientierte Unternehmens- und Geschäftsfeldplanung, 4. überarb. und erw. Aufl., Wiesbaden

Langner, T.; Esch, F.-R. (2004): Corporate Branding auf Handlungsoptionen abstimmen, in: Esch, F.-R.; Tomczak, T.; Kernstock, J.; Langner, T. (Hrsg.): Corporate Brand Management. Marken als Anker strategischer Führung von Unternehmen, Wiesbaden, S. 101-128

Levermann, T. (1994): Entwicklung eines Expertensystems zur Beurteilung der strategischen Durchsetzung von Werbung, Dissertation an der Universität des Saarlandes, Saarbrücken

Meffert, H. (1988): Strategische Unternehmensführung und Marketing, Wiesbaden

Meffert, H. (2000): Marketing. Grundlagen marktorientierter Unternehmensführung, 9. Aufl., Wiesbaden

Meffert, H.; Burmann, Chr. (2002): Wandel in der Markenführung – vom instrumentellen zum identitätsorientierten Markenverständnis, in: Meffert, H.; Burmann, Chr.; Koers, M. (Hrsg.): Markenmanagement. Grundfragen der identitätsorientierten Markenführung. Wiesbaden, S. 17-33

Magyar, K. M. (1987): Pioniermanagement, Rorschach

Mühlbacher, H.; Dreher, A. (1996): Systemische Positionierung, in: Tomczak, T.; Rudolph, Th.; Roosdorp, A. (Hrsg.): Positionierung – Kernentscheidung des Marketing, St. Gallen, S. 70-76

Müller, C.; Nahr-Ettl, C.; Rottweiler, D. (2003): Markenaufbau und Markenführung in kleinen und mittleren Unternehmen (KMU), Hohenheimer Beiträge zur Entrpreneurshipforschung und -praxis, Nr. 5, Stuttgart

o.V. (2005): Die fünfzig Wertvollsten, in: Bilanz, Januar, S. 81-87

Park, C.W.; Milberg, S.J.; Lawson, R. (1991): Evaluation of brand exten-sions: The role of product feature similarity and brand concept consistency, in: Journal of Consumer Research, Vol. 18, September, S. 185-193

Pascual, G.O. (1998): Marken - und insbesondere Dienstleistungsmarken aus rechtlicher Sicht, in: Tomczak, T.; Schögel, M.; Ludwig, E. (Hrsg.): Markenmanagement für Dienstleistungen, St. Gallen, S. 148-160

Porter, M. (1990): Wettbewerbsstrategie, 6. Aufl., Frankfurt/Main

Prahalad, C.K.; Hamel, G. (1990): The Core Competences of the Corpora-tion, in: Harvard Business Review, Nr. 3, S. 79-91

Reichheld, F.F.; Sasser, W.E. Jr. (1990): Zero Defections: Quality Comes to Services, in: Harvard Business Review, Vol. 68, No. 5, S. 105-111

Ries, A.; Trout, J. (1986): Positioning: Die neue Werbestrategie, Hamburg

Ries, A.; Trout, J. (1993): Die 22 unumstösslichen Gebote im Marketing, Düsseldorf et al.

Sattler, H. (1997): Monetäre Bewertung von Markenstrategien für neue Produkte, Stuttgart

Sattler, H. (2000): Markenbewertung, in: Albers, S.; Herrmann, A. (Hrsg.): Handbuch Produktmanagement, Wiesbaden, S. 219-240

Sattler, H. (2001): Markenpolitik, Stuttgart u.a.

Schröder, H. (1997): Anforderungen des neuen Markenrechts an das Management von Kennzeichen, in: Die Betriebswirtschaft, 57. Jg., Nr. 2, S. 167-188

Smith, D. C.; Park, C. W. (2001): Einfluss der Markenerweiterung auf Marktanteil und Werbeeffizienz, in: Esch, F.-R. (Hrsg.): Moderne Markenführung, 3., erweiterte und aktualisierte Aufl., Wiesbaden, S. 843-865

Tomczak, T.; Brexendorf, T.O. (2004): Kapitalisierung durch Markendehnung, in: Frankfurter Allgemeine Zeitung, 30. Juni, S. B1

Tomczak, T.; Herrmann, A.; Brexendorf, T.O.; Kernstock, J. (2005): Behavioral Branding - Markenprofilierung durch persönliche Kommunikation, in: Thexis, Nr. 1, S. 28-31

Tomczak, T.; Müller, F. (1992): Kommunikation als zentraler Erfolgsfaktor der strategischen Markenführung, in: Thexis, 9. Jg., Nr. 6, S. 18-22

Tomczak, T.; Reinecke, S. (1995): Die Rolle der Positionierung im strategischen Marketing, in: Thommen, J. P. (Hrsg.): Management-Kompetenz - Die Gestaltungsgrundsätze des NDU/Executive MBA der Hochschule St. Gallen, Wiesbaden, S. 499-517

Tomczak, T.; Kernstock, J.; Schubiger, N. (2002): Internationalisierung Schweizer Marken. Jubiläumsstudie zum 60-jährigen Bestehen der GfM Schweizerische Gesellschaft für Marketing, St. Gallen

Watzlawick, P.; Beavin, J.H.; Jackson, D. (2000): Menschliche Kommunikation. Formen. Störungen. Paradoxien, 10., unveränderte Aufl., Bern

Markenpositionierung: Ein Guide für KMU

1.2.1 Einleitung

Prägnant positionierte Marken geben dem Kunden Orientierung und Hilfestellung beim Kaufentscheid. Sie signalisieren Qualität, schaffen Vertrauen und reduzieren das Kaufrisiko. Damit wird eine klare Markenpositionierung zum kritischen Erfolgsfaktor. Sie ermöglicht es dem Unternehmen, sich auch in einem umkämpften Markt zu behaupten und durchzusetzen: Preis-Premiums lassen sich so leichter realisieren, allfällige Preiserosionen verhindern, Markentreue und Kundenbindung werden gefördert, die Profilierung gegenüber dem Wettbewerb wird leichter, und neue Produkte lassen sich auf der Grundlage einer klar positionierten Marke besser und rascher vermarkten.

Wie wichtig eine klare Positionierung ist, zeigt ein Blick in die Automobilindustrie. Der Sanierungsfall Opel ist ein Paradebeispiel für eine schlechte Markenführung. General Motors hat die Marke über Jahre hinweg zu einem substanzlosen Label verkommen lassen, mit dem die Kunden nichts mehr assoziieren können. Auch VW-Chef Bernd Pitschetsrieder stehen schwierige Zeiten bevor, haben doch die Kunden beispielsweise kein klares Bild von der Konzernmarke Skoda. Skoda soll «Simply Clever» sein, letztlich also für «Spitzenqualität zu attraktiven Preisen» stehen. Die Kunden nehmen Skoda jedoch nicht konsistent als hochwertige Einstiegsmarke wahr. Eine Studie der Unternehmensberatung htp St. Gallen zeigt vielmehr, dass die Kunden keine klare Vorstellung von der Marke haben. Sie verbinden Skoda gedanklich mit Osteuropa, aber auch mit Asien. Ein Teil der Kunden spricht Skoda

Dr. Stephan Feige, Simone Hofstetter, Dr. Clemens Koob

ein sehr gutes Preis-Leistungs-Verhältnis zu, andere nehmen Skoda einfach nur als Billigmarke wahr. Für einen Teil der Kunden hat Skoda «keine Klasse», andere verbinden mit der Marke «Dynamik». Und viele Kunden assoziieren mit Skoda schlichtweg gar nichts. Ganz anders stellt sich dagegen etwa BMW im Markt dar. Die Studie der htp St. Gallen dokumentiert das klare Bild, das Kunden von der Marke haben. BMW steht in den Augen der Konsumenten für Sportlichkeit, Ästhetik und Exklusivität. Und bei BMW zeigt man sich auch zuversichtlich, weiterhin neue Absatzhöhen zu erklimmen.

Eine klare Positionierung ist nicht nur ein kritischer Erfolgsfaktor für grössere Unternehmen – im Gegenteil. Gerade KMU müssen ein besonders klares Profil zeigen, um mit ihren begrenzten finanziellen Mitteln ein möglichst grosses Momentum im Markt zu entfalten. Dass es mit einem klaren Profil gelingen kann, sich als KMU auch im weltweiten Wettbewerb zu behaupten, zeigen etwa die Beispiele DT Swiss und SIGG. Die Marke DT Swiss wurde 1993 als Management-Buy-out der Drahtwerke Biel gegründet. Das Unternehmen stellt Speichen, Felgen und Dämpfer für Fahrräder, Motorräder und Rehabilitationsgeräte her und ist heute in über 50 Ländern präsent. Die Marke steht bei der Zielgruppe eindeutig für Perfektion im Detail. Für die Glaubwürdigkeit der Marke spricht, dass DT Swiss unter anderem Spitzen-Radsport-Teams wie Phonak oder Kelme ausrüstet. SIGG, noch vor wenigen Jahren konkursreif, beherrscht heute mit ihren klar positionierten «Original Swiss Bottles» für Sport und Freizeit den Weltmarkt und erzielt Gewinnmargen wie ein Dienstleistungsunternehmen.

Zu berücksichtigen ist zudem, dass auch für Unternehmen das Diktum von Paul Watzlawick gilt: «Man kann nicht nicht kommunizieren». Nutzt man also als KMU nicht die Chance, sich aktiv zu positionieren, wird man entweder vom Kunden oder – noch schlimmer – vom Wettbewerber positioniert. Beispiele hierfür sind die oben angesprochenen Marke Skoda («Asien», «schlechte Qualität» usw.) oder etwa Europcar («Der neue smart. 99 Fr.»), die vom Wettbewerber Sixt in die «Teuer-Ecke» positioniert werden. «Bei uns gibt es für 99 Euro ein richtiges Auto: Mercedes A-Klasse.»

Im Folgenden wird nun skizziert, was zu tun ist, um das eigene Unternehmen oder die eigenen Angebote klar im Markt zu positionieren.

1.2.2 Pflichtenheft einer guten Positionierung

Bevor an der Markenpositionierung gearbeitet werden kann, gilt es, sich bewusst zu machen, was der Massstab einer klaren Positionierung ist. Eine gute Positionierung erfüllt insbesondere neun Kriterien (vgl. Abbildung 1):

Erstens besitzt eine gute Positionierung einen gewissen visionären Anspruch («a dream with a deadline»). Sie ist kühn und herausfordernd, aber realisierbar. Und sie ist für Kunden und Mitarbeiter gleichermassen inspirierend. Starbucks tritt etwa mit dem visionären Anspruch an, «the third place» neben dem privaten Heim und dem Arbeitsplatz für die Kunden zu sein.

Zweitens ist eine gute Positionierung strategiekompatibel. Wenn die Unternehmensstrategie beispielsweise vorgibt, dass ein Produkt ein lang-

1. Visionärer Anspruch: A dream with a deadline
2. Strategiekompatibel (bzw. aus der Strategie abgeleitet)
3. Fokussierte Botschaft
4. Aufsetzend auf relevanten Verbraucherbedürfnissen
5. Relevanter Benefit: Dem generischen Produktnutzen der Kategorie noch einen spezifischen Markennutzen hinzufügen
6. Unique Selling Proposition/USP (be different, be better)
7. Reason-Why/Reason to believe (Glaubwürdigkeit und Kompetenzbeweis)
8. Im Markt durchsetzbar (mit den zur Verfügung stehenden Mitteln)
9. Mileage (langfristig interessant und umsetzbar) und Kontinuität

Abbildung 1: Pflichtenheft Positionierung.

fristiger, nachhaltiger Umsatzträger sein soll, ist es eher problematisch, das Produkt sehr trendorientiert zu positionieren.

Eine fokussierte, klare und gut verständliche Botschaft ist ein weiteres Merkmal. Ein schönes Beispiel für einen klaren Fokus liefert das Logistikunternehmen FedEx mit dem Brand Core «Overnight 10 a.m.» für das Produkt FedEx Express. Viertens ist es erforderlich, dass die Positionierung auf relevanten Verbraucherbedürfnissen aufsetzt. Es ist z.b. nur dann zielführend, ein Getränk als «Crazy Drink» zu positionieren, wenn Kunden den Kaufentscheid bei Getränken auch danach treffen, ob etwas «verrückt, ausgeflippt» ist.

Fünftens fügt eine gute Positionierung dem generischen Produktnutzen noch einen spezifischen Markennutzen hinzu. Ein gutes Beispiel ist hier Porsche. Um es etwas überspitzt zu formulieren, verkauft der Zuffenhausener Autohersteller vor allem einen Mythos, das Auto gibt es quasi dazu.

Eine klare Unique Selling Proposition (USP) ist das sechste Kriterium. Gefragt ist eine Botschaft, die eine möglichst gute Differenzierung von der Konkurrenz gewährleistet. Dell betont mit «Easy as Dell» z.B. in einzigartiger Weise den Direktkontakt zum Kunden und das Versprechen, Kauf und Management von IT so einfach wie möglich zu machen.

Gefordert ist zudem ein überzeugender Reason-Why, d.h. die Positionierung muss dem Kunden glaubwürdig zu vermitteln sein. Die Positionierung eines Getränks als «natürlicher Drink» wird beispielsweise dann eben nicht hundertprozentig glaubwürdig sein, wenn die Rezeptur zahlreiche Zusatz- und Konservierungsstoffe beinhaltet.

Die Durchsetzbarkeit einer Positionierung im Markt mit den zur Verfügung stehenden Mitteln ist ein weiterer wichtiger Gesichtspunkt, gerade aus dem Blickwinkel eines KMU. Denn die beste Positionierung hilft nicht weiter, wenn sie mit dem gegebenen Budget (z.B. für Werbung und Produktgestaltung) nicht zu realisieren ist.

Schliesslich ist es entscheidend, dass die Positionierung auch langfristig interessant ist und entsprechend mit einer gewissen Kontinuität verfolgt werden kann. Ein Paradebeispiel ist in dieser Hinsicht sicherlich der Claim «Wir machen den Weg frei» der Volksbanken und Raiffeisenbanken. Und die Tourismusdestination St. Moritz steht bereits seit 1930 für exklusive, kultivierte Lebensart nach dem Motto «TOP OF THE WORLD».

1.2.3 Instrumente zur Markenpositionierung

Welche praxiserprobten Instrumente stehen einem KMU nun zur Verfügung, um eine Positionierung zu erarbeiten, die dem Pflichtenheft gerecht wird? Zu unterscheiden ist zwischen Instrumenten, welche die Voraussetzungen für die Erarbeitung der Positionierung schaffen und Instrumenten, die direkt der Erarbeitung der Positionierung dienen. Mit der intelligenten Marktforschung wird im Folgenden ein Ansatz skizziert, der einen Einblick in die Motive, Bedürfnisse und Wünsche der Kunden verschafft. Der Markenstern ist sodann ein Instrument, das es ermöglicht, systematisch zu erfassen, welche Sicht des eigenen Unternehmens und der eigenen Leistungen die Kunden haben. Daneben werden mit dem Positionierungskreuz und der Positionierungspyramide zwei Ansätze skizziert, die unmittelbar die Erarbeitung der Positionierung unterstützen.

Consumer Insights durch intelligente Marktforschung
Bevor die Markenpositionierung in Angriff genommen werden kann, gilt es, sich ein differenziertes Verständnis der Kunden zu verschaffen. Eine gute Positionierung setzt immer an den Beweggründen des Kunden an, mit denen er einer Dienstleistung oder einem Produkt begegnet. Es muss, wie bereits erwähnt, sichergestellt sein, dass die Positionierung für den Kunden relevant ist. Mit anderen Worten: Sie muss auf relevanten Kundenbedürfnissen aufsetzen und den entscheidenden Kaufmotiven entgegenkommen. Beispielsweise ist es nur dann zielführend, einen mittelständischen IT-Dienstleister als «Fels in der Brandung» zu positionieren, wenn die Frage der gesicherten Stabilität

des Dienstleisters für die angesprochenen Kunden ein wichtiger Entscheidungsgrund ist, der andere Faktoren wie die Servicequalität oder die Problemlösungskompetenz dominiert.

Die unverzichtbare Basis für dieses Kundenverständnis sind einerseits Erfahrungswerte, andererseits Ergebnisse gezielter Marktforschung. KMU können es sich nun aber in der Regel nicht leisten, eine umfassende und hochauflösende Marktforschung zu betreiben, wie dies für grosse Unternehmen der Konsumgüterindustrie möglich ist. Die Lösung lautet: Intelligente Marktforschung mit Fokusgruppen, Tiefeninterviews, Think Tanks, klar fokussierten quantitativen Erhebungen usw. Intelligente Marktforschung ermöglicht es, in kurzer Zeit und zu überschaubaren Kosten wertvolle Consumer Insights zu gewinnen. Dahinter steht die Überzeugung, dass in der Regel auch mit einem nur sehr begrenzten Zeit- und Ressourcenaufwand durchaus ein «80-Prozent-Wissen» über die Kunden gewonnen werden kann – und diese Wissensgenauigkeit genügt in den meisten Fällen zur Erarbeitung einer klaren Positionierung. Intelligente Marktforschung besteht insofern nicht aus «Zahlenfriedhöfen», sondern folgt dem Grundsatz «Weniger ist mehr!». Das bedeutet, dass die Hervorhebung neuer, strategisch wichtiger Informationen im Mittelpunkt steht (die so genannten «Aha-Erlebnisse»).

Ein Beispiel: Ein Hersteller von Softdrinks geht bislang von der Annahme aus, dass die Verbraucher seine Softdrinks als «ungesund» wahrnehmen. Um seinen Absatz zu steigern, müsste es ihm also gelingen, die Verbraucher davon zu überzeugen, dass seine Softdrinks gar nicht so ungesund wie ihr Ruf sind. Intelligente Marktforschung in der Kernzielgruppe kann aber durchaus auch das folgende Aha-Erlebnis zutage bringen: Ungesund? Ist doch nicht wichtig. Im Gegenteil, ungesund ist cool – nur Langweiler trinken gesundes Wasser. Diese strategisch wichtige Information kann in der Positionierung aufgegriffen werden, indem auf Spass und Action fokussiert wird, ganz nach dem Motto «Drink what you live!».

Markenstern zur Analyse der Markenwahrnehmung
Neben den Bedürfnissen der Kunden muss man wissen, welche Sicht

des eigenen Unternehmens und der eigenen Leistungen die Kunden haben. Denn erst auf dieser Grundlage lässt sich etwa beurteilen, ob ein Positionierungsansatz wie der «Fels in der Brandung» Aussichten hat, von den Kunden für glaubwürdig befunden zu werden. Die Ein-

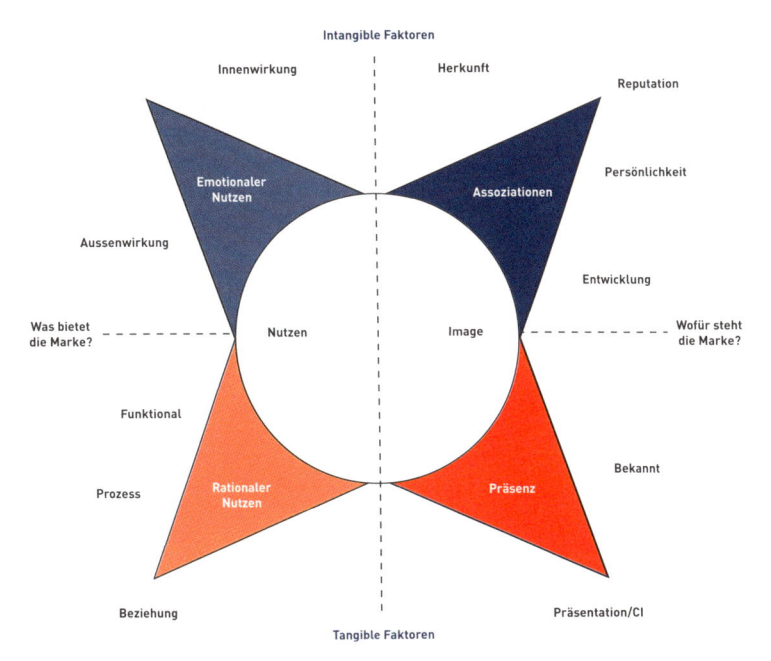

Abbildung 2: Markenstern.

schätzung der eigenen Verkaufsmitarbeiter ist hierfür eine notwendige, allerdings zumeist nicht hinreichende Bedingung. Unbeeinflusste, und das heisst ungefilterte Feedbacks, bekommt man nur direkt von den Kunden. Dabei hat es sich bewährt, diese Feedbacks mit Hilfe von neutralen Externen einzuholen, sagt sich doch die völlig ungeschminkte Wahrheit in Abwesenheit der Betroffenen bisweilen leichter. Ein Instrument, um diese Kundenfeedbacks systematisch zu erfassen, ist der Markenstern. Er erlaubt es, die Wahrnehmung der eigenen Marke durch die Kunden differenziert nach Nutzen- und Imageaspekten zu betrachten (vgl. Abbildung 2).

Nutzenseitig wird dabei erfasst, was die eigene Marke in den Augen der Kunden bietet. Dabei wird zunächst zwischen rationalen und emotionalen Nutzenaspekten unterschieden. Der rationale Nutzen kann funktionalen, Prozess- oder Beziehungscharakter haben. So kann ein funktionaler Nutzen bei einem mittelständischen Nähmaschinenanbieter beispielsweise darin bestehen, dass eine herausragende Stichqualität der Nähmaschinen geboten wird. Ein Prozessnutzen hingegen mag daraus folgen, dass der Download von neuen Stickmustern via Internet aussergewöhnlich einfach und komfortabel ist. Ein Beziehungsnutzen schliesslich kann darin bestehen, dass man als Kunde dank des Garantierprogramms und des dichten Händlernetzes einen langfristigen Kontakt zum Unternehmen hat. Ein emotionaler Nutzen wiederum kann daraus resultieren, dass die Nähmaschinenmarke eine gewisse «Innenwirkung» beim Kunden entfaltet, indem sie den Kunden z.B. ein unverwechselbares Nähgefühl vermittelt. Denkbar ist aber auch, dass der emotionale Nutzen in der «Aussenwirkung» der Marke liegt. Das Nähen mit einer spezifischen Marke verleiht dem Kunden beispielsweise in einer Nährunde mit Gleichgesinnten einen besonderen Expertenstatus.

Was das Image betrifft, so bietet sich eine Differenzierung zwischen reinen Assoziationen mit der Marke einerseits und der greifbaren Präsenz einer Marke im Markt andererseits an. Die Assoziationen der Kunden können sich beispielsweise auf die Geschichte einer Marke, ihre Reputation, ihre Entwicklung im Laufe der Zeit oder ihre Persönlichkeit beziehen. Ein Nähmaschinenanbieter kann aus Sicht der Kunden z.B. eine besondere Reputation hinsichtlich der Haltbarkeit der Nähmaschinen besitzen. Ebenso mag sich zeigen, dass die Kunden die Innovationsstärke des Anbieters noch eher kritisch beurteilen. Die tatsächliche Präsenz der Marke nimmt schliesslich auf handfestere Aspekte wie etwa ihre Bekanntheit oder das CI/CD Bezug.

Wie man in der Praxis den Markenstern bei einem mittelgrossen Unternehmen einsetzt, zeigt das Beispiel Abraxas. Die Abraxas Informatik AG entstand im Zeitraum 1998 bis 2000 in mehreren Schritten aus den verselbstständigten Informatikbereichen der Kantone St. Gallen und Zürich, und sie befindet sich auch nach wie vor in deren Besitz.

Markenpositionierung

Die Kunden blieben zunächst die öffentlichen Verwaltungen der beiden Kantone. Schrittweise musste sich Abraxas jedoch im Wettbewerb profilieren: Zum einen waren die bisherigen Kunden in den Kantonen nicht mehr verpflichtet, alle Leistungen bei Abraxas zu beziehen, zum anderen konnten auch neue Kunden angegangen werden. Im Hinblick auf diese Situation wurde eine tragfähige, zukunftsgerichtete Eigentümer- und Unternehmensstrategie erarbeitet. Und es stellte sich die Frage, wie diese umfassenden strategischen Überlegungen den (potenziellen) Kunden am besten vermittelt werden können. Kurzum: Es galt in einem ersten Schritt, klar herauszuarbeiten, wofür die Marke Abraxas im Markt heute steht. Darauf aufbauend sollte dann die zukünftige Positionierung erarbeitet werden.

Um die kundenseitige Wahrnehmung der Abraxas zu erfassen, wurde zum einen die jährlich durchgeführte Kundenzufriedenheitsumfrage als Informationsbasis herangezogen, zum anderen wurden strukturierte Interviews mit ausgewählten Kunden geführt. Dabei ging es um

Zentrale Customers Insights

- Emotionale Ansprache ist für Kunden bedeutsam, Marke Abraxas ist bisher aber kaum emotional aufgeladen
- Kunden sehen sich nicht im klassischen Sinne als Verwaltung, sondern z.B. als Versicherung, ...
- Abraxas hat sich im Markt als guter Betreiber etabliert
- Sicherheit ist ein relevantes Kundenbedürfnis, die Zahlungsbereitschaft ist jedoch begrenzt
- Proaktivität wird von den Kunden gewünscht, von Abraxas jedoch noch zu wenig geboten
- Engagement und Einsatzbereitschaft der Abraxas-Mitarbeiter werden erkannt und honoriert
- Vertrauensvolle Zusammenarbeit ist für Kunden relevant, von Abraxas aber noch nicht hinreichend durchgängig eingelöst
- Die Marke Abraxas wird bisher eher «respektiert» als «geliebt»
- Bisherige Entwicklung von Abraxas wird positiv beurteilt, es werden aber noch Entwicklungspotenziale gesehen

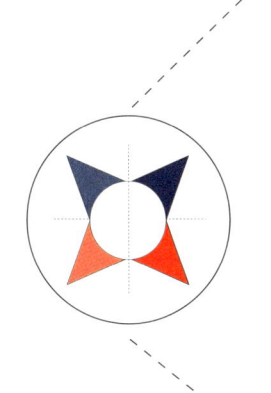

Abbildung 3: Markenstern für Abraxas.

die rationale Beurteilung der Abraxas mit Stärken und Schwächen, emotionale Komponenten wie Sympathie und um die Entwicklung der Abraxas in den letzten Jahren.

Die Ergebnisse wurden anhand des Markensterns strukturiert (vgl. Abbildung 3). Eine wichtige und interessante Erkenntnis war zum Beispiel, dass sich die Verwaltung selbst nicht pauschal als Verwaltung sieht. Vielmehr ist eine Sozialversicherungsanstalt in der eigenen Wahrnehmung eine Versicherung, die Strassenverkehrsämter sind Unternehmen mit einem öffentlichen Auftrag bezüglich der Zulassung und Verkehrssicherheit der Personenwagen usw. Als logische Folgerung möchten die Kunden gerade nicht als «Verwaltung» angesprochen werden.

Zusammenfassend wird Abraxas als guter Betreiber von IT-Lösungen mit qualitativ hoch stehenden Produkten und Dienstleistungen wahrgenommen. Der zurückgelegte Weg von einem kantonalen Amt zu einem marktwirtschaftlichen Unternehmen wird gesehen und positiv anerkannt. Gleichzeitig wird in dieser Entwicklung auch noch Potenzial wahrgenommen, insbesondere in Bezug auf Kriterien wie Dynamik, Innovation und Proaktivität.

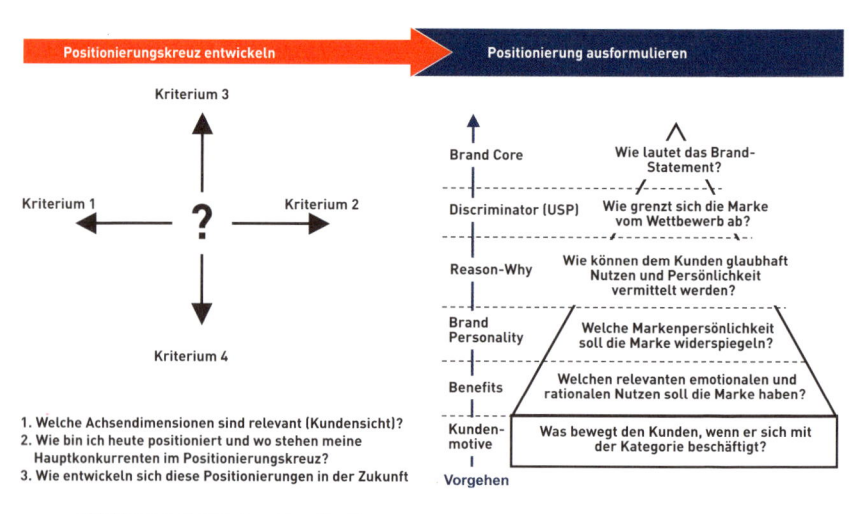

Abbildung 4: Positionierungsmethodik.

Positionierungskreuz zur Definition des USP
Nach der Beschreibung und der Analyse der Marke durch den Markenstern ist die Marke zu positionieren. Hierzu können zwei Instrumente verwendet werden: Mit dem Positionierungskreuz wird im ersten Schritt definiert, hinsichtlich welcher Dimensionen sich die eigene Marke vom Wettbewerb differenziert. Mit der Positionierungspyramide wird im zweiten Schritt die Positionierung detailliert beschrieben (vgl. Abbildung 4).

Im ersten Schritt, der Entwicklung des Positionierungskreuzes, geht es zunächst einmal darum, die richtigen Achsendimensionen des Kreuzes zu bestimmen. Die Frage ist hierbei zum einen, welche Dimensionen für den Kunden überhaupt kaufentscheidend sind. Zum anderen ist zu entscheiden, welche dieser zumeist vielen Dimensionen für die eigene Marke die grösste Bedeutung bezüglich einer Differenzierung vom Wettbewerb haben bzw. welche das höchste Potenzial bieten, sich in der Zukunft positiv vom Wettbewerb abzuheben. Diese Entscheidung ist auch deswegen recht anspruchsvoll, weil der Entscheid für zwei Dimensionen den Verzicht auf die Argumentation mit anderen möglichen Dimensionen bedeutet. Das Positionierungskreuz zeichnet sich also durch die Begrenzung auf zwei Achsen durch einen Zwang zum Fokus aus. Dieser ist nicht nur grafisch hilfreich, sondern vor allem inhaltlich sinnvoll: Wie im Rahmen des Pflichtenheftes geschildert, ist die Fokussierung ein wichtiger Erfolgsfaktor einer guten Positionierung. Hierzu leistet das zweidimensionale Positionierungskreuz einen Beitrag.

Um die beiden geschilderten Fragen beantworten und das Positionierungskreuz erarbeiten zu können, müssen also auf der Grundlage von Erfahrung und intelligenter Marktforschung fundierte Kenntnisse vorliegen hinsichtlich der Bedürfnisse und Motive der Kunden, der Wahrnehmung der eigenen Marke sowie der Wahrnehmung der Wettbewerbsmarken.

Im Bereich des Weinhandels liesse sich zum Beispiel ein Fokus auf bestimmte Weinsorten oder Herkunftsregionen von einer Abdeckung aller Sorten oder Regionen unterscheiden. Denkbar wären aber auch

Gegenüberstellungen wie teuere vs. preiswerte Weine, bewährte Klassiker vs. Innovationen oder No-Frills-Verkauf vs. umfassende Beratung. Zweckmässigerweise sind nun sowohl die eigene Marke als auch die relevanten Wettbewerber im Positionierungskreuz darzustellen. Ausserdem ist der Blick in realistischem Mass in die Zukunft zu richten: Es ist nicht bloss die aktuelle Situation zu beschreiben, sondern auch die Zielsetzung der Positionierung. Dabei ist zu berücksichtigen, dass auch die meisten Wettbewerber nicht in der heutigen Position verharren werden. Bewährt hat sich aus diesem Grund eine getrennte Ist- und Soll-Betrachtung.

Das Vorgehen kann anhand von zwei alternativen Positionierungskreuzen für die «Glückspost» illustriert werden. Die Ausgangslage stellt

Abbildung 5: Das Angebot der «Glückspost».

sich dabei wie folgt dar: Die «Glückspost» erscheint wöchentlich in einer Auflage von gut 150 000 Exemplaren. Daneben gibt es noch ein monatlich erscheinendes Rätselheft mit einer Auflage von knapp 40 000 Exemplaren (vgl. Abbildung 5). Wettbewerber der «Glückspost» sind zum einen auf die gleiche Kundengruppe zielende Schweizer Zeitschriften wie etwa die «Schweizer Illustrierte» oder «Annabelle», daneben auch Blätter aus dem deutschsprachigen Ausland wie etwa «Frau im Spiegel», «Bunte», «Gala» und «Cosmopolitan».

Bei der Auswahl der Achsen stellt sich nun die Frage, nach welchen Kriterien die Käuferin ihr Abonnement auswählt oder ihre wöchentliche

Kaufentscheidung am Kiosk trifft. Der Preis scheidet dabei als Dimension des Kreuzes aus Sicht der «Glückspost» aus drei Gründen aus: Erstens sind die Schweizer Hefte tendenziell teurer als die deutsche Konkurrenz, zweitens ist es nicht gewünscht, sich über den Preis zu profilieren, und drittens ist der Preis für die Leserin auch keine relevante Grösse im Sinne einer positiven Differenzierung.

Eine relativ nahe liegende Dimension ist hingegen das Thema «Swissness», d.h. im Fall eines Boulevardblattes der Anteil der schweizerischen Prominenz im Blatt. Diese Dimension ist zum einen für die schweizerische Leserin relevant. Zum anderen hat hier die «Glückspost» (zusammen beispielsweise mit der «Schweizer Illustrierten») einen nicht leicht zu kopierenden Wettbewerbsvorteil gegenüber der deutschen Konkurrenz.

Eine weitere mögliche Dimension ist die Frage, ob die Inhalte des Blattes eher für den passiven Konsum geeignet sind oder ob sie zum Mitmachen einladen und auffordern. Auch hier zeigt sich eine gewisse Unterscheidung der Glückspost allein schon durch das Rätselheft, das naturgemäss zum Bearbeiten bzw. Lösen gedacht ist. Weiterhin gibt es eine umfangreiche Lebenshilfe zum Beispiel in den Bereichen Recht, Budget oder Esoterik.

Eine alternative Dimension kann in der Frage bestehen, ob sich die Inhalte des Blattes auf die Leserin selbst beziehen und ihr Tipps für die

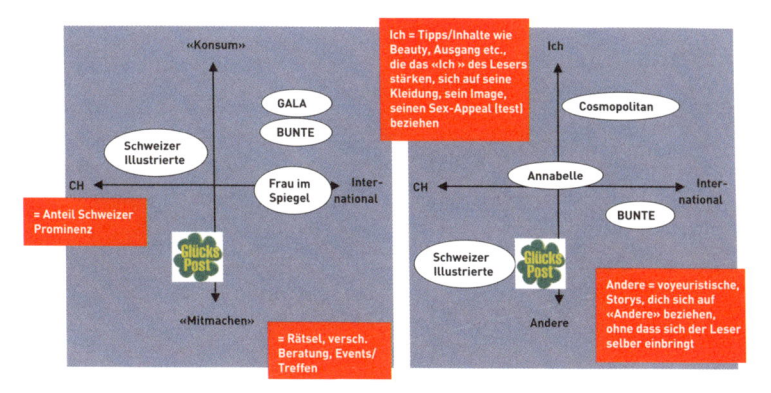

Abbildung 6: Alternative Positionierungskreuze für die «Glückspost».

unterschiedlichsten Lebensbereiche (Schönheit, Mode, Familie) geben, oder ob sie sich eher auf die Berichterstattung über andere Personen des öffentlichen Lebens richten und diesen ins Wohn- oder Schlafzimmer schauen. Hinsichtlich dieser Dimension grenzt sich die «Glückspost» vor allem von Blättern wie «Cosmopolitan» und «Annabelle» dahingehend ab, dass der Fokus auf einem etwas voyeuristischen Ansatz liegt («Die Wahrheit über ...», «Seine geheimen ...», «Scheidung! ...»). Abbildung 6 zeigt die Positionierungsalternativen, die sich ergeben, wenn man das Thema «Swissness» fixiert, samt der Einordnung der Wettbewerber.

Positionierungspyramide zur Ausarbeitung der Positionierung

Ist ein klarer USP anhand des Positionierungskreuzes abgebildet, kann mit Hilfe des Pyramidenmodels (vgl. rechte Seite Abbildung 4) die Positionierung ausgearbeitet werden.

Ausgehend davon, was den Kunden bewegt, wenn er das Produkt bzw. eine Dienstleistung in Anspruch nimmt *(Kundenmotive)*, wird zunächst formuliert, welche *relevanten rationalen und emotionalen Benefits* die Marke bieten soll. Der rationale Nutzen kann dabei funktionaler Natur sein, z.B. der besonders durstlöschende, spritzige Charakter eines Getränks. Ein rationaler Nutzen kann sich aber z.B. auch daraus ergeben, dass es besonders einfach oder angenehm ist, die Leistungen eines Unternehmens in Anspruch zu nehmen. Daneben ist klar zu definieren, für welchen emotionalen Nutzen die Marke stehen soll. Bei Luxusgütern kann dieser Nutzen z.B. darin liegen, dass ein Beitrag zu einem ganz persönlichen Stil des Kunden geleistet wird, oder dass dem Wunsch nach neuen Eindrücken und Erlebnissen (etwa bei luxuriösen Reisen) entsprochen wird.

Als Nächstes ist zu beantworten, welche *Markenpersönlichkeit* angestrebt wird. Hier geht es darum, die Attribute festzulegen, die die Marke am besten beschreiben. Eine nützliche Hilfestellung bei der Definition der Brand Personality bietet zum Beispiel die Methode der «Personen-Projektion». Dabei wird die Marke als Person mit bestimmten Äusserlichkeiten und Charaktereigenschaften beschrieben. Eine Marke kann dann z.B. eher weiblich, klassisch, selbstbewusst oder aber auch eher männlich, sportlich, Spass suchend, up to date sein.

Wie können die Benefits und die Markenpersönlichkeit den Kunden glaubhaft vermittelt werden? Diese Frage ist als Nächstes zu beantworten. Gefragt ist also der *Reason-Why bzw. Reason to believe*, der hervorhebt, warum die Positionierung für den Kunden glaubwürdig ist. So mag der Konsument die Positionierung eines Getränks als «natürlicher Drink» z.B. dann akzeptieren, wenn ausschliesslich gesunde, natürliche Inhaltsstoffe Verwendung finden und auf Farb- und Konservierungsstoffe verzichtet wird.

Des Weiteren ist – abgestimmt mit dem Positionierungskreuz – der *Discriminator* zu formulieren. Dieser erläutert, wie sich die Marke von Wettbewerbsmarken abgrenzt. Betrachten wir das Beispiel eines mittelgrossen IT-Dienstleisters. Dieser kann sich z.B. dadurch von der Konkurrenz abgrenzen, dass er bei der Positionierung darauf verzichtet, einseitig technische Aspekte in den Vordergrund zu stellen (etwa ein umfassendes Lösungs- oder Technologieportfolio). Stattdessen kann er emotionale Gesichtspunkte stärker betonen (z.B. die Vermittlung des Gefühls, ein wichtiger Kunde zu sein).

Zu guter Letzt ist der Brand Core zu formulieren. Dieses Statement ist das Spiegelbild der bisher erarbeiteten Ergebnisse und dient der Kommunikation der Positionierung im Markt.

Es hat sich in der Praxis bewährt, mit Hilfe der Positionierungspyramide mehrere Positionierungsalternativen zu erarbeiten. Zur Vorbereitung und Absicherung der Entscheidung für eine Positionierungsalternative können die erarbeiteten Positionierungsoptionen resp. kann die Positionierungsoption mit Hilfe eines einfachen Scorings bewertet werden. Die herausgearbeiteten Optionen werden dabei anhand der im Pflichtenheft geschilderten Kriterien einer guten Positionierung beurteilt. Es ist zweckmässig, die Beurteilungskriterien entsprechend der individuellen Unternehmenssituation unterschiedlich zu gewichten. Gegebenenfalls ist es auch sinnvoll, noch andere Kriterien hinzuzufügen, falls ein für das Unternehmen wichtiger Faktor nicht in dem Kriterienkatalog abgebildet wird. Auf Basis der bewerteten Optionen kann schliesslich der Entscheid für die neue Positionierung gefällt werden.

Wie die Anwendung der Positionierungspyramide in der Praxis erfolgt, zeigt das folgende Beispiel: Die Rugenbräu AG, eine im Jahr 1866 gegründete Traditionsbrauerei aus dem Berner Oberland mit rund 50 Mitarbeitern, ist auch im Markt für Biermixgetränke aktiv. Das Eisen, das Rugenbräu im Feuer hat, ist der Mountain Twister, ein Mixgetränk aus Apfelsaft und Bier. Wie soll nun dieses Produkt optimal im Markt positioniert werden? Marktforschung zeigt zunächst einmal, dass der Mountain Twister jedermann anspricht, Frauen und Männer, Jung und Alt, Bier-Trinker und Nicht-Biertrinker. Ebenso zeigt sich, dass das ausschlaggebende Motiv bei der Entscheidung für den Mountain Twister in allen Fällen Erfrischung ist. Aufbauend auf diesen Erkenntnissen wurden im Rahmen eines Projekts mit Hilfe des oben skizzierten Pyramidenmodells in Arbeitsmeetings und Workshops mehrere Positionierungsalternativen für den Mountain Twister entwickelt: «Der crazy Drink», «Der natürliche Drink», «Der Swiss Drink», «Der gute Laune Drink» und «Der spritzig-frische Drink».

Diese Positionierungshypothesen wurden dann in Fokusgruppen mit Mountain-Twister-Konsumenten und Nicht-Konsumenten getestet. Die drei erstgenannten Optionen konnten aufgrund des Verbraucherfeedbacks ausgeschlossen werden. So ist der Mountain Twister als «Crazy Drink» nicht glaubwürdig, schliesslich sind weder seine Hauptbestandteile Bier und Apfelsaft noch der Alkoholgehalt von unter 2 Prozent wirklich «verrückt». Zum «Swiss Drink» passt zwar der Namensbestandteil «Mountain», aber Bier als wesentliche Zutat wird vom Verbraucher kaum mit der Schweiz in Verbindung gebracht. Als vorläufige Gewinner zeigten sich die Optionen «Der gute Laune Drink» und «Der spritzig-frische Drink». Die Idee hinter dem «gute Laune Drink»: Gute Laune ist wichtig für das persönliche Wohlbefinden. Wenn man mit Freunden zusammen ist oder sich in Gesellschaft befindet, will man auch etwas trinken, das die persönliche Stimmung unterstützt. Genau das tut der Mountain Twister. Er ist prickelnd und belebt den Körper durch den optimalen, nicht zu hohen Alkoholgehalt, und schon der Anblick der lustigen Flasche bringt gute Laune – ganz nach dem Motto: «Twist up your life!»

Die Positionierung als «spritzig-frischer Drink» baut hingegen auf dem Consumer Insight auf, dass man an einem heissen Sommertag oder nach einer körperlichen Anstrengung doch ein Getränk braucht, das den Körper kühlt, erfrischt und den Durst schnell und prickelnd löscht. Durch den kühlen Genuss und den Kohlensäuregehalt sowie den Apfelsaft und das Bier hat gerade der Mountain Twister diesen erfrischenden, spritzigen, durstlöschenden Charakter – er ist «too fresh to be bottled».

Bei beiden Positionierungsoptionen ergibt sich die Abrenzung von anderen Getränken durch die besondere, einzigartige Rezeptur und die signalstarke Flaschenform mit «Twist». Die beiden verbleibenden Positionierungsalternativen wurden schliesslich systematisch anhand der Kriterien für eine gute Positionierung bewertet. Nach einer ausführlichen Diskussion der Bewertungen wurde entschieden, den Mountain Twister künftig als «spritzig-frischen Drink» im Markt zu positionieren.

	too fresh to be bottled
Brand Core	
Discriminator (USP)	Flaschenform mit Twist, Getränkemischung
Reason-Why	Mountain Twister enthält Apfelsaft und Bier, zwei Getränke, die für ihre durstlöschenden Eigenschaften bekannt sind, und er wird eiskalt getrunken. Ausserdem kommt das Getränk aus den Alpen. Die Kohlensäure gibt dem Mountain Twister seine Spritzigkeit.
Brand Personality	Erfrischend, belebend, aktiv, kühl, leicht
Benefits	Mountain Twister hat durch den kühlen Genuss und den Kohlensäuregehalt sowie den Apfelsaft und das Bier diesen erfrischenden, spritzigen, durstlöschenden Charakter.
Kundenmotive	An einem heissen Sommertag, nach einer körperlichen Anstrengung oder nach getaner Arbeit braucht man etwas, das den Körper kühlt, erfrischt und den Durst schnell und prickelnd löscht.

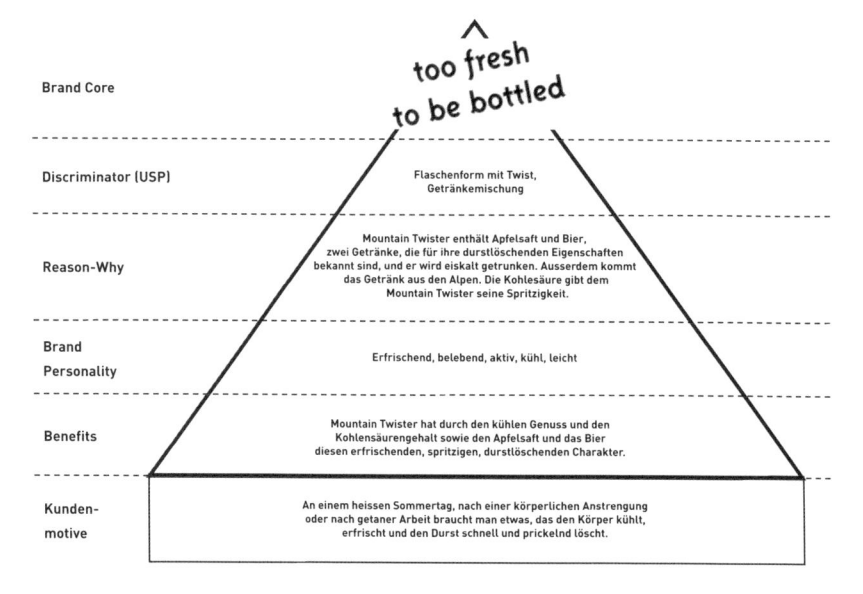

Abbildung 7: Positionierungspyramide Mountain Twister.

der Drink, der an einem heissen Sommertag oder nach getaner Arbeit kühlt, erfrischt und den Durst schnell und prickelnd löscht.

1.2.4 Erarbeitung einer Positionierung: Typischer Projektansatz und Erfolgsfaktoren

Ein Positionierungsprojekt durchläuft grundsätzlich drei Phasen: Eine Analysephase, eine Konzeptionsphase und die Umsetzungsphase.

Das Vorgehen in der *Analysephase* wurde bereits an mehreren Stellen angesprochen. Die Analyse umfasst zum einen eine interne Bestandsaufnahme. Themen sind hier zum Beispiel die genaue Ausgangssituation, die zu berücksichtigenden strategischen Rahmenbedingungen in Form von Vision und Zielen, Erfahrungen der Vergangenheit und insbesondere bestehende Kenntnisse und Hypothesen im Hinblick auf Kundenbedürfnisse, Markenwahrnehmung, Wettbewerb und eigene Kompetenzen. Die interne Bestandsaufnahme erfolgt in der Regel in Workshops, mit Hilfe von Einzelinterviews mit Entscheidern und Mitarbeitenden sowie durch Dokumentenanalyse. Zum anderen ist die externe Analyse zentraler Baustein der Analysephase. Dabei geht es darum, das Bauchgefühl und Erfahrungswissen im eigenen Unternehmen einer kritischen und neutralen externen Sicht gegenüberzustellen: Was sind also tatsächlich die Bedürfnisse der Kunden, wie werden die eigene Marke und der Wettbewerb wahrgenommen? Hier kommen die skizzierte intelligente Marktforschung und der auf Seite 89 dargestellte Markenstern zum Einsatz. Die Analysephase wird typischerweise mit einer Präsentation und kritischen Diskussion der Analyseergebnisse abgeschlossen.

Auf Basis der Analyseergebnisse wird in der Positionierungsphase vorwiegend in Workshops gearbeitet. Unter Einbezug der Entscheider werden Positionierungskreuz und Pyramide entwickelt. Die Delegation dieser Arbeit in eine Arbeitsgruppe, die ihr Ergebnis dann zur Entscheidung vorlegt, ist erfahrungsgemäss nicht zielführend, da im Rahmen einer Positionierung immer auch ein intensiver Lernprozess durchlaufen wird. Es ist praktisch eine kaum lösbare Aufgabe, diesen Lernprozess einem

Dritten innert kurzer Zeit zu vermitteln. Darüber hinaus ist die entwickelte Positionierung im weiteren Umsetzungsprozess in der Regel gegen diverse anderweitige Interessenlagen und «Angriffe» mit Herzblut und Überzeugung zu verteidigen. Auch dies gelingt zumeist dann besser, wenn man intensiv an der Positionierung mitgearbeitet hat.

Als erste Herausforderung wartet in der Umsetzungsphase häufig schon die eigene Werbeagentur, der die Positionierung überzeugend und klar vermittelt werden muss. Dabei zeigen sich in der Praxis oftmals drei Hürden:

Hürde 1:
Die Agentur muss die Positionierung und die dahinter stehenden Beweggründe verstehen. Dies gelingt meist nicht durch ein schriftliches Briefing, sondern bedarf der ausführlichen Präsentation und Diskussion. Die Mitarbeit der Agentur bereits bei der Entwicklung der Positionierung kann die Überwindung dieser Kommunikationshürde erleichtern.

Hürde 2:
Die Agentur muss die Positionierung annehmen und sich zu Eigen machen. Obwohl dies eigentlich selbstverständlich sein sollte, zeigt die praktische Erfahrung, dass in der Regel noch zahlreiche eigene Alternativideen zur festgelegten Positionierung präsentiert werden. Freilich ist in dieser Phase ein Hinterfragen der Positionierung und eine strategiekonforme Weiterentwicklung durchaus möglich, unbegründeten Neudefinitionen ist aber klar der Riegel vorzuschieben.

Hürde 3:
Die Agentur muss den USP wirklich unique dramatisieren. Neben der externen Umsetzung stehen in der Umsetzungsphase natürlich auch abgestimmte interne Aktivitäten auf dem Programm, beispielsweise die umfassende Information und Mobilisierung der Mitarbeitenden durch Informations- und gegebenenfalls Schulungsveranstaltungen, Informationen im Intranet usw. In der Regel sind neben der externen und internen Kommunikation weitere Bereiche des Marketingmix der Positionierung anzupassen, z.B. im Bereich Produktgestaltung, Pricing und Distribution.

Der Umfang und der genaue Zeitrahmen des geschilderten Projektvorgehens sind unter anderem abhängig von der Komplexität respektive der Diversifiziertheit des Unternehmens. Stellt beispielsweise das KMU allein Süssgebäck her, ist die Komplexität des Positionierungsprojekts eher gering. Wird jedoch unter der gleichen Marke sowohl Süss- und Apérogebäck als auch Knäckebrot lanciert, ist schon eine intensivere Projektarbeit notwendig.

Für das Gelingen eines solchen Positionierungsprojekts sind bestimmte Rahmenbedingungen erforderlich. Es ist, wie bereits erwähnt, von zentraler Bedeutung, dass das Management in die Projektarbeit mit eingebunden wird und hinter dem Positionierungsentscheid steht. Damit kann sichergestellt werden, dass die Positionierung umgesetzt wird und dass bei den Mitarbeitenden die Akzeptanz der neuen Stossrichtung gefördert wird. Weiter ist der Einbezug von Externen sinnvoll, vor allem, wenn es darum geht, in der Analysephase Kunden- und Mitarbeiter-Insights zu generieren: Die Kunden und Mitarbeitenden sind erstens erfahrungsgemäss gegenüber Externen meist viel offener und auskunftsfreudiger. Ausserdem wird zweitens eine mögliche interne «Betriebsblindheit» vermieden, da sich die Externen ein eigenes Bild über die Kunden, das Unternehmen und den Wettbewerb machen. Drittens kann ein unternehmensinternes Projektteam oft auf Grund operativer Verpflichtungen nicht die notwendige Zeit für das gesamte Projektmanagement aufbringen (z.B. Vor- und Nachbereitung von Workshops).

Abschliessend kann festgehalten werden, dass die dargestellten Instrumente und das skizzierte Projektvorgehen in der Praxis drei zentrale Vorteile mit sich bringen:

Der Nutzen liegt erstens in der klaren Systematik und Struktur, mit der die Positionierung entwickelt wird. Die Orientierung am Positionierungskreuz und an der Pyramide stellt zum einen sicher, dass die entscheidenden Fragen der Markenpositionierung kurz und prägnant beantwortet werden. Zum anderen gewährleisten die Instrumente, dass eine in sich konsistente Positionierung «aus einem Guss» konzipiert wird. Und der Abgleich verschiedener Positionierungsalternativen mit einem klaren Pflichtenheft sorgt dafür, dass die Entscheidung für die zukünftige Positionierung fundiert erfolgt und alle relevanten Gesichtspunkte (Kunden, Wettbewerb, interne strategische Überlegungen, Kompetenzen) einbezieht.

Zweitens berücksichtigt das Vorgehen die begrenzten finanziellen und personellen Ressourcen, die KMU typischerweise zur Verfügung haben. Intelligente Generierung von Consumer Insights, Erarbeitung und Bewertung von Positionierungsalternativen sind mit einem überschaubaren Budget und in einem begrenzten Zeitrahmen machbar.

Wie wird meine Marke anhand des Markensterns heute wahrgenommen? Welche Benefits bietet meine Marke? Welche Persönlichkeit hat meine Marke? Welche Kompetenzen sind dafür massgeblich, dass die Kunden dies glauben? Wie unterscheiden wir uns vom Wettbewerb? Durch die Auseinandersetzung mit diesen Fragen wird drittens erreicht, in der Umsetzungsphase eine echte Schwerpunktbildung im Marktauftritt vorzunehmen und die zukünftige Stossrichtung vorzugeben. Dank einer klaren Positionierung wird der zielgerichtete Einsatz der Marketinginstrumente gewährleistet.

Alles in allem zeigt sich, dass die Erarbeitung einer erfolgreichen Positionierung keine Geheimwissenschaft ist. Sie erfordert aber Engagement und eine grosse Standfestigkeit. Und trotz intelligenter Marktforschung und Analyse bleibt eine Positionierung letztlich immer auch eine unternehmerische Entscheidung, die die Zukunft gestalten soll.

Konklusion der Herausgeber

Der vorliegende Beitrag «Markenpositionierung: Ein how-to Guide für KMU» zeigt eindrücklich auf, dass das Ziel der Positionierung von Marken darin liegt, sowohl eine dominierende Stellung in den Köpfen der Anspruchsgruppen des Unternehmens als auch eine hinreichende Differenzierung gegenüber der Konkurrenz zu erreichen. Eine dauerhafte Differenzierung sowie der Aufbau und die Sicherung einer dominanten Position der Marke ist gerade für KMU zwingend notwendig, um den Geschäftserfolg sicherzustellen und sich vor ruinösem Preiswettbewerb zu schützen.

Relevant ist in diesem Zusammenhang auch die Unterscheidung zwischen der Position und der Positionierung einer Marke. Während die Position der Marke in den Köpfen der Anspruchsgruppen eines Unternehmens besteht und die Marke aus dem subjektiven Blick der Anspruchsgruppen im Markt einordnet, zielt die Positionierung auf die strategische und aktive Gestaltung der Stellung einer Marke im jeweils relevanten Markt ab. Die Position einer Marke wird durch vielfältige Faktoren beeinflusst und besitzt selbst ohne zielgerichten Einsatz ein mehr oder weniger prägnantes Profil.

Die Autoren zeigen in ihrem Beitrag auf, dass lediglich wenig Bausteine zu beachten sind, um eine erfolgreiche Positionierung einer Marke zu erarbeiten. Das Pflichtenheft zur Positionierung verweist auf theoretisch fundierte und praxisnahe Kriterien, die im Rahmen einer strategischen Positionierung von Marken höchst relevant, umfassend und auch für kleine und mittelständische Unternehmen kostengünstig anwendbar sind.

Prof. Dr. Torsten Tomczak, Tim Oliver Brexendorf

Typisch KMU: Wenig Budget, viel Ideen

1.3

Parallel zur zunehmenden Bedeutung der Marke ist die Anzahl unterschiedlicher Definitionen und Auffassungen über den Begriff «Branding» in einem Umfang angewachsen, dass eine kurze, einleitende Begriffsklärung mehr als nur sinnvoll erscheint. Der englische Ausdruck «Branding» stammt vom Wort «Brand» ab, was auf Deutsch «Marke» bedeutet. Der Begriff des Branding stammt aus einer Zeit, als man das Vieh mittels Brandzeichen kennzeichnete, und verdeutlicht die ursprüngliche Funktion der Marke als formales Kennzeichen. Der Akt der Kennzeichnung wird dabei als Markierung oder eben «Branding» bezeichnet. Der Zweck der Kennzeichnung lag damals wie heute in der Individualisierung eines Objekts, um es von anderen markierten Objekten zu unterscheiden und von nichtmarkierten Objekten abzuheben. Dementsprechend weit werden im Folgenden unter Branding alle Massnahmen zusammengefasst, die geeignet sind, ein Produkt oder eine Dienstleistung aus der Masse gleichartiger Leistungen herauszuheben und die eine eindeutige Zuordnung von Leistungen zu einer bestimmten Marke ermöglichen.

Im vorliegenden Beitrag geht es aber nicht um Begriffsklärung, sondern vielmehr darum, die aus Praktikersicht zentralen Aspekte und Elemente des Branding herauszuarbeiten und am Beispiel von tibits ganz konkret zu erläutern und zu illustrieren – also die trockene Theorie mit der lebendigen Praxis zu verbinden.

Lic. oec. Geri Aebi, Geschäftsführer Wirz Werbung

1.3.1 Branding und Marke

Um die vielfältigen Beziehungen zwischen den einzelnen Aspekten und Elementen des Branding zu verstehen, bietet es sich an, die Marke als System wie in untenstehender Abbildung zu betrachten.

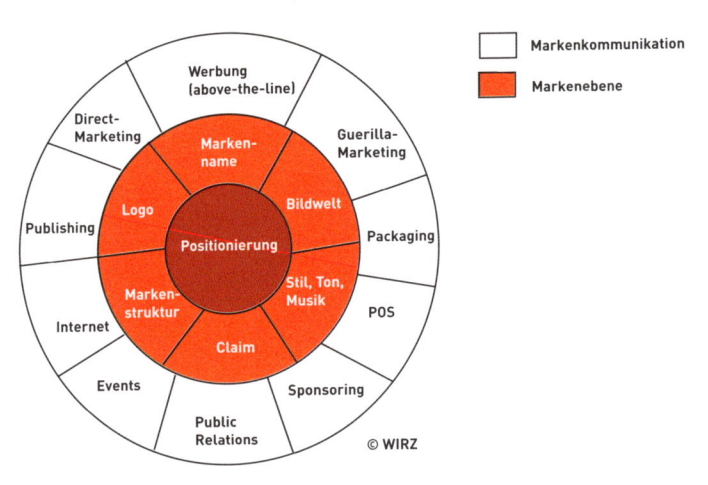

Abbildung 1: Die Marke als System.

Das Modell ist von innen nach aussen hierarchisch strukturiert. Im Zentrum aller Überlegungen steht die *Positionierung* der Marke, wo es traditionell um die Beantwortung der Frage geht, wofür die Marke bei wem steht. Eine Erfolg versprechende Positionierung ist gefunden, wenn die Marke im Bewusstsein der Zielgruppe relativ zum Wettbewerb einen besonderen und geschätzten Platz einnimmt. Dazu sollte sie glaubwürdig, relevant und differenzierend sein und sich zudem in den sechs im Modell rund um die Positionierung angeordneten Markenelementen widerspiegeln. Je nach Branche und Marke können Anzahl und Relevanz der einzelnen Elemente variieren. Die Markenelemente bilden in ihrer Gesamtheit die eigentliche «Markierung» und werden hier als *Branding im engeren Sinne* bezeichnet. Durch eine aufeinander und auf die Positionierung abgestimmte Gestaltung der eingesetzten Markenelemente soll eine Marke so «gebrandet» werden, dass sie einerseits positionierungsrelevante Assoziationen vermittelt, andererseits eine hohe Diskriminationsfähigkeit und Prägnanz aufweist. Nur so kann sie sich hinreichend von der Konkurrenz abheben und zudem gut und schnell wiedererkennbar sein (vgl. Beitrag von Koob/Feige/Hofstetter).

Die alleinige Markierung einer Leistung macht aber noch keine Marke. Wirklichen Markenstatus erreicht sie erst durch eine gewisse Bekanntheit und ein profiliertes Markenimage – wobei die Markenbekanntheit als notwendige, aber keinesfalls hinreichende Bedingung anzusehen ist. Ziel ist demnach, die Marke bekannt zu machen und gleichzeitig die Markenelemente mit einer möglichst relevanten und differenzierenden Bedeutung aufzuladen. Dies wird in den weitaus meisten Fällen durch den Einsatz verschiedener Kommunikationsinstrumente erreicht, weshalb die Markenkommunikation im abgebildeten Modell die dritte Ebene darstellt und hier als *Branding im weiteren Sinne* verstanden wird. Dabei bietet es sich an, im Rahmen der Kommunikationsinstrumente zwischen «above-the-line»- und «below-the-line»-Massnahmen zu unterscheiden. Rudimentär ausgedrückt, bedürfen Erstere im Gegensatz zu Letzteren eines bezahlten, massenmedialen Werbeträgers (Plakat, TV, Inserat). Durch die inhaltliche und formale Abstimmung der einzelnen Kommunikationsmassnahmen können einerseits die vielen beim Rezipienten erzeugten Eindrücke der Marke vereinheitlicht und verstärkt, andererseits die unterschiedlichen Potenziale der Instrumente synergetisch und effizient genutzt werden (Integrierte Kommunikation). Ein erfolgreiches Branding beruht demnach auf einer relevanten und differenzierenden Positionierung und vollzieht sich zum einen über die eigentliche Markierung, zum andern über die Kommunikation der Marke. Der Begriff «Branding» kann somit in etwa dem deutschen Wort «Markenaufbau» gleichgesetzt werden.

1.3.2 tibits – eine junge Legende

Ihren Anfang nahm die Geschichte im Jahre 1998, als die drei Brüder Reto, Christian und Daniel Frei am sonst eher technologielastigen Businessplanwettbewerb der ETH Zürich und des Beratungsunternehmens

McKinsey teilnahmen. Ihre Idee eines edlen, vegetarischen Schnellimbisses brachte ihnen – aus heutiger Sicht nicht wirklich überraschend – neben zwei Preisen auch ein grosses Medienecho. So erfuhr unter anderem Rolf Hiltl, der in Zürich in vierter Generation das gleichnamige vegetarische Restaurant führt, von der Idee und meldete bei den Freis sein Interesse an einer Zusammenarbeit an. Die drei von ihrer Idee überzeugten Brüder und der versierte Gastroprofi Hiltl fanden sich, gründeten gemeinsam eine AG, begannen mit der Planung und suchten nach weiteren Investoren. Schliesslich konnten sie im Dezember 2000 an Toplage im vorderen Zürcher Seefeld das erste tibits eröffnen. Im März 2002 folgte Winterthur, ein Jahr später das dritte tibits in Bern. Und bereits ist man auch in Basel auf der Suche nach einem geeigneten Standort.

Rolf Hiltl arbeitete zum Zeitpunkt der Unternehmensgründung bereits seit längerem erfolgreich mit der Werbeagentur Wirz in Zürich zusammen. So erstaunt es nicht, das Wirz zum Gesprächs- und Geschäftspartner wurde, als es darum ging, dem vegetarischen Schnellimbiss einen Namen und ein Gesicht zu geben und Kommunikationsstrategien und -konzepte für die Zürcher Eröffnung und die Zeit danach zu erarbeiten.

Positionierung

Auf Grund des einzigartigen, ambipolaren Konzepts eines qualitativ hochstehenden, vegetarischen Schnellimbisses stand tibits von Anfang an sowohl in Konkurrenz zu McDonald's und der Gourmessa-Abteilung der Migros, als auch zur edlen Sushi-Theke und dem gemeinen Restaurant. Die Heterogenität der Konkurrenz sowie die Tatsache, dass vor allem in urbanen Gegenden das Angebot und die Vielfalt an gastronomischen Dienstleistungen kontinuierlich zunimmt, machten eine eigenständige Positionierung überlebenswichtig. tibits wollte nicht einfach als eine Art McDonald's für Vollzeit- und Teilzeitvegetarier, sondern vielmehr als hochstehender Anbieter genussvollen, vegetarischen Fastfoods wahrgenommen werden. Wer ein tibits betritt, soll sich darauf verlassen können, in einer modernen und geschmackvollen Umgebung schnell und freundlich bedient zu werden und jederzeit ein gesundes und qualitativ hochstehendes Produkt zu einem vernünftigen

Preis zu erhalten. Ziel war und ist, die hochstehende gastronomische Kompetenz mit einem zukunftsorientierten, gesunden Lebensgefühl zu verbinden.

Deshalb positionierte sich das Start-up tibits rund um die vier Grundwerte *Lebensfreude* (Genuss), *Fortschritt* (vegetarisch), *Vertrauen* (Topqualität, frisch und gesund) und *Zeit* (Schnelligkeit, Zeitgewinn). Auf diesem Fundament sollten konsequent alle nachfolgenden Schritte basieren, angefangen bei der Entwicklung der Markenelemente bis hin zu den unterschiedlichen Kommunikationsmassnahmen.

Markenelemente – Branding im engeren Sinne

Die vier fundamentalen Markenwerte sollten sich in Namen und Logo widerspiegeln: Der gemeinsam mit der Agentur entwickelte *Name* tibits, abgeleitet vom englischen Wort «titbits» (= Leckerbissen), steht für hochstehende, genussvolle Schnellgastronomie. Diese Idee war naturgemäss auch Ausgangspunkt für die Gestaltung des *Logos*. Die grüne Bohne verkörpert auf moderne und elegante Art den vegetarischen Charakter von tibits. Der Logozusatz «by Hiltl» unterstreicht die gastronomische und vor allem die vegetarische Kompetenz der neuen Marke und sorgt besonders in Zürich und Winterthur zusätzlich für Vertrauen.

Abbildung 2: Das eigenständige tibits-Logo.

Doch nicht nur Name und Logo sollten positionierungsrelevante Assoziationen vermitteln. Die schöne, frische tibits-Welt musste weiter visualisiert werden, um der Marke eine Persönlichkeit, einen unverwechselbaren «Look&Feel» zu verleihen. Man entschied sich für weiss und grün als Grundfarben, da diese gemeinhin mit den gewählten Markenwerten Natürlichkeit, Hochwertigkeit, Reinheit und Frische assoziiert werden. Als Schriften wurden Cochin (Logo, Headlines) und

Trade Gothic (Lauftext) gewählt, da diese auf einprägsame Art die leichte, moderne Positionierung von tibits ausdrücken. Die Bildwelt ist geprägt durch grosszügige Fotografien von vegetarischen Lebensmitteln, die roh abgebildet werden, um die Schönheit des Natürlichen zu unterstreichen. Die aufeinander abgestimmte Gestaltung der Markenelemente bildet die Voraussetzung, dass alle eingesetzten Kommunikationsinstrumente gleichsam zur gewünschten Positionierung der Marke tibits beitragen (vgl. Plakat).

Abbildung 3, 2004: Gemüse verteidigt seinen Teller gegen jede Form von Fleisch.

Kommunikation – Branding im weiteren Sinne

Die werbliche Umsetzung der Positionierung, insbesondere durch die im Umfeld der Lokale aufgehängten Plakate, folgt einem einfachen Prinzip: Neben der zentralen Botschaft «vegetarisch» wird jeweils ein weiterer der vier Markenwerte auf überraschende Art und Weise dramatisiert. So steckt beispielsweise im tibits-Hotdog kein Wienerli, sondern eine Karotte (Fastfood). Oder es wird eine Banane gezeigt, bei der die Schale so drapiert ist, dass sie einer Handtasche ähnelt (Take-away = schnell). Bei einer andern Plakatserie wird direkt auf dem Feld angerichtet, um die Frische der tibits-Produkte auf plakative Weise in den Vordergrund zu rücken.

Abbildung 4: Eines der augenzwinkernden Plakate zur Eröffnung des ersten tibits in Zürich (2000).

Abbildung 5, 2002: «Tragbare» Früchte und Gemüse zeigen, dass man tibits-Produkte nicht unbedingt im tibits essen muss (2002).

Abbildung 6, 2003: tibits-Produkte sind so frisch, dass sie eigentlich noch gar nicht im tibits sein können (2003).

Die Positionierung und Markenelemente von tibits wurden auch in einem Kinospot dramatisiert, der im Sommer 2004 im Rahmen der Veranstaltung «Kino am See» in Zürich gezeigt wurde, wo tibits jedes Jahr mit einem vegetarischen Verpflegungsstand präsent ist.

Abbildung 7: Standbilder tibits Film: Im Gegensatz zur Fastfood-Konkurrenz bemerkt man bei tibits einen geschmacklichen Unterschied zwischen Verpackung und Inhalt.

Ab und zu kommt die tibits-Werbung auch ohne Bild aus. Wie zum Beispiel im folgenden Inserat.

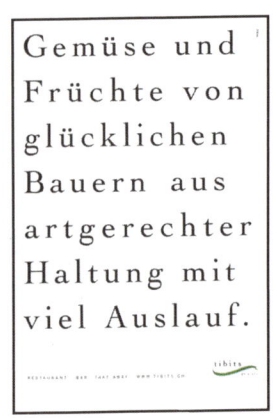

> Gemüse und Früchte von glücklichen Bauern aus artgerechter Haltung mit viel Auslauf.

Abbildung 8: Humorvoll, hintergründig – eine typische tibits-Anzeige.

Doch die tibits-Kommunikation beschränkt sich nicht nur auf klassische Werbung. In enger Zusammenarbeit mit der Werbeagentur wurde in den letzten Jahren eine Vielzahl von Below-the-line-Massnahmen entwickelt und gestaltet, von denen an dieser Stelle nur eine kleine Auswahl präsentiert wird.

Abbildung 9: Hungrige können den Marzipan-Gutschein sofort verspeisen, Geduldige bei tibits einlösen.

Abbildung 10: Zur Eröffnung des tibits in Winterthur standen glückliche Kühe vor dem Restaurant artgerecht Spalier.

Abbildung 11: Als Give-away eine Samentüte, die auf witzige Art dazu auffordert, im kommenden Jahr dann 1 x Salat zuhause statt im tibits zu essen.

Zu den Kommunikationsinstrumenten gehört neben Werbung und Below-the-line-Aktivitäten auch das Packaging, die Verpackungsgestaltung. Im Fall von tibits wurden unter anderem Becher, Tragtaschen und Menukarten entworfen, die alle sowohl visuell als auch haptisch die Positionierung von tibits unterstützen.

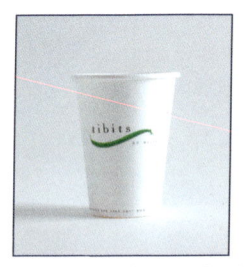

Abbildung 12: Auch im tibits ist tibits ganz tibits-typisch: Vom Becher über die Tragtasche bis zur Menükarte.

1.3.3 Eine Art Fazit

tibits ist auf Erfolgkurs. Die gesteckten Wachstumsziele konnten bislang in jedem Jahr bei weitem übertroffen werden. Das Unternehmen beschäftigt mittlerweile über 100 Personen an drei Standorten. Es versteht sich, dass dieser Erfolg nicht allein auf das Branding zurückzuführen ist, sondern auch in andern relevanten Faktoren (Standort,

Qualität, Service etc.) begründet liegt. Aber tibits konnte sich dank einer Erfolg versprechenden Positionierung, einer prägnanten und stimmigen Markengestaltung sowie einer fantasievollen, witzigen und doch bodenständigen Kommunikation in vielen Köpfen bestehender und potenzieller Gäste nachhaltig festsetzen. tibits ist heute auch als Marke in aller Munde und hat bewiesen, dass ein relativ kleines Budget – wie es gerade für KMU typisch ist – durch kreative Ideen oft mehr als nur wettgemacht werden kann. Die gesammelten Kommunikationsmittel von tibits haben in den letzten vier Jahren denn auch mehr als 25 nationale und internationale Preise gewonnen.

Das Beispiel tibits zeigt aber auch, dass sich professionelles Branding nicht auf die Kreation abstrakter Namen und Zeichen beschränken darf, sondern im Gegenteil weiter gefasst werden muss: Auch die Positionierung als Grundlage jeder Marke und insbesondere die gesamte Markenkommunikation gehören zum erfolgreichen Branding, da die kreierten Markennamen und -zeichen nur dann auch starke Marken sind, wenn sie eine relevante Botschaft verkörpern und im Konkurrenzumfeld schnell wiedererkannt werden.

Konklusion der Herausgeber

Der Beitrag «Typisch KMU: Wenig Budget, viel Ideen. Oder: Branding-Strategie von A bis Z für tibits» zeigt ein idealtypisches Vorgehen von der Markenpositionierung bis zum Branding auf.

Die Schriften, Farb- und Bilderwelten transportieren die Markenwerte von tibits und unterstützen die Grundwerte Lebensfreude, Fortschritt, Vertrauen und Zeit. Eine Differenzierung zur Konkurrenz wird sowohl durch die inhaltliche als auch durch farbliche Abgrenzung erzielt. Durch den Einbezug roher Produkte in der Kommunikation werden Abgrenzungen zu klassischen Fast-Food-Ketten gesucht. Die Farbwelten in Grün und Weiss unterstützen die Assoziation der Marke tibits mit den Markenwerten Natürlichkeit, Hochwertigkeit, Reinheit und Frische.

Sowohl die Markierung durch den Markennamen, das Markenzeichen in Form einer geschwungenen grünen Bohne und die Verpackung leisten einen Beitrag zum Markenaufbau von tibits. Das Logo schafft eine konkrete, zeitlose Verbindung zum Angebot von tibits. Die Markierung von tibits verleiht dem Angebot somit ein einzigartiges und differenzierungsrelevantes Image.

Unterstützt werden die markierungsspezifischen Massnahmen durch «above- und below-the-line»-Aktivitäten. Alle Kommunikationsmassnahmen fördern den Aufbau und die Profilierung der Marke tibits. Wechselwirkungen zwischen den Einzelmassnahmen unterstützen einen schnellen und kostengünstigen Markenaufbau. Daher ist es insbesondere für KMU unabdingbar, Synergien in der Markenkommunikation zu nutzen. Der Beitrag von Aebi macht deutlich, dass eine ganzheitliche Entwicklung und Umsetzung des Branding-Prozesses mit Unterstützung durch kommunikative Massnahmen erfolgreich sein kann.

Prof. Dr. Torsten Tomczak, Tim Oliver Brexendorf

Der Markenwert – ein KMU-Erfolgsfaktor

1.4

Der monetäre Wert einer Marke lässt sich messen, wie die jährlichen Ranglisten der Markenwerte von grossen und renommierten internationalen Unternehmen, etwa durch die Agentur Interbrand, zeigen. Auf diesen Ranglisten fehlen Schweizer Klein- und Mittelbetriebe, obwohl einige unter ihnen in Nischenmärkten zur Weltspitze zählen. Der Markenwert liefert wohl Anhaltspunkte zur aktuellen und zukünftigen Wettbewerbsfähigkeit eines Unternehmens, beeinflusst dessen Bonität als Schuldner jedoch nur indirekt. Die Bezifferung des Markenwerts ist keine Voraussetzung für Kreditverhandlungen mit Banken und aus KMU-Sicht daher nur von untergeordneter praktischer Bedeutung.

Nichtsdestotrotz hat der Besitz einer Marke in jedem Fall wesentliche Effekte auf die Entwicklung des künftigen Umsatzes und damit auf die Lebens- und Überlebensfähigkeit jedes Unternehmens, egal ob gross oder klein. Für viele KMU ist die Marke – auch ohne dass deren Wert ermittelt wird – ein zentraler Erfolgsfaktor.

Die Gründe dafür sind einleuchtend: KMU mit einer starken Marke haben bessere Karten, sprich mehr Kunden. Gut etablierte Markennamen sind in der Regel auch Garant für eine wertorientierte und nachhaltige Unternehmensführung. Es liegt deshalb auf der Hand, dass der Markenname in den Augen potenzieller Geldgeber eine gewisse Rolle spielt. Während Banken bei der Bewertung von Marken einen nichtmonetären Ansatz verfolgen, bleibt der Einfluss der Marke auf das künftige Wachstum unbestritten, wenn auch schwer quantifizierbar. Zwar soll der Markenwert bei der Bonitätsprüfung und Kreditvergabe kein

Martin Vogel

isoliertes Kriterium bilden, sondern lediglich die Einschätzung der zukünftigen Wettbewerbsfähigkeit des Schuldners erleichtern. Fällt diese Einschätzung jedoch positiv aus, so lässt sich dies nicht zuletzt auch auf eine starke, überzeugende Marke zurückführen.

Wenngleich die Markenstärke das Kreditrating nur indirekt beeinflusst, ist sie für die Unternehmensentwicklung auch im KMU-Bereich zentral. Sie trägt dazu bei, dass höhere Preise durchgesetzt, Marketingkosten gesenkt oder neue Märkte mit neuen Produkten und Dienstleistungen schneller erschlossen werden können. Daneben lassen sich auch konjunkturell schwierige Zeiten besser meistern und die langfristige Personalentwicklung zur Abstützung einer nachhaltigen Wachstumsstrategie sicherstellen.

1.4.1 Was ist die Marke einer KMU?

Eine Marke ist weit mehr als ein Logo oder ein Produkt. Sie steht für Emotion und umfasst alle Erfahrungen, die Kunden und Lieferanten mit dem Unternehmen und dessen Produkten oder Dienstleistungen gemacht haben. Die Marke nimmt somit die Rolle des Platzhalters ein. Kein Unternehmen sollte sich deshalb der Illusion hingeben, dass es z.B. viel zu klein sei, um als Marke zu gelten. In den Augen seiner Kunden ist jeder Installateur oder jedes Möbelgeschäft eine Marke, denn diese bildet sich automatisch bei jeder Interaktion zwischen dem Kunden und dem Unternehmen. Sie aggregiert sich aus den Erwartungen des Kunden, dem Produktversprechen und den Erfahrungen, die der Kunde macht.

Ein Markenprodukt zu besitzen oder als Dienstleistungsunternehmen selbst eine Marke zu sein, spielt für das künftige Geschäft eine grosse Rolle. Ein Unternehmen ist mit einer oder mehreren starken Marken besser aufgestellt als eines mit einer nur schlecht eingeführten Marke. Es kann für seine Markenprodukte ein Price Premium realisieren und höhere Wachstumsraten generieren. Dies macht deutlich, welchen

Stellenwert eine Marke als Führungs- und Marketinginstrument und bei der Entwicklung des künftigen Geschäfts besitzt.

1.4.2 Warum ein Unternehmen Marken braucht

Marken sind für die Konsumenten die Leuchttürme im unendlichen Ozean der Produkte, Anbieter und Dienstleistungen. Ohne sie würde es schwierig, den Wocheneinkauf zu tätigen, sich einzukleiden oder sich innerhalb nützlicher Frist für ein neues Auto zu entscheiden. Im täglichen Leben, sei es beim Kauf von Lebensmitteln, Mode oder etwa von Parfums, will und kann niemand die Qualität eines Angebotes vor dem Kaufentscheid wirklich prüfen. In vielen Fällen sind die objektiven Unterschiede zwischen zwei Produkten verschwindend gering, wie zum Beispiel in der PS-Leistung von Sportwagen. Hier unterstützt die Marke den Konsumenten dabei, aus der Flut von Produkten relativ effizient das für ihn passende auszuwählen.

Während die Vorteile von Marken für die Konsumenten auf der Hand liegen, sind sie für ein Unternehmen nicht auf den ersten Blick zu erkennen, doch umso entscheidender: Ein Unternehmen, das entweder selbst eine gute Marke ist oder hervorragende Markenprodukte in seinem Produkte- oder Serviceportfolio hat, kann gegenüber den Mitanbietern einen beträchtlichen Wettbewerbsvorteil ausnutzen. Dieser hilft bereits in der Gegenwart zur Realisierung höherer Margen bei gleichzeitig geringeren Kosten.

Weil eine gute Marke auf Kunden eine anziehende Wirkung hat, sorgt sie dafür, dass ein Unternehmen zum Beispiel mit vergleichsweise niedrigeren Marketingausgaben operieren kann. Für die Geschäftsentwicklung in der Zukunft ist der Besitz einer Marke von besonderem Vorteil, denn sie ist eine wichtige Grundlage für nachhaltiges Wachstum. Krisenzeiten lassen sich von einem Markenanbieter besser durchstehen als von einem Unternehmen, das keine zugkräftige Marke besitzt. Der Nachfragedruck bleibt auf Grund der Sogwirkung der Marke geringeren konjunkturell bedingten Schwankungen ausgesetzt. Dies gilt nicht nur für gut eingeführte Markenunternehmen wie zum Beispiel die «Big Players» der internationalen Luxusgüterindustrie, deren Börsenbewertungen weniger starke Ausschläge zeigen als die von Unternehmen ohne starke Marken. Auch KMU mit gut etablierten Markennamen profitieren von erhöhter Kundenloyalität und von Weiterempfehlungen durch bestehende Kunden, was sich gerade in wirtschaftlich schwierigen Zeiten bezahlt macht und hilft, Umsatzeinbussen in Grenzen zu halten.

Für die künftige Geschäftsentwicklung und die Umsetzung einer konsequenten Wachstumsstrategie hat der Besitz einer guten Marke oder sogar eines grösseren Markenportfolios zudem unbestreitbar grosse Vorteile. Marken üben nicht nur auf Kunden, sondern auch auf potenzielle Mitarbeiter eine grosse Faszination aus. Umfragen zeigen, dass Unternehmen, die selbst eine starke Marke sind, vor allem von hoch qualifizierten Talenten als Arbeitgeber bevorzugt werden. Deshalb spielt das Thema «Employer Branding» eine entscheidende Rolle bei der langfristigen Unterstützung der Unternehmensentwicklung durch HR-Massanahmen: Unter «Employer Branding» versteht man, dass ein Unternehmen für Mitarbeiter und potenzielle Mitarbeiter eine Marke mit klarem und unverwechselbarem Profil werden soll. Dies ist auch darum wichtig, weil auf dem Arbeitsmarkt um hoch qualifizierte Bewerber starke Konkurrenz herrscht. In Zukunft wird der Erfolg am Markt noch stärker von höchst motiviertem und qualifiziertem Personal abhängig sein. Dies gilt speziell im KMU-Bereich, wo viele Unternehmen im Dienstleistungssektor tätig sind: Die Wirkung der Mitarbeiter auf die Kunden entscheidet hier wesentlich über den Geschäftserfolg.

Wer über gute Leute verfügt, hat gegenüber den Mitbewerbern einen entscheidenden Vorsprung. Denn ein motiviertes Team ist nicht nur produktiver, sondern setzt auch eine wesentlich stärkere Dynamik frei. Dies bedeutet, dass zum Beispiel die Zeiten für die Produktentwicklung kürzer sind und Innovationszyklen dichter aufeinander folgen können. Damit lässt sich ein stärkerer Wachstumskurs fahren, der bei markenstarken Unternehmen zudem noch schneller Aussicht auf Erfolg hat. Im IT-Sektor können markenstarke Unternehmen in der Regel eine um drei bis fünf Monate schnellere Adaptierung neuer Computergenerationen realisieren als ihre imageschwachen Mitbewerber.

1.4.3 Der monetäre Markenwert

Eine Marke kann einen bisweilen beträchtlichen, wenn auch immateriellen Anteil am gesamten Unternehmenswert ausmachen. Experten gehen davon aus, dass der Anteil der Marke am Gesamtunternehmenswert je nach Branche stark variiert. Bei kurzlebigen Konsumgütern beträgt er nach einer Untersuchung von PricewaterhouseCoopers & Sattler (1999) 62 Prozent, bei langlebigen Konsumgütern 53 Prozent, in der Dienstleistungsbranche 43 Prozent, bei Industriegütern 18 Prozent. Bei einzelnen bekannten Unternehmen liegt der Anteil des Markenwerts am gesamten Unternehmenswert noch höher: Bei BMW und Apple bei 77 Prozent, bei Ikea bei 75 Prozent, bei Ralph Lauren und MacDonald's bei 66 bzw. 64 Prozent.

Die Ermittlung des monetären Markenwertes hat in den letzten Jahren an Bedeutung gewonnen. Vor allem für international operierende Unternehmen wird dieser Markenwert immer wichtiger. Der Grund dafür liegt in den in jüngerer Zeit veränderten Vorschriften zur Rechnungslegung, die im Jahr 2005 für alle börsenkotierten Unternehmen verpflichtend werden. Nach IAS/IFRS und GAAP ist es notwendig, alle von einem Unternehmen erworbenen Markenwerte in der Bilanz zu aktivieren. Dagegen ist es nach den derzeit gültigen Bilanzierungsregeln nicht möglich, den Wert einer selbst aufgebauten Marke in der Bilanz auszuweisen.

1.4.4 Ansätze zur monetären Bewertung einer Marke

In der Vergangenheit sind eine Reihe von Verfahren vorgeschlagen worden, mit deren Hilfe der monetäre Wert einer Marke ermittelt werden soll. Die meisten von ihnen berücksichtigen das Potenzial einer Marke nicht, sondern bewerten entweder die Kosten, die beim Aufbau der Marke entstanden sind, oder das Price Premium, das auf die Marke zurückzuführen ist und in der Gegenwart realisiert wird. Die wichtigsten monetären Bewertungsverfahren sind:

1. Price-Premium-basierte Markenbewertung
2. Kostenbasierte Markenbewertung
3. Lizenzbasierte Markenbewertung
4. Markenbewertung auf Basis der Conjoint-Analyse
5. Marktbewertung auf Grund der hedonischen Preisfunktion
6. Praxisorientierte Markenbewertungen

1. Price-Premium-basierte Markenbewertung
Die einfachste Möglichkeit zur Ermittlung des Markenwertes ist der Versuch, die Erträge abzuschätzen, die direkt auf die Markeneigenschaft eines Produktes zurückzuführen sind. Dieses Price Premium zu schätzen, ist ein in der Praxis kaum verlässlich durchzuführendes Verfahren. Theoretisch vergleicht man dafür die Erlöse der Marke mit jenen eines gleichen Produkts, das entweder keine oder eine kaum bekannte Marke ist. Dieser Ansatz stützt sich auf die Annahme, dass die Marke als eine von vielen Eigenschaften eines Produktes einen gewissen Nutzen für den Verbraucher hat, der sich dann in einer höheren Zahlungsbereitschaft für das Markenprodukt ausdrückt. Der Markenwert, der in diesem Verfahren berechnet wird, ist daher ein Zusatzertrag, der ausschliesslich deshalb realisiert werden kann, weil die Marke existiert. Der Vorteil dieses Vorgehens besteht in der Einfachheit des Ansatzes, seiner Verständlichkeit und darin, dass er sich leicht umsetzen lässt. Ausserdem kann eine einzelne Marke isoliert und losgelöst vom Gesamtunternehmen bewertet werden. Gleichzeitig hat das Verfahren Nachteile. Es berücksichtigt nur bereits bestehende Produkte und vernachlässigt somit das Potenzial von Marken für die zukünftige Unternehmensentwicklung. Ausserdem kann es nur auf Produkte angewendet werden, für die sich ein analoges Produkt auf dem Markt findet, das keine Marke ist.

2. Kostenbasierte Markenbewertung
Bei der kostenbasierten Markenbewertung unterscheidet man zwischen der Bewertung auf Basis der Kosten, die historisch beim Aufbau der Marke tatsächlich entstanden sind, und der Bewertung auf Basis der Kosten, die bei einem Wiederaufbau der Marke anfallen würden. Die Bewertung auf Basis der Kosten des Markenaufbaus geht dabei von der Überlegung aus, dass eine Marke umso wertvoller ist, je mehr in ihren Aufbau investiert wurde. In der Praxis lassen sich allerdings auch Fälle finden, in denen starke Marken mit vergleichsweise geringen Investitionen aufgebaut werden konnten. Der Wert solcher Marken wird mit dieser Methode allerdings unterschätzt.

Die Bewertung einer Marke auf Basis der Kosten, die für ihre Wiederbeschaffung bzw. ihren Wiederaufbau notwendig sind, hat auch Nachteile. Es ist kaum möglich, eine mit der zu bewertenden Marke wirklich vergleichbare Marke vollkommen neu aufzubauen. Ausserdem ist diese Methode zur Ermittlung des Markenwerts nicht objektiv, da zum Beispiel der Angabe der Wiederbeschaffungskosten in der Regel stark subjektiven Schätzungen zugrunde liegen. In Bezug auf die kostenorientierten Verfahren kann man festhalten, dass beide ausschliesslich auf historischen Grössen und Daten basieren und deshalb die für eine Bank bei der Entscheidung über eine Kreditvergabe so wichtige Beurteilung der Zukunftsentwicklung vollkommen unberücksichtigt bleibt.

3. Lizenzbasierte Markenbewertung
Bei der lizenzbasierten Markenbewertung werden die branchenüblichen Lizenzsätze vergleichbarer Marken als Bewertungsgrundlage verwendet. Dies bedeutet, dass von tatsächlich auf dem Markt erhobenen Lizenzgebühren für eine Referenzmarke auf den monetären Wert der zu bewertenden Marke geschlossen wird. Auch diese Methode hat Nachteile: Eine vergleichbare Referenzmarke wird in vielen Fällen kaum zu finden sein, sodass eine objektive Vergleichbarkeit kaum gegeben ist. Eine Datenbasis für eine objektive Bewertung und verbreitete Anwendung des Verfahrens fehlt also weit gehend. Für den KMU-Bereich ist diese Markenbewertung kaum von Belang, da der Lizenzwert für deren Marken z.B. von mittelständischen Bauunternehmen in der Regel nicht existent ist.

4. Marktwertbasierte Markenbewertung

Die marktwertbasierte Markenbewertung leitet den Wert einer Marke aus «marktüblichen» Preisen für vergleichbare Marken ab. Sie geht davon aus, dass es einen Markt für Marken gibt und somit auch eindeutige Referenzwerte vorhanden sind, die als Bewertungsgrundlage dienen können. Es ist zwar möglich, Marken unabhängig und losgelöst vom Unternehmen zu veräussern, jedoch kann wahrscheinlich kaum von der Existenz eines Marktes für Marken gesprochen werden. Es handelt sich hierbei um ein eher subjektives und wenig standardisiertes Verfahren, das in der Praxis eine nur geringe Bedeutung hat.

5. Conjoint-Analyse und hedonische Preisfunktion

Die Verfahren der Markenbewertung auf Basis der Conjoint-Analyse sowie der hedonischen Preisfunktion basieren im Vergleich zu den bisher dargestellten Methoden auf einem vollkommen anderen Ansatz. Dabei wird versucht, die Marke als individuelle Produkteigenschaft einzeln zu erfassen und zu bewerten. So soll der Preis der Marke vom Preis des Produktes getrennt werden. Die Markenbewertung auf Basis des Conjoint Measurement verwendet anspruchsvolle statistische Verfahren. Sie sollen dazu dienen, den Einfluss der einzelnen Produkteigenschaften auf den vom Kunden wahrgenommenen Gesamtwert eines Produktes zu ermitteln. Die dafür erforderlichen Daten werden durch eine Befragung der Kunden erhoben. Mit den Ergebnissen kann man die Zahlungsbereitschaft der Kunden für einzelne Produkteigenschaften und somit auch für die Marke ermitteln. Mit diesen Daten lässt sich auf den Gesamtwert der Marke schliessen. Ähnlich ist der Ansatz der Markenbewertung auf Grund der hedonischen Preisfunktion. Der geht von einem direkten Zusammenhang zwischen dem Preis eines Produktes und seinen Eigenschaften aus: Der Produktpreise kann, so die Überlegung, durch Produkteigenschaften erklärt werden. Somit wird der Wert jeder einzelnen Produkteigenschaft berechenbar. Dieser Wert wird als der hedonische Preis einer Produkteigenschaft bezeichnet. Mit dieser Methode lässt sich der Wert der Produkteigenschaft «Marke» vom Wert der restlichen anderen Produkteigenschaften und des physischen Produktes trennen. Der Ansatz der hedonischen Preisfunktion beruht im Gegensatz zum Conjoint Measurement nicht auf durch Kundenbefragung erhobenen Daten. Sie analysiert Preisunterschiede verschiedener Produktvarianten und erklärt diese durch Unterschiede in den Produkteigenschaften.

Der Nachteil der Methode ist, dass das künftige Potenzial der Marke bei dieser Betrachtung nicht berücksichtigt wird.

6. *Praxisorientierte Markenbewertungen*
Einige praxisorientierte Ansätze, deren Ziel es ist, den monetären Markenwert zu ermitteln, haben mittlerweile weite Verbreitung gefunden. Das sind vor allem die Verfahren von Interbrand, Semion Brand Broker GmbH und der Brand Performancer von ACNielsen.

Das Interbrand-Modell

Der Interbrand-Ansatz ist ein Punktebewertungsmodell, das sich auf sieben bestimmende Faktoren des Markenwertes stützt. Bei diesen den Markenwert bestimmenden Grössen handelt es sich um die Stabilität der Marke, den Grad der Führerschaft der Marke, die Internationalität der Marke, den allgemeinen Trend der Marke, den Marketing-Support für die Marke, den rechtlichen Schutz der Marke sowie um die Eigenschaft des relevanten Marktes. Die konkrete Ermittlung des monetären Markenwertes geschieht dabei in mehreren Schritten. Im ersten wird über Indikatoren der Einflussfaktoren auf den Markenwert für jeden der sieben Faktoren ein Punktwert ermittelt. Dann werden die sieben Punktewerte der einzelnen Einflussfaktoren nach ihrer Bedeutung für den Wert einer Marke gewichtet und ein Indexwert wird für die Marke berechnet. Er ist ein Mass für die Gesamtstärke einer Marke. Über verschiedene Transformationen wird ein Multiplikator errechnet, der dann mit dem Nachsteuergewinn des Unternehmens den monetären Markenwert ergibt.

Das Verfahren ist zwar gut zu handhaben, hat jedoch den Nachteil, dass viele Grössen in der Berechnung subjektiv sind.

Das Modell der Semion Brand Broker GmbH

Bei der Markenbewertung von Semion Brand Broker wird neben den ökonomischen Grössen verstärkt auf Verhaltens- und Imagedaten zurückgegriffen. In diesem Ansatz gibt es vier Einflussfaktoren, die den Wert einer Marke bestimmen: der Finanzwert des Unternehmens, die Markenstärke, der Markenschutz und das Markenbild. In einem ersten Schritt wird über Indikatoren versucht, die Stärke der einzelnen Einflussgrössen zu schätzen. Sie werden anschliessend zu einem Gewichtungsfaktor verrechnet. Der ergibt zusammen mit dem durchschnittlichen Vorsteuergewinn der letzten drei Jahre den monetären Wert der Marke. Der Nachteil des Verfahrens ist, dass einzelne Gewichtungsfaktoren von Semion Brand Brokers nicht bekannt gegeben wurden. So ist die Bewertung im Einzelnen nicht nachvollziehbar. Auch fehlt die Einbeziehung zukunftsorientierter Grössen, die das Entwicklungspotenzial und die Nachhaltigkeit einer Marke berücksichtigen und entsprechend würdigen.

Der Brand Performancer von ACNielsen

Der Brand Performancer von ACNielsen leitet aus den Ergebnissen eines Brand Monitors den Indexwert für die Stärke einer Marke ab. In Verbindung mit einem Brand Value System wird der monetäre Wert einer Marke ermittelt. Das Bewertungssystem hat den Vorteil, dass nicht nur ein Finanzwert errechnet wird, sondern auch noch konkrete Hinweise zur Steuerung einer Marke gegeben werden. Teil des Brand Performancers sind das Brand Steering System und das Brand Control System, aus denen operativ umsetzbare Handlungsempfehlungen zur Markenpflege und -entwicklung abgeleitet werden können.

Der Brand Performancer unterscheidet sich von den anderen Verfahren dadurch, dass er die zu bewertende Marke im Vergleich zur direkten Konkurrenz betrachtet. Ausgangspunkt der Berechnung des monetären Markenwertes ist hier das Konzept der Markenstärke. Die wird durch den Markterfolg beeinflussende Faktoren bestimmt.

Die den Markenerfolg bestimmenden Faktoren sind:

- Die Marktattraktivität, die sich aus dem Marktvolumen und dem Marktwachstum ergibt.

- Die Durchsetzungsstärke der Marke, die durch den mengen- und wertmässigen Marktanteil sowie dessen Entwicklung bzw. Wachstum erfasst wird.
- Die Markenstärke.
- Die Nachfrageakzeptanz.

Die für diese Faktoren ermittelten Daten ergeben einen Punktwert und werden gewichtet, sodass eine Marke eine absolute Markenstärke von maximal 1000 Punkten erreichen kann. Dieser Wert kann in Beziehung zur direkten Konkurrenz gesetzt werden. In Zwischenschritten, die das gemeinsame Umsatzvolumen der betrachteten Marken heranzieht, wird berechnet, welcher Gesamtgewinn sich ergeben würde, wenn man die Umsatzrendite der zu bewertenden Marke beziehungsweise des relevanten Marktes zugrunde legt. Aus dem Markenstärkegewinn wird mit der betriebswirtschaftlichen Ertragswertformel unter Berücksichtigung eines Kapitalisierungszinssatzes der eigentliche monetäre Markenwert errechnet.

1.4.5 Fazit

Wie eingangs erwähnt, ist die Bezifferung des Markenwerts keine Voraussetzung für die Kreditverhandlungen mit den Banken. Dies, weil eine separate und individuelle Berechnung des «Brands» aufgrund der geschilderten Problemstellungen nicht exakt bezifferbar ist. Vielmehr braucht es für eine ganzheitliche, zukunftsgerichtete und nachhaltige Beurteilung einer Firma den Einbezug der Faktoren Management, Strategie, Marktumfeld, Produkte sowie die Analyse der finanziellen Situation. Alle erwähnten positiven Effekte einer Marke fliessen aber selbstverständlich in die Beurteilung der einzelnen Faktoren ein und beeinflussen diese wesentlich. Darum lohnt sich die Auseinandersetzung mit Marken respektive «Markenzeichen für seine Firma setzen» für jedes KMU.

Konklusion der Herausgeber

Marken sind zentrale Werttreiber im Unternehmen. Die Operationalisierung und Messung des Markenwertes hat daher aus genannten Gründen in den letzten Jahren eine zunehmende Bedeutung in Wissenschaft und Praxis erlangt. Dieser Boom spiegelt sich auch in dem von Werbeagenturen, Marktforschungsinstituten und Meinungsforschern entwickelten Markt an Markenevaluationssystemen wider. Die Bedeutung der Marke als zentraler Wertschöpfer und die veränderten Vorschriften zur Rechnungslegung, die im Jahr 2005 für alle börsenkotierten Unternehmen verpflichtend werden, machen es notwendig, alle von einem Unternehmen erworbenen Markenwerte in der Bilanz zu aktivieren.

In der Unternehmenspraxis herrschen derzeit jedoch noch Defizite bei der Kontrolle von Markenwirkungen. Neben reinen quantitativen Erfolgsgrössen sind auch qualitative Erfolgsgrössen der Markenführung zu identifizieren und im Rahmen der Markenwertung zu berücksichtigen. Während sich die Marketingwissenschaften dem Phänomen Marke weit gehend verhaltenswissenschaftlich nähern, kommen finanzwissenschaftliche Zugänge zur Marke immer dann zum Tragen, wenn aussergewöhnliche Ereignisse anstehen, wie beispielsweise der An- oder Verkauf eines Unternehmens und dessen Marke(n) oder auch bei Fusionen von Unternehmen. Aus finanzwissenschaftlicher Sicht ist der Markenwert ein den Erfolg bewertendes Zielmass, während die verhaltenswissenschaftliche Sichtweise dagegen eher aufzeigt, warum die Marke erfolgreich ist. Die Auseinandersetzung mit der Bewertung von Marken ist auch für KMU sinnvoll, um die Steuerung der Marke nicht intuitiv und spekulativ vorzunehmen. Eine Abwägung der Zielsetzung und der Motive der Markenbewertung ist jedoch vor dem Hintergrund der beschriebenen Ausführungen vorzunehmen.

Prof. Dr. Torsten Tomczak, Tim Oliver Brexendorf

Literatur

PricewaterhouseCoopers/Sattler, H. (1999): Praxis von Markenbewertung und Markenmanagement in deutschen Unternehmen, Frankfurt am Main.

1.5 Markenevaluation: Was zeichnet wertvolle Marken aus?

Der Anteil der Marken am Unternehmenswert liegt nach einer Studie von PricewaterhouseCoopers und Sattler in Deutschland bei durchschnittlich 56 Prozent, bei Markenartikelunternehmen sogar bei über 90 Prozent (vgl. PricewaterhouseCoopers 1999). Dieser hohe Wertanteil führt auch in der Schweiz zunehmend zu Anpassungen der strategischen Unternehmensführung, der Rechnungslegungsvorschriften, der Informationspolitik gegenüber dem Kapitalmarkt und zur intensiveren Beschäftigung mit der Bewertung von Marken allgemein.

Die Erkenntnis, dass es sich bei der Marke um einen wertvollen Vermögensgegenstand handelt, führt in den Topetagen zum verstärkten Bedürfnis nach allgemeinen Markenbewertungs- und -führungsinstrumenten. Damit verbunden sind eine Reihe von Fragen: Wie können Marken bewertet werden? Wo liegen die Grenzen einzelner Bewertungsansätze? Was zeichnet erfolgreiche Marken aus? Wie können Marken an Vitalität gewinnen? Welche Rolle spielen dabei die Positionierung und Umsetzung in der Kommunikation? Und warum wird kreative Markenführung nie eine mechanische Unternehmensfunktion sein?

Der folgende Beitrag versucht, diese Fragen zu beantworten. Der Fokus der Ausführungen liegt auf einer pragmatischen und praxisorientierten Sichtweise, welche die Besonderheiten der Schweizer Wirtschaft berücksichtigt.

Dr. Peter Felser

1.5.1 Wie wird der Wert einer Marke gemessen?

Die wertvollste Marke der Welt, Coca-Cola, hat gemäss Interbrand 2004 einen Wert von 67,39 Mrd. USD, dahinter folgen Microsoft (61,37 Mrd. USD) und IBM (53,79 Mrd. USD) (vgl. o.V. 2004, S. 68-71). Die absolute Höhe dieser Beträge macht Eindruck und signalisiert auch hiesigen CEO, dass es sich beim Thema Markenführung um etwas «Wichtiges» handeln muss. Aber auch die Veränderung über die Zeit zeigt interessante Aspekte: Während Coca-Cola seit Jahren unter den wertvollsten Marken figuriert, haben sich Microsoft und IBM nach vorne gekämpft. Insbesondere IBM ist ein markentechnischer Turnaround gelungen. In den letzten zehn Jahren hat diese Marke den Wert verzehnfacht.

Betrachtet man diese Zahlen, so stellt sich natürlich die Frage, welche Verfahren zur Bestimmung dieser Markenwerte verwendet wurden. Die Bewertung einer Marke auf Basis des durch diese realisierbaren Price Premiums scheint die intuitiv zugänglichste Methode zu sein. Diese Vorgehensweise basiert auf der Annahme, dass die Marke einen gewissen objektiven oder subjektiven Nutzen für den Verbraucher stiftet,

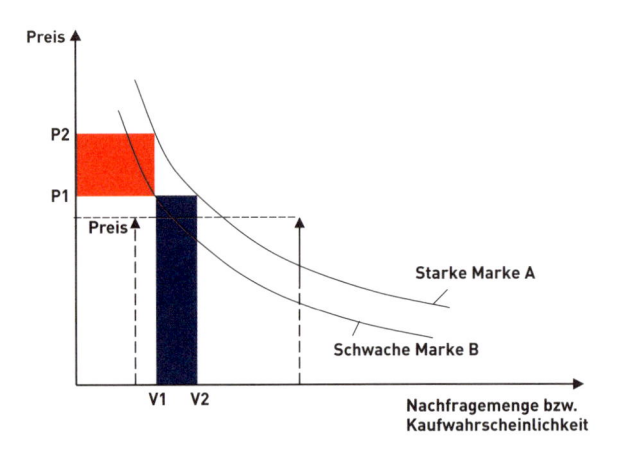

Mit Marken lässt sich Geld verdienen: Eine starke Marke (A) setzt das gleiche Volumen ab wie eine schwächere (B), erzielt aber eine höhere Marge oder sie setzten bei gleichem Preis ein höheres Volumen ab. Hier liegen die Gründe, warum Nestlé für Perrier das x-fache des Buchwertes zahlte.

Abbildung 1: Mehrwert der Marke: Marge- oder Volumenvorteil.

für den der Verbraucher bereit ist, einen Mehrpreis zu zahlen. Um diese zusätzliche Zahlungsbereitschaft zu ermitteln, ist es notwendig, den Preis der markierten Angebotsleistung mit derjenigen einer unmarkierten – jedoch objektiv identischen Angebotsleistung – zu vergleichen. Der Markenwert in diesem Verfahren ist der Mehrertrag, welcher ausschliesslich aus der Existenz der Marke generiert wird.

Meister/Zimmermann unterscheiden drei Gruppen von Bewertungsmodellen (vgl. Meister/Zimmermann 2003, S. 10–23): Die betriebswirtschaftlichen, die verhaltensorientierten und die Kombinationsmodelle. Die *betriebswirtschaftlichen Modelle* beziehen sich auf interne und externe Finanzkennzahlen. Die Markenbewertung basiert dabei beispielsweise auf dem Price Premium, auf den Kosten für den Aufbau dieser Marken, auf den möglichen Lizenzeinnahmen oder schlicht auf der Gesamtunternehmensbewertung unter Abzug aller nicht markenbezogenen Vermögenswerte.

Die *verhaltensorientierten Modelle* beinhalten nachfrageorientierte Komponenten und versuchen so, die Markenstärke aus Sicht der relevanten Zielgruppe zu bestimmen. Die Markenbewertung basiert dabei auf Beurteilungen der Verbraucher und beinhaltet Dimensionen wie Markenbekanntheit, Markenimages und Markenloyalität. Die Bekanntheit beziehungsweise Etabliertheit der Marken bilden bei allen diesen Modellen die Basis. Gemäss Aaker ist die Bekanntheit ein Gradmesser für die Vertrautheit und Zuneigung bei den Konsumenten (vgl. Aaker 1991, S. 85). Viele internationale Werbeagenturen haben spezifische Modelle entwickelt, zudem bieten verschiedene Marktforschungsinstitute Tracking-Studien an, die systematisch die Entwicklung von Marken beobachten.

Die *betriebswirtschaftlich-verhaltensorientierten Kombinationsmodelle* – in der Praxis auch Scoring-Modelle genannt – versuchen, die erstgenannten Ansätze zu kombinieren. Dabei werden zuerst verschiedene qualitative Markenstärken auf einer Punkteskala bewertet. Dann werden diese Werte für die einzelnen Einflussfaktoren mittels spezifischer Verfahren transformiert und in einen monetären Wert umgewandelt. Die am meisten verbreiteten Systeme sind das Interbrand-Modell, das

Markenbewertungsverfahren von Semion, der Brand Performer von AC-Nielsen sowie das Brand Equity Evaluation System (BEES) von BBDO.

Die betriebswirtschaftlichen und die kombinierten Scoring-Modelle versuchen, einen monetären Wert festzuhalten. Dieser ist für unternehmensübergreifende Anwendungen wie beispielsweise die Bestimmung des Preises bei Akquisitionen, Mergers und Management Buy-outs, die Festlegung von Lizenzgebühren, die Berechnung der Höhe von Schadenersatzansprüchen bei einem Missbrauch fremder Marken oder die Abklärung von Kreditsicherheiten durch Marken relevant.

1.5.2 Sind die aktuellen Markenbewertungsmodelle brauchbar?

Eine Online-Befragung bei Schweizer Unternehmen zeigt, dass die Modelle zur Ermittlung eines monetären Markenwertes in der Praxis kaum eine Rolle spielen (vgl. Bonfils/Muhr 2003, S. 25–45). Dies könnte daran liegen, dass die Faktoren, welche den Markenwert beeinflussen, schwer qualifizierbar sind, die Bewertung mit einem erheblichen zeitlichen und finanziellen Aufwand verbunden ist und an der Validität der Modelle gezweifelt wird. Bis heute existiert kein einheitliches, standardisiertes und als objektiv anerkanntes Verfahren zur Bestimmung des Markenwertes. Die unterschiedlichen Bewertungsansätze ergeben auf Grund der unterschiedlichen Grundkonzeptionen auch verschiedene Werte. Die Abweichungen sind dabei je nach verwendeter Methode beachtlich und betragen teilweise nahezu 50 Prozent. Viele Ansätze seien mangelhaft und deshalb für eine umfassende Bewertung von Marken unbrauchbar, kommen Casanova/Baumann in ihrer Analyse zum Schluss (vgl. Casanova/Baumann 2004, S. 79). Vielleicht werden deshalb monetäre Werte in der Praxis nur situativ erhoben, wenn betriebswirtschaftliche oder rechtliche Voraussetzungen die Bewertung zwingend erscheinen lassen.

Die verhaltensorientierten Modelle können einen erheblichen Beitrag als Planungs- und Kontrollinstrumente in der Markenführung haben.

So können sie beispielsweise bei der Bestimmung des Marketingbudgets oder als Basis für die Entlöhnung der Markenverantwortlichen eine Rolle spielen. Angestrebt wird grundsätzlich ein vertieftes Wissen um die relevanten Faktoren, welche bei den Verbrauchern die Attraktivität der Marke steigern. Damit sollen Marken professioneller und zielgerichteter geführt werden. Wer über die Stärken und Schwächen seiner Marke Bescheid weiss, kann sie zielgerichteter führen. Wer hingegen nicht weiss, wo seine Marke in den Köpfen der Verbraucher steht, stochert mit seinen Marketingmassnahmen nur im Nebel herum.

In der Praxis werden allerdings auch diese Modelle nur vereinzelt eingesetzt (vgl. Bonflis/Muhr 2003, S. 25–45). Warum verzichtet die Mehrheit der Schweizer Unternehmen auch auf den regelmässigen Einsatz verhaltensorientierter Modelle? Liegt es am generell ungünstigen Kosten-Leistungs-Verhältnis, um Marktforschungsdaten in der Schweiz zu erheben? Oder sind die Daten für die Analyse einzelner Marken zu wenig zuverlässig? Wohl beides. Tatsache ist, dass Konsumentenerhebungen in der Schweiz relativ teuer sind. Einerseits, weil die Stichprobengrösse bekanntlich unabhängig von der Grösse des Marktes ein bestimmtes Minimum nicht unterschreiten darf. Somit wird die Erhebung in der Schweiz nicht kleiner als im zehnmal grösseren Markt Deutschland. Andererseits ist in der föderalistischen und mehrsprachigen Schweiz die Grundgesamtheit tendenziell heterogener, was eine erhöhte Stichprobe sogar angebracht erscheinen lässt. Tatsache ist ebenfalls, dass die Zuverlässigkeit und Validität der Daten für vertiefte Einzelanalysen kaum genügt. Oft liegen die Veränderungen der erhobenen Imagewerte lediglich im statistischen Streubereich und lassen nur eine vage Tendenz erkennen. Vor einer Überinterpretation der Daten für die einzelne Marke ist zu warnen. Weshalb sind solche Systeme trotzdem relevant? Weil sie helfen, das Verständnis zu stärken, wie Marken wachsen, wie sie erodieren und wie Konsumenten auf unterschiedliche Strategien reagieren. Der Hauptnutzen dieser Instrumente liegt eher in der grundsätzlichen Analyse der Markenführung, in der Ableitung von Grundsätzen, und weniger in der Analyse einzelner Marken. Drei grundsätzliche Erkenntnisse sollen im Folgenden beleuchtet werden:

Über den Tellerrand bzw. Branchenrand hinaus denken

Konsumenten beurteilen Marken im realen Leben quer durch alle Kategorien. Sie vergleichen Marken unterschiedlicher Kategorien und ziehen bezüglich Qualitäten Parallelen. So wird Montblanc zum Rolls-Royce der Schreibzeuge. Oder alles, was schnell, gut und ohne Schnörkel angeboten wird, erhält den Zusatz Mc von McDonald's. Es ist für Markenverantwortliche also wichtig, die Marke in einem grösseren Zusammenhang zu betrachten, die vorherrschende eindimensionale Sicht der Markenanalysen zu durchbrechen und der Branchenblindheit entgegenzuwirken. Um Stärken und Schwächen einer Marke zu erkennen, ist es deshalb hilfreich, die Marke über die eigene Branche hinweg mit anderen Marken zu vergleichen. Nur so können künftige Chancen und Gefahren rechtzeitig erkannt werden. Wird die Marke lediglich im Branchenvergleich analysiert, so werden relative Stärken überbewertet und eine schwache Vitalität sämtlicher Marken in einer Branche übersehen. Dies ist umso problematischer, weil eine generell tiefe Markenvitalität Chancen für Branchenneulinge offen lässt, die den Markt erfolgreich umkrempeln können.

Qualitative Faktoren ernst nehmen

Wer sich lediglich auf quantitative Marktzahlen abstützt, erkennt eine schleichende Markenerosion erst sehr spät. Kurzfristige Markterfolge können Markenschwächen zwar kurzfristig überdecken – die Probleme werden allerdings nur verschoben. Eine Marke, die den Umsatz dank Intensivkäufern hält, gleichzeitig aber die Zahl der Markenbenützer sinkt, geht ein Risiko ein. Um Markenerosion und die damit verbundenen Gefahren frühzeitig zu erkennen, ist es wichtig, nicht nur den Marktanteil, sondern auch dessen Zusammensetzung und die Tiefe der Kundenbeziehungen zu beachten. Es ist ein wesentlicher Unterschied, ob ein Verbraucher eine Marke lediglich nutzt, weil momentan keine Alternative verfügbar ist, oder ob dieser Verbraucher eine wirklich enge Beziehung zur Marke hat. Verbraucher, welche eine starke Affinität zu Marken haben, sind die wertvollsten Verbraucher. Sie sind gewillt, mehr zu bezahlen, gehen mit der Marke durch dick und dünn und sprechen gut über die Marke bei ihren Freunden. Das Verständnis der Kunden-Marken-Beziehung ist der Schlüssel zur erfolgreichen Markenführung. Entscheidend für das Verständnis ist dabei das Verhältnis der Fans zur Marke. Warum lieben diese Leute unsere Marke? Die Antwort zeigt ein grosses Stück Wahrheit, was die Marke wirklich liefern kann. Sie zeigt auch die Rolle, welche unsere Marken im realen Leben dieser Leute spielen kann. Erfolgreiche Markenführung versucht, genau dieses Verständnis zu fördern, den Punkt, auf welcher die Beziehung zwischen Marke und Verbraucher basiert, zu erkennen und schliesslich eine starke Markenidee zu entwickeln, welche die Beziehung langfristig noch stärkt und zusätzliche Verbraucher anzieht.

Anders ist besser als besser

Anderssein hilft, den ruinösen Preiskampf zu umgehen. Betrachten wir dazu kurz, wie sich Konsumenten für oder gegen eine Marke entscheiden: Wenn eine Marke nicht relevant ist, wird der Kauf nicht einmal in Erwägung gezogen. Sind alle relevanten Marken gleichwertig, so wird der Preis über die Markenwahl entscheiden. Wenn der einzige Unterschied in der Qualität besteht, stellen die Konsumenten einen Preis-Leistungs-Vergleich an. Es ist immer noch eine Frage des Preises. Wenn eine Marke jedoch etwas anderes, Einzigartiges offeriert, bricht die Marke aus dem Preiskampf aus. Ein Konsument wird einen Mehrpreis bezahlen, wenn ihm die Marke etwas bietet, was sowohl anders als auch relevant ist. Wenn die Konsumenten genau das wollen, was die Marke bietet, so haben sie den festgelegten Preis zu bezahlen. Aus diesem Grund bringt eine relevante Differenzierung nicht nur für den Verbraucher mehr Befriedigung, sondern auch für den Markenartikler mehr Profit dank höheren Margen. Marken mit wenig Eigenständigkeit sind stärker in Preiskriege verwickelt oder durch Eigenmarken bedroht. Wer das Buch «Billiger» von Trendforscher David Bosshart gelesen hat, weiss, dass nur wenige gegen die anhaltend nach unten gehende Preisspirale bestehen können und der Druck der Walmartisierung noch zunehmen wird (vgl. Bosshart 2004). Die einzige Alternative zum Überleben ist die Differenzierung. Differenzierung ist der Lebenssaft einer Marke. Eine Marke muss kontinuierlich ihre Eigenständigkeit demonstrieren: Bei der Lancierung, in der Wachstumsphase und als etablierte Marke. Wenn eine etablierte Marke ihre Differenzierung verliert, kann das daran liegen, dass sie so stark expandiert ist, dass die Konsumenten nicht mehr erkennen, für was sie ursprünglich stand. Der wahrscheinlichere Fall ist jedoch ein Stillstand der Marke, der den

Mitbewerbern Gelegenheit gegeben hat, aufzuholen. Um stark zu bleiben, muss eine Marke führen, ihren Mitbewerbern voraus sein. Und das bedeutet für die meisten Marken ständige Innovation. Verblasst die Markendifferenzierung, so müssen Anstrengungen zur Stärkung der Markendifferenzierung von zwei Seiten erfolgen. Die Marke selbst braucht einerseits eine verstärkte Differenzierung, beispielsweise durch Einführung neuer innovativer Produkte, andererseits muss die Werbung die Eigenständigkeit verstärkt dramatisieren.

1.5.3 Wie können Marken an Differenzierung gewinnen?

Natürlich gibt es viele verschiedene Ansätze. Hier sollen vier davon erläutert werden. Ansätze, die in der Schweizer Praxis häufig anzutreffen sind.

Die erste Methode versucht, mit schockierender bzw. Tabu brechender Kommunikation die Aufmerksamkeit auf sich zu lenken und ihre Andersartigkeit zu demonstrieren. Ein Beispiel für diese kommunikative Schocktherapie war lange Zeit Benetton. Die Kommunikation von Benetton hat die Schweizer Bevölkerung durch ihre Werbung mit moralischen Grenzthemen wie «Aids-Jesus» oder «white-black-yellow-Herzen» schockiert. Oft werden solche Marken dann als eigenständig empfunden – ebenso oft verlieren diese Marken aber beim Publikum an Relevanz. Kommunikative Schocktherapie ist nur dann Erfolg versprechend, wenn der Tabubruch wirklich zur Marke passt und ein wesentlicher Teil des Markenversprechens verkörpert. Alles andere wirkt aufgesetzt und wird von den Konsumenten durchschaut.

Die zweite Methode versucht, die angestammte Marke über einen Umweg aufzufrischen – indem ein zeitgemässer Subbrand lanciert wird. Marken mit einer langen Tradition auf dem heimischen Markt gehen oft diesen Weg, weil sie annehmen, dass ihnen die Kraft fehlt, um die Hauptmarke zu vitalisieren.

Cardinal hat diesen Weg mit der erfolgreichen Lancierung von Cardinal Original Draft eingeschlagen. Innerhalb von nur drei Jahren wurde Cardinal Original Draft eine profilierte Marke mit eigenständiger Ausstrahlung, insbesondere bei innovativen und jüngeren Segmenten. Die Hauptmarke wurde in dieser Zeit praktisch nicht beworben. In einer zweiten Phase werden nun Cardinal und Cardinal Original Draft wieder stärker zusammengeführt. Kommunikationsauftritte nähern sich sukzessive an und sollen damit der Hauptmarke zu vermehrter Eigenständigkeit und Verjüngung verhelfen.

Die dritte Methode versucht, eine hohe Markendifferenzierung im Kopf des Konsumenten durch eine konstante Penetration der Werbebotschaft zu erkämpfen. Man könnte den Ansatz etwas salopp ausgedrückt auch «Klotzen kombiniert mit guten Produkten» nennen. Marken wie Always und Nivea gehen diesen Weg. P&G, Masterfoods und einige andere Unternehmen – insbesondere im Bereich Kosmetik – beweisen täglich, dass Marken-Differenzierung mit guten Produkten und einem dominierenden Werbedruck aufgebaut werden kann. Bleibt zu bemerken: Dieser Weg kostet viel. Für klassische Schweizer KMU ist dieser Weg schlicht nicht finanzierbar.

Die vierte Methode, um die Differenzierung einer Marke zu steigern, ist die verblüffende Kommunikation eines klaren Markenversprechens. Der Unterschied zum vorher genannten Ansatz liegt in der Pointiertheit der Botschaft und in der Verblüffung der Dramatisierung. An Stelle von viel Geld wird in eine klare Positionierungsbotschaft und eine überraschende Umsetzung investiert. Warum wird dieser Ansatz trotz Kosten- und Wirkungsvorteilen relativ selten angewandt? Oft fehlen die Voraussetzungen zur Umsetzung: Kreative und pointierte Markenmassnahmen lassen sich nur realisieren, wenn die Marke klar und pointiert positioniert ist. Leider fehlen oft der Wille und der Mut zur Positionierung.

Mut zur Positionierung

Warum wollen sich viele Unternehmen nicht mehr richtig positionieren? Ist es die Angst, auf Volumen verzichten zu müssen? Ist es die Angst, gewisse Marktsegmente auszugrenzen? Positionieren heisst,

Stellung beziehen, sagen, wofür man steht und wofür man nicht steht. Dies impliziert auch eine gewisse Ausgrenzung. Erfolgreiche Marken sind selten für alle da. Positionieren heisst eben auch Entscheidungen treffen. Und mit dem tun sich offenbar Topmanager heute schwerer als auch schon. Lieber versucht man, alles für alle zu machen und bleibt ohne klares Profil.

Es braucht Mut anzudeuten, dass man für die etwas besser Betuchten den Take-away und die Bar gebaut hat. Globus am Bellevue: Fastfood für die Goldküste.

Abbildung 2: Mut haben, sich für eine Zielgruppe zu entscheiden.

Ohne klare Positionierung lässt sich eine Marke langfristig nicht erfolgreich führen. Die klare Positionierung ist der erste Schritt zur erfolgreichen Markenführung. Hier ist es bedeutsam, dass Kontinuität und Konstanz dominieren. In der Frage: Welches Versprechen hilft am effizientesten, das gewünschte Verhalten der Zielgruppe zu erreichen? Kontinuität in der Positionierungsidee ist zwingend. Ein ständiger Wechsel ist für die Marke tödlich.

Es braucht Mut, als Lifestyle-Marke zur Aussage zu stehen, dass man nicht mit der Zeit geht. Carl F. Bucherer: Für Leute, die nicht mit der Zeit gehen.

Abbildung 3: Mut haben, sich gegen den Trend zu positionieren.

Die mutige und pointierte Positionierung ist die Voraussetzung für den langfristigen Markenerfolg. Sie gibt der Marke die Existenzberechtigung und verdeutlicht gegenüber dem Verbraucher, wofür die Marke steht. Von besonderem Stellenwert bei der Erarbeitung der Positionierung ist die Relevanz: Die Positionierungsidee muss stimmen. Das tut sie, wenn sie zur Marke passt. Wenn sie Sinn macht und für den Verbraucher relevant ist. Abheben ist wenig sinnvoll, Erfolg versprechend sind Versprechen nahe bei der Sache. Lieber einfach bleiben, als komplizierte technische Details erörtern wollen, die niemanden interessieren. Lieber auf dem Produkt bleiben, als Allerweltsversprechen machen, die nicht aufgenommen oder geglaubt werden.

Es braucht Mut, sich im von trendigen Multis bedrängten Getränkemarkt zur Schweiz zu bekennen und sich der Mittel von Humor und Ironie zu bedienen: Feldschlösschen. Eine grosse Errungenschaft von einem kleinen Land mit einem grossen Bier.

Abbildung 4: Mut haben, sich zur Schweiz zu bekennen.

Mut zur konsequenten Umsetzung

Der zweite Schritt ist, diese Positionierung auch konsequent umzusetzen. Hier ist Überraschung gefordert. Überraschung in der Dramatisierungsidee. In der Frage: Wie kann dieses Versprechen verblüffend dramatisiert werden, sodass die Zielgruppe die Botschaft gerne aufnimmt? In Zukunft wird es immer wichtiger, wie man etwas sagt. Oft etwas, was man schon längst kennt, so zu sagen, wie man es noch nie gehört hat. Auf intelligente, emotionale, humorvolle Art. Oder jedenfalls so, dass die Zielpersonen die Botschaft gerne aufnehmen.

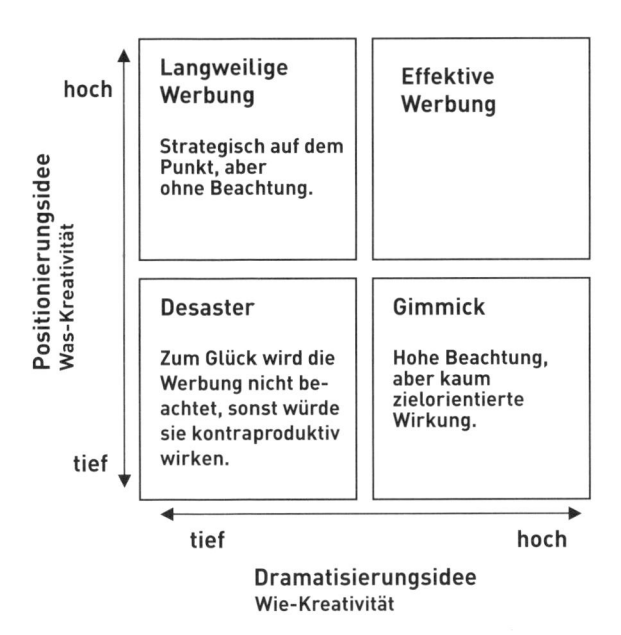

```
                    Langweilige              Effektive
         hoch       Werbung                  Werbung

                    Strategisch auf dem
                    Punkt, aber
  :ω                ohne Beachtung.
  :ω
  ·-  :(Ο
  (/)  ....
  O)l+-l
  C  >
  ::J  ..... I--------------+-------------1
  ·1:  ~
  Q)  Q)
  ·c  "---
  O  :.::
  :t: Vl
  Vl  ru         Desaster                Gimmick
  o  ~
  0..
                  Zum Glück wird die      Hohe Beachtung,
                  Werbung nicht be-       aber kaum
                  achtet, sonst würde     zielorientierte
         tief     sie kontraproduktiv     Wirkung.
                  wirken.

                 ◄─────────────────────────────►
                    tief                    hoch
                    Dramatisierungsidee
                    Wie-Kreativität
```

Zwei kreative Herausforderungen: Die erste liegt im Finden eines relevanten Verbrauchernutzens. Dabei geht es um den Inhalt, um das Was. Die zweite Herausforderung besteht in der Art und Weise, wie dies verblüffend dramatisiert wird, also im Wie. Bei beiden ist Kreativität gefordert. Beide müssen helfen, Unterschiede zu schaffen.

Abbildung 5: Effektive Kommunikation braucht zwei kreative Sprünge.
Quelle: Felser 1994, S. 48–50

Es geht darum, die Werbung attraktiv zu gestalten. Die unterhaltende Seite der Werbung basiert dabei sehr wohl auf einem ökonomischen Kalkül: Attraktive Werbung hilft den Werbefranken zu verlängern und ist als Alternative zu den rein quantitativen kontaktorientierten Mediadaten zu sehen. Neben den quantitativen Kennzahlen wie GRPs und OTCs, die primär messen, ob Werbemittel aufgrund des Werbedrucks gesehen werden könnten, müssen wir auch qualitative Dimensionen berücksichtigen, die zeigen, ob man die Werbemittel gerne sieht und auch künftig wieder sehen möchte. Michael Conrad, langjähriger Kreativ-Chef von Leo Burnett, forderte die Aufnahme eines so genannten «Want to see again»-Faktors (WTSA). Wenn der WTSA-Faktor hoch ist, so zahlt sich dies weit stärker aus als ein paar Gross Rating Points mehr im Mediaplan.

Markenevaluation

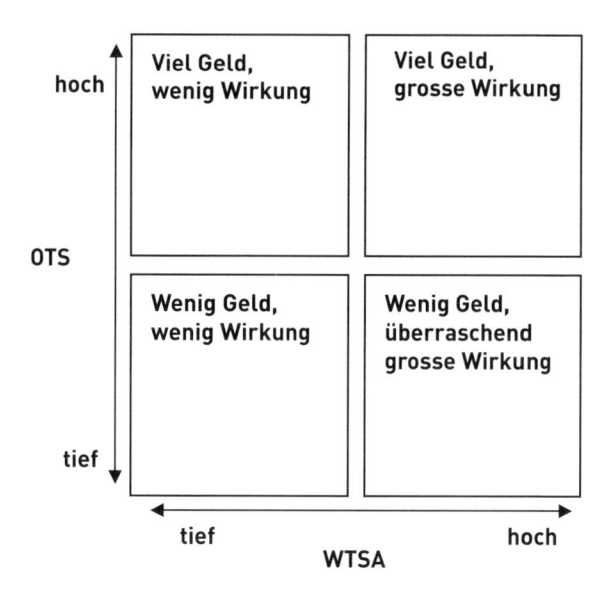

```
         ┌─────────────────┬─────────────────┐
    hoch │ Viel Geld,      │ Viel Geld,      │
         │ wenig Wirkung   │ grosse Wirkung  │
         │                 │                 │
   OTS   ├─────────────────┼─────────────────┤
         │ Wenig Geld,     │ Wenig Geld,     │
         │ wenig Wirkung   │ überraschend    │
         │                 │ grosse Wirkung  │
    tief └─────────────────┴─────────────────┘
            tief                    hoch
                    WTSA
```

Wenn der Betrachter die Werbung gerne sieht und auch gerne wieder sehen möchte – der «Want to see again»-Faktor hoch ist –, erhöht dies die Werbewirkung beachtlich. Insbesondere bei bescheidenem Budet, wenn also die erkauften OTS-Werte (Opportunity to see) gering sind, lässt sich der Werbefranken mit geistreicher Werbung verlängern.

Abbildung 6: Attraktive Werbung verlängert den Werbefranken.

Gefordert ist somit eine Umsetzung, die auf dem Punkt ist – sprich die Positionierung zielgerichtet dramatisiert – und gefällt – sprich die Zielpersonen immer wieder gerne sehen.

Kommunikation, die bei der Zielgruppe geliebt wird und auf dem Punkt ist, darf oder muss sogar auch einmal Kopfschütteln bei anderen hervorrufen. Letztlich ist gute Werbung auch Werbung, die provoziert, polarisiert und zu Diskussionen anregt. Und dies braucht bekanntlich wiederum Mut.

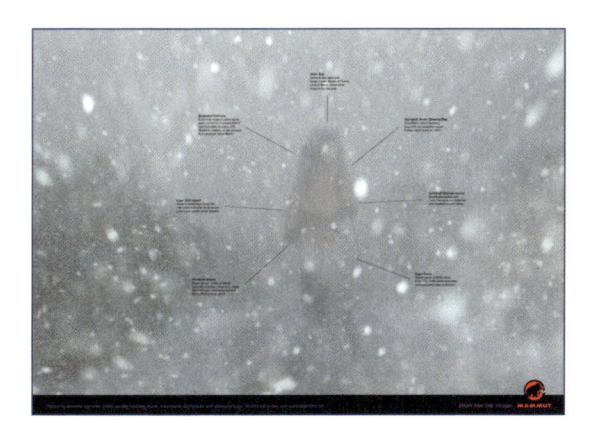

Es braucht Mut, das Produkt auf einer Doppelseite nicht zu zeigen. Besonders wenn es neu ist. Und besonders wenn es alle andern in der Branche tun. Mammut: Stuff for the tough.

Abbildung 7: Mut haben, statt austauschbaren Produkten eine eigenständige Haltung zu kommunizieren.

Es braucht Mut, sich nicht in den Details zu verlieren und in einer einfachen Bildsprache eine Idee ins Zentrum zu stellen. Flims-Laax-Falera: 250 km Wanderwege und 70 Restaurants zum Auftanken.

Abbildung 9: Mut haben, alles wegzulassen, was es nicht braucht.

1.5.4 Werden Markentools an Bedeutung gewinnen?

Auch wenn die Entwicklung valider Markenbewertungsmodelle Fortschritte erzielen wird und es in Zukunft zuverlässigere Methoden zur Bestimmung des Markenwertes geben wird, bleibt eines gewiss: Marketing und Markenführung werden nie eine mechanistische Unternehmensfunktion mit klarer Ursache-Wirkungs-Funktion sein. Markenführung hat viel mit Konsumentenverständnis zu tun, mit dem Verständnis von Beziehungen zwischen Menschen und zwischen Marken und Menschen. Werthaltungen der Menschen verändern sich. Die Menschen verhalten sich je nach Situation unterschiedlich. Das macht die Situation zweifellos komplex. Muss die Markenführung deshalb wissenschaftlicher werden? Brauchen wir vermehrt akademische Bewertungs- und Führungsinstrumente? Kaum. Was wir brauchen, ist vermehrt gesunder Menschenverstand. Und die Erkenntnis, dass vieles, was kaum messbar ist, extreme Bedeutung in unserem Leben geniesst. «Only what gets measured is managed and done», heisst ein geflügeltes Wort im Management. Wer diesem Motto zu stark nachlebt, wird kaum Marken zum Durchbruch verhelfen. Messungen verdrängen oft andere Argumente, verkürzen den Zeithorizont und zersplittern Unternehmen in gefährliche Partikularinteressen (vgl. Belz 2004, S. 60-63). Jede Einheit und jeder Produktverantwortliche befasst sich primär mit den eigenen Erfolgsvariabeln. Der Blick auf das Ganze – sprich die langfristige Markenführung – wird dadurch nicht gefördert. Zudem fördert die Messung zyklisches Vorgehen: Gefordert wird eine Annäherung an den Benchmark – man misst sich mit den anderen in der Branche. Antizyklisches Verhalten, ein bewusstes Schwimmen gegen den Strom wird dadurch in der Unternehmung erschwert. Dabei wissen es alle: Differenzierung ist der Lebenssaft einer Marke.

Eine Marke aufzubauen und differenziert in der Psyche von Konsumenten zu verankern, wird und muss immer auch ein kreativer Akt sein (vgl. Meurer/Panella 2004, S. 13-17). Nach Jahren der klassischen Optimierungs- und Effizienzgedanken à la McKinsey taucht nun vermehrt die Frage auf: Wie können Unternehmen die Durchschlagskraft ihrer Markenkommunikation durch ein Mehr an Kreativität erhöhen? (vgl. Felser 2001, S. 19-21).

Unabhängig von den methodischen Problemen hat die Diskussion um Markenbewertungsmodelle und Markenführungsinstrumente für die Kommunikationsbranche mindestens zwei positive Konsequenzen: Zum einen zeigt es den Führungskräften, welch wertvolles Kapital sie managen. Beträge in Milliardenhöhe machen Eindruck. Die Entwicklung des Markenwertes über Jahre hinweg zeigt, dass mit guter Markenführung substanzieller Mehrwert für die Unternehmung geschaffen werden kann. Dadurch wird Kommunikation zunehmend als Investition verstanden. Zum anderen verdeutlichen die hohen Geldbeträge, dass das Topmanagement für die strategische Markenführung und damit auch für die Kommunikation die Verantwortung tragen muss. Die Markenwert-Diskussion verleiht der Forderung «Kommunikation ist Chefsache» auf eine sympathische Art Nachdruck.

Markenführung hat viel mit gesundem Menschenverstand zu tun
Die Voraussetzung für den dauerhaften und wirkungsvollen Einsatz von Markenführungsmodellen liegt in der präzisen Definition der angestrebten Positionierung. Nur wer weiss, wie er sich von seinen Mitbewerbern in der Wahrnehmung der Konsumenten absetzen will, kann überhaupt Markenführungsinstrumente einsetzen. Und da steht es bei vielen Marken nicht zum Besten. Anstatt ausgeklügelten Instrumenten nachzurennen, wären viele Unternehmen gut beraten, die Voraussetzung erfolgreicher Markenführung zu legen, indem eine klare Markenpositionierung definiert und vorgelebt wird.

Die operative Markenführung hat viel mit gesundem Menschenverstand zu tun. Allzu oft verdrängen Brand Manager den vorhandenen Menschenverstand und ersetzen ihn durch angelerntes Halbwissen. Dabei verlernen sie – volkstümlich ausgedrückt –, «Bullshit» zu erkennen. Martin Spillmann, Werber des Jahres 2004, erwähnte bereits Anfang der 90er-Jahre, dass jeder von uns einen Bullshit-Detektor besitze und er von Tag zu Tag mehr sensibilisiert werde, weil wir immer wieder mit den gleichen, nichts sagenden Botschaften eingeschläfert werden, die auf nichts sagenden Strategien beruhen (vgl. Spillmann

1995, S. 16–18). Der Bullshit-Detektor lässt sich als Warn- und Wahrnehmungsystem verstehen, um zwischen effizienten Massnahmen und eben Bullshit-Massnahmen zu unterscheiden. Der Bullshit-Detektor reagiert bei abgehobenen und nichts sagenden Positionierungsgedanken. Er hilft aber auch bei der Beurteilung einzelner Massnahmen, zum Beispiel von Werbekampagnen.

Allergisch reagiert der Bullshit-Detektor zum Beispiel auf Werbung, die auf reine Effekthascherei aus ist und der eine Werbeidee fehlt, die den Konsumentennutzen dramatisiert. Ein leider oft gesehenes Beispiel: Kampagnen mit Prominenten, die Werbung für ein Produkt machen, das überhaupt nicht zu ihnen passt – erwähnt sei hier Martina Hingis für V-Zug-Waschmaschinen. Überflogen und kaum mehr zur Kenntnis genommen werden auch Kampagnen, die mit plumpen Analogien arbeiten: Treu wie der Sennenhund, sicher wie ein Karabinerhaken, schlau wie der Fuchs usw. Symbole, welche für jedes Produkt verwendet werden können und schon zu Genüge wurden.

Das beste Training für den Bullshit-Detektor sind Kampagnen, die ihn mittels Anbiederung zu unterlaufen versuchen: Alle die «Wir verstehen dich»-Geschichten, bei denen jeder merkt: Die verstehen überhaupt nichts. Alle Versuche, der potenziellen Zielgruppe einen Spiegel hinzuhalten, in dem sie sich wieder erkennen sollen.

Ein einfaches Rezept, das bei allen Zielgruppen immer funktionieren wird, besteht darin, sie als Menschen zu betrachten und als solche anzusprechen: Ausgerüstet mit einem gesunden Menschenverstand und einem gewissen Sinn für Humor. Versuchen Sie es mal. Manchmal ist ein einfacher Bullshit-Detektor zweckmässiger als ein kompliziertes Markenbewertungsmodell.

Marken-Bullshit-Detektor©

1. Wissen wir, was unsere Marke begehrenswert macht?

Ja ❐   Nein ❐

Wenn wir als Markenverantwortliche es nicht wissen, wird eine zielorientierte und effiziente Markenführung zufällig. Angestrebt wird ein gemeinsames Verständnis aller Beteiligten – intern und extern. Und ein schriftliches Festhalten der Eckwerte. Oft liegt in der Gründerzeit die interessanteste Idee, die unserer Marke zum Ruhm verholfen hat und welche in den letzten Jahren in Vergessenheit geraten ist.

2. Wissen wir, warum unsere Fans unsere Marke lieben?

Ja ❐   Nein ❐

Wenn wir die Beziehung der Fans zu unserer Marke verstehen, verstehen wir den Kern unserer Marke und somit die Existenzberechtigung. Einer der Hauptaufgaben der Markenführung ist es, potenzielle und gelegentliche Verwender zu besonders treuen und innigen Verwendern zu machen.

3. Gibt die Marke überhaupt ein Versprechen ab?

Ja ❐   Nein ❐

Wenn sie kein Versprechen abgibt, so braucht es die Marke nicht. Wir können uns die Investitionen der Markenführung sparen und die Angebotsleistung unmarkiert anbieten. Die Botschaft muss nicht rational sein, sie muss nicht einmal explizit sein. Aber der Betrachter muss sie wahrnehmen und spüren.

4. Ist das Versprechen relevant?

Ja ❐   Nein ❐

Wenn das Versprechen nicht auf einem relevanten Bedürfnis basiert, wird es die Zielgruppe nicht zum gewünschten Verhalten motivieren. Relevanz ist zwingend für die Anziehungskraft einer Marke. Relevanz kann intern und extern durchaus unterschiedlich interpretiert werden. Gefragt ist nicht die Herstellerdenke, sondern die Konsumentensicht.

5. Treffen wir mit dieser Botschaft einige Leute mitten ins Herz?

Ja ❐   Nein ❐

Wenn sie einige nicht 100 Prozent trifft, sondern alle nur ein bisschen, wird die Botschaft nicht die volle Durchschlagskraft entwickeln. Die Marke kann es nicht allen Recht machen. Einige werden uns nicht mögen. Andere genau deswegen sehr.

6. Ist das Markenversprechen stimmig?

Ja ❐   Nein ❐

Wenn das Markenversprechen nicht stimmt, werden es die Leute merken. Der Kerngedanke muss einen engen Bezug zu unserer Marktleistung haben und zur Marke passen. Lieber zu einfach als zu kompliziert. Nahe bei der Sache bleiben und keine Allerweltsversprechen abgeben, die sowieso niemand glaubt.

7. Grenzen wir uns klar gegenüber der Konkurrenz ab?

Ja ❐   Nein ❐

Wenn wir das Gleiche sagen wie unsere Konkurrenten, so hilft uns dies in gesättigten Märkten nicht weiter. Und nur ein bisschen besser oder günstiger sein, genügt nicht. Auf die Dauer hat unsere Marke nur eine Existenzberechtigung, wenn wir uns tagtäglich differenzieren.

8. Ist das Markenversprechen prägnant?

Ja ❒ Nein ❒

Wenn wir die Positionierung noch zuspitzen können, so sollten wir dies tun. Es macht die Sache verständlicher, zeigt, worum es bei unserer Marke geht. Dies hilft intern und extern. Das Markenversprechen muss sich auf einen einzigen Gedanken reduzieren. Eine Verzettelung in dieser Phase verunmöglicht später eine präzise und überraschende Umsetzung.

9. Hat das Markenversprechen Atem?

Ja ❒ Nein ❒

Wenn wir unsere Marke jedes Jahr neu erfinden, so machen wir einiges falsch. Wir sollten auf bestehenden Stärken aufbauen und im Markenversprechen eine hohe Kontinuität anstreben. Wer jedes Jahr seine Positionierung wechselt, gewinnt das Vertrauen nicht.

10. Wissen wir, warum wir die einzelnen Instrumente im Massnahmenmix einsetzen?

Ja ❒ Nein ❒

Wenn wir keine spezifische Aufgabe formulieren können, so verzichten wir besser auf einzelne Instrumente. Irgendein belangloses Marketing- oder Werbeziel im Sinne von Marke auffrischen, Bekanntheit steigern oder Marktanteil gewinnen, genügt nicht. Die Frage ist, welchen Beitrag ein Instrument wie beispielsweise Werbung oder PR tatsächlich bringen soll.

Wer diese zehn Fragen nicht mit Ja beantworten kann, sollte mit dem Briefing der Umsetzungsmassnahmen noch warten. Voraussetzung für eine effiziente und effektive Markenführung ist eine klare und pointierte Positionierung. Oft lohnt es sich, bereits in dieser Phase die Zusammenarbeit mit einer kreativen Werbeagentur zu suchen.

Werbe-Bullshit-Detektor©

1. Verstärkt die Werbung die Differenzierung unserer Marke?

Ja ❏   Nein ❏

Wenn die Werbung die Differenzierung der Marke nicht unterstreicht, stärkt sie die Marke nicht. Dies gilt auch für kurzfristige und taktische Massnahmen. Auch ein Promotionsinserat muss helfen, die Markenpersönlichkeit zu stärken.

2. Ist eine überraschende Idee vorhanden?

Ja ❏   Nein ❏

Wenn keine Idee vorhanden ist, wird unsere Werbebotschaft nicht haften bleiben. Konsumenten erinnern sich nicht an Strategien, sondern an Ideen.

3. Dramatisiert die Idee unser Markenversprechen?

Ja ❏   Nein ❏

Wenn die Idee nicht einen relevanten Verbrauchernutzen dramatisiert, wird sie keinen entscheidenden Kaufgrund liefern. Gefordert wird die perfekte Kombination von herausragender

Kreativität und Konsumentenrelevanz. Verbrauchernutzen sind bei austauschbaren Angeboten immer häufiger auf der emotionalen und psychologischen Ebene zu suchen: Just do it.

4. Fällt die Werbung überhaupt auf?

Ja ❒   Nein ❒

Wenn sich die Werbung im realen Umfeld nicht die Aufmerksamkeit erkämpfen kann, ist die Voraussetzung für einen Werbeerfolg nicht gegeben. Die Werbung verpufft. Im realen Umfeld kämpfen wir nicht nur gegen die Branchenkonkurrenz, sondern stehen gegen sämtliche Werbetreibende im Konkurrenzkampf um die Aufmerksamkeit.

5. Kann die Werbung etwas auslösen?

Ja ❒   Nein ❒

Wenn die Werbung nur auf x-mal da gewesene Clichés aufspringt, wird sie weder im Kopf noch im Verhalten etwas bewegen. Austauschbare und langweile Werbung auf ausgetretenen Pfaden lässt das Publikum kalt oder – nur leicht schlimmer – verärgert es sogar.

6. Glaubt irgendjemand dieser Werbung?

Ja ❒   Nein ❒

Wenn die Werbung aufgesetzt wirkt, wird es uns nicht gelingen, mit der Botschaft in Erinnerung zu bleiben. Der Glaubwürdigkeit von Markenversprechen kommt dabei zentrale Bedeutung zu. Bei der Umsetzung sind die Konsumenten heute sehr fortgeschritten: Sie können mit werberischen Übertreibungen gut umgehen.

7. Ist der TV-Spot, die Anzeige, das Plakat frei von irgendwelchen Nebenbotschaften, die niemanden interessieren?

Ja ❏ Nein ❏

Wenn der Betrachter sich erinnern können soll, so müssen wir uns auf eine Botschaft konzentrieren. Alle Ablenkungen von der zentralen Botschaft, alle Verwässerungen sind strikte zu vermeiden. Gefordert ist die stärkste aller möglichen Ausführungsvarianten.

---

8. Haben wir die Kundensicht stärker gewichtet als die interne Sicht?

Ja ❏ Nein ❏

Wenn die Werbung primär gegen innen gerichtet ist, müssen wir uns nicht wundern, wenn sich die externen Kunden weniger angesprochen fühlen. Oft interessieren die internen Kriterien und die verankerten Richtlinien, welche in vielen Branchen existieren, die Konsumenten im realen Umfeld wenig.

---

9. Möchte ich den TV-Spot, die Anzeige, das Plakat nochmal sehen?

Ja ❏ Nein ❏

Der Werbung setzt sich der Konsument mehrheitlich freiwillig aus. Er geht nur darauf ein, wenn die Werbung intelligent, aufregend schön und witzig daherkommt. Unterhaltsame Werbung zu kreieren, genügt allerdings nicht. Nicht Unterhaltung per se ist gefragt, sondern Unterhaltung, die eine Verbindung zur Marke herstellt.

> 10. Wird der Betrachter als Mensch angesprochen und ernst genommen?
>
> Ja ❐ Nein ❐
>
> Wenn wir uns bewusst sind, dass wir mit Menschen kommunizieren und nicht mit einer marketingtechnischen Zielgruppenbeschreibung, sollten wir auch vermehrt den gesunden Menschenverstand einsetzen. Und uns als Mensch fragen: Finden wir diese Werbung gut?

Wer diese zehn Fragen nicht mit Ja beantworten kann, hat noch nicht die optimale Werbung gefunden. Voraussetzung für eine effektvolle Kommunikation ist erstens das Finden eines relevanten Verbrauchernutzens, welcher die Markenpersönlichkeit unterstreicht und gegenüber der Konkurrenz differenziert. Und zweitens das Finden einer Idee, welche diesen Verbrauchernutzen auf eine verblüffende Art dramatisiert. Oft lohnt es sich, nach beiden explizit zu fragen.

Konklusion der Herausgeber

Der Beitrag «Markenevaluation: Was zeichnet wertvolle Marken aus?» zeigt auf, dass die Bewertung von Marken durch eine hohe Komplexität gezeichnet ist und bisher kein allgemein anerkannter Ansatz zur Ermittlung von Markenwerten in Theorie und Praxis existiert.

Trotz einer Vielzahl existierender Ansätze zur Messung der Markenwerte besteht in der Anwendung von Markenbewertungsverfahren starke Zurückhaltung. Dies ist unter anderem darin begründet, dass keine hinreichende Transparenz zur Bewertung der Verfahren vorliegt, Verfahren nicht zweckmässig im Unternehmen eingesetzt werden können und sich nur auf Einzelbereiche der Markenevaluation fokussieren und damit die Komplexität und die Vielschichtigkeit der Marken oft nicht erfassen. Jedes der bisher entwickelten Bewertungsverfahren basiert auf verschiedenen Berechnungsmodellen, welche auf einem unterschiedlichen Markenverständnis beruhen. Dennoch zeigen empirische Untersuchungen, dass eine Vielzahl von Praktikern die Markenbewertung als besonders bedeutsam ansieht. In der Praxis herrschen dennoch eklatante Defizite bei der Kontrolle von Markenwirkungen.

Erste brauchbare Hinweise und Tendenzaussagen über eine erfolgreiche Markenkommunikation und Werbung geben die von Felser aufgezeigten Detektoren. Die Detektoren können als leicht in der Praxis anwendbare Checklisten eingesetzt werden.

Der Ausdruck von Stewart «The assets that really count are the ones accounts can't count» weist symbolisch auf die Defizite bestehender Systeme hin und zeigt weiteren Forschungsbedarf im Bereich der Markenevaluation auf.

Prof. Dr. Torsten Tomczak, Tim Oliver Brexendorf

Literatur

Aaker, D.A. (1991): Managing Brand Equity, New York

Belz, Ch. (2004): Gefahren der «Marketing-Metrics», in: Thexis, Nr. 3, S. 60–63

Bonfils, R./Muhr, P. (2003): Zusammenzug der Ergebnisse aus einer Onlinebefragung, in: Baumann, P./Casanova, M. (2003): Ansätze zur Bildung eines Markenführungs- und -bewertungsmodells, HSW Bern, 2003, S. 25–45

Bosshart, D. (2004): Billig: Wie die Lust am Discount Wirtschaft und Gesellschaft verändert, Frankfurt/Wien

Casanova, M./Baumann, P. (2004): Wie man Marken richtig bewertet, in: persönlich, Juni 2004, S. 78–80

Felser, P. (1994): Effektive Werbung braucht zwei Sprünge – strategische Planung in der Schweiz, in: Verkauf & Marketing, Nr. 3, S. 48–50

Felser, P. (2001): Der Nachweis: Ausgezeichnete Werbung bewegt mehr, in: ADC Schweiz (Hrsg.): Je kreativer, desto effektiver? Werbung als Mehr- oder Minderwert von Marken, Zürich 2001, S. 19–21

Meister, M./Zimmermann, C. (2003): Sind die aktuellen Markenbewertungsmodelle brauchbar, in: Baumann, P./Casanova, M (Hrsg.): Ansätze zur Bildung eines Markenführungs- und -bewertungsmodells, HSW Bern, S. 10–23

Meurer, J./Panella, A. (2004): Marketing und Creative Excellence – mehr Durchschlagskraft und Kreativität für die Marketingkommunikation; in: Thexis, Nr. 3, S. 13–17

PricewaterhouseCoopers/Sattler H. (1999): Industriestudie: Praxis von Markenbewertung und Markenmanagement in deutschen Unternehmen, Frankfurt am Main

Spillmann, M. (1995): Werbung für Fin de Siècle: Der Bullshit-Detektor im Einsatz, in: Jahrbuch Marketing 1995, S. 16–18

O.V. (2004): The 100 Top Brands in: BusinessWeek, August 2nd, 2004, S. 68–71

Zum ABC einer erfolgreichen Marke gehört das ®

1.6.1 Einleitung

Die Bedeutung von Marken als Profilierungsmerkmal für Waren und Dienstleistungen ist unbestritten. Wie gross der Stellenwert in den letzten 30 Jahren geworden ist, veranschaulicht ein kurzer Blick in die Statistik des Schweizer Markenregisters: Im Jahr 1880 wurde in der Schweiz die erste Marke registriert. Bis die 250 000ste Marke eingetragen werden konnte, dauerte es 93 Jahre – für die nächste Viertelmillion aber nur noch 29 Jahre. Im Sommer 2002 erhielt die Marke «2 x Weihnachten» als 500 000ste Marke einen Schutztitel und war damit eines von mehr als 11 000 Zeichen, die jährlich registriert werden.

Diese Entwicklung ist auch ein Hinweis, dass sich der Schutz von Marken bei vielen Unternehmern als integraler Bestandteil einer Markenstrategie etablieren konnte. Das ist nicht zuletzt darauf zurückzuführen, weil die Registrierung selbst auf internationaler Ebene relativ einfach ist und die Schutzgebühren im Vergleich zu den Gesamtkosten für den Aufbau und die Pflege einer Marke kaum ins Gewicht fallen.

Es liegt in der Natur der Sache, dass gerade Marken, zumal erfolgreiche, nur zu gerne kopiert und ausgebeutet werden. Der geschätzte Schaden, der weltweit jährlich durch Missbrauch von Geistigem Eigentum entsteht, geht Schätzungen zufolge in die Milliarden. Um nicht selber zum Opfer von Piraten und Trittbrettfahrern zu werden, ist es von fundamentaler Bedeutung, sich mit einer Marke auch aus

Eidgenössisches Institut für Geistiges Eigentum, Bern

juristischer Sicht zu befassen. Der Beizug eines Markenrechtsspezialisten und die frühzeitige Hinterlegung einer Marke gehören denn auch zu den beiden ersten Grundsätzen, die von den meisten (angehenden) Markeninhabern befolgt werden sollten.

1.6.2 Wirkung und Grenzen von Schutzrechten

Hinter einer Marke stehen oft Produkte, die ihrerseits unter gewissen Umständen ebenfalls einen immaterialgüterrechtlichen Schutz (Patent- oder Designschutz) in Anspruch nehmen können. Bevor ausführlich auf den Markenschutz eingegangen wird, seien an dieser Stelle einige grundlegende Erläuterungen zum Schutzrechtssystem als Ganzes gemacht. Die zentralen Funktionen des so genannten Geistigen Eigentums sind:

1. Schutzrechte geben den Inhabern das Recht, Dritte – in der Regel Konkurrenten – von der wirtschaftlichen Nutzung der Güter auszuschliessen, an denen ein Recht besteht. Dazu gehören insbesondere das Herstellen, Verwenden, Verkaufen, in Verkehr bringen (auch Schenken!) und Bewerben von geschützten Produkten. Erworbene Schutzrechte können durch den Inhaber wie andere Handelsgüter verkauft, vermietet (Lizenzen), verpfändet oder vererbt werden.

2. Schutztitel bilden eine wichtige Basis für die professionelle Vermarktung einer Ware oder einer Dienstleistung und fördern deren Renommee. Dies nicht zuletzt deshalb, weil im Zusammenhang mit der Einführung eines Produktes auf dem Markt oft riesige Summen investiert werden.

3. Geistiges Eigentum ist als Informationsquelle für Unternehmer, Forscher, Entwickler und Kreative von grosser Bedeutung. Weil quasi als «Gegenleistung» für das erhaltene Schutzrecht die betreffenden Informationen veröffentlicht werden, sammelt sich in den Schutzrechtsregistern eine Fülle aktueller Daten, die allen offen stehen und zu Recherchezwecken genutzt werden können (siehe auch «Am Anfang steht die Recherche»).

Erteilte Schutzrechte sind verschiedenen Einschränkungen unterworfen:

1. Schutzrechte sind für ein bestimmtes Land gültig (Territorialitätsprinzip): Eine Schweizer Marke gilt also nur innerhalb der Schweiz. Soll diese auch in anderen Ländern geschützt sein, muss sie dort ebenfalls registriert werden. Ausserhalb des Schutzgebietes können Dritte grundsätzlich ungeschoren auf ein Immaterialgut zugreifen. Auch die internationalen Anmeldeverfahren ergeben schliesslich rein nationale, autonome Schutzrechte.

2. Der Schutzumfang der Marke ist auf gleichartige Waren und Dienstleistungen beschränkt (Spezialitätsprinzip). Deshalb ist basierend auf international gültige Waren- und Dienstleistungsklassen der Schutzumfang genau zu definieren. Eine Ausnahme von dieser Regel können so genannt berühmte Marken darstellen (siehe «Die Marke als Sonderfall» auf Seite 165).

Übrigens: Wo das Immaterialgüterrecht an seine Grenzen stösst, steht gegebenenfalls das Bundesgesetz gegen den unlauteren Wettbewerb (UWG) zur Seite. So können insbesondere Nachahmungen von einprägsamen, unverkennbaren Ausstattungen eines Produktes durch Konkurrenten gemäss UWG verboten werden, wenn Verwechslungsgefahr besteht.

1.6.3 Schutzrechtsstrategien

Wer Waren und Dienstleistungen optimal schützen will, muss eine Schutzrechtsstrategie definieren. In diesem Zusammenhang haben sich Unternehmer einige zentrale Fragen zu beantworten:

- Was ist zu schützen? Marke, Erfindung oder Design? Oder unter gewissen Voraussetzungen alles gleichzeitig?
- Definition der Schutzbereiche: z. B. für welche Waren oder Dienstleistungen soll eine Marke registriert werden?

- In welchen Ländern soll der Schutz vorhanden sein? Dies ist abhängig von verschiedenen Faktoren wie beispielsweise den Distributionskanälen, den Vertretern vor Ort oder der Bereitschaft, sein Recht in einem bestimmten Land durchzusetzen.
- Ist ein Schutz überhaupt notwendig? Droht der Missbrauch des vorhandenen Geistigen Eigentums bzw. ist ein Missbrauch mit grossem unternehmerischem Schaden verbunden?
- Defensive oder offensive Strategie? Soll aufgebautes Know-how verheimlicht oder patentiert und damit veröffentlicht werden?

Der Aufbau einer wirksamen Schutzrechtsstrategie setzt bald einmal fundierte Kenntnisse über das Zusammenspiel der verschiedenen gewerblichen Schutzrechte voraus. Der Beizug eines Spezialisten, z. B. eines Marken- oder Patentanwalts, lohnt sich.

1.6.4 Am Anfang steht die Markenrecherche

Das Markenregister ist eine enorm grosse Informationsquelle, deren Inhalte zu fundierten Entscheidungsgrundlagen für Rechts- und Marketingverantwortliche aufbereitet werden können. So lässt sich beispielsweise mit einer Markenrecherche abklären, ob ältere Markenrechte bestehen, mit denen ein Konflikt entstehen könnte. In der Schweiz wird dies anlässlich des Prüfungsverfahrens nicht kontrolliert. Recherchen zu Marken in einem bestimmten Waren- oder Dienstleistungsumfeld können in der Kreationsphase Impulse geben und helfen, Leerläufe und Doppelentwicklungen zu vermeiden. Und Recherchen lassen sich optimal als Überwachungsinstrument, zur Analyse der Konkurrenz oder einer bestimmten Branche und zur Trenderkennung einsetzen.

Weitere Auskünfte über die Möglichkeiten professioneller Recherchen sind bei jedem Markenanwalt erhältlich oder können in der Schweiz auch direkt beim Eidgenössischen Institut für Geistiges Eigentum angefordert werden: www.ige.ch (ip-search).

Fünf gute Gründe, warum eine Marke geschützt werden sollte

- Eine Marke ist wertvolles Kapital, für deren Aufbau und Pflege oft viel Geld und Zeit eingesetzt wird.
- Einer Marke sollte niemand durch Nachahmung zu nahe kommen: Mit ihr wirbt der Inhaber für seine Produkte und Dienstleistungen und grenzt sich auf dem Markt von seinen Konkurrenten ab.
- Wer seine Marke zuerst registriert, ist rechtlich am längeren Hebel. Lässt nämlich ein Konkurrent die gleiche Marke zuerst registrieren, kann er die Geschäftstätigkeit eines Mitbewerbers massiv einschränken oder gar verunmöglichen.
- Der Inhaber einer registrierten Marke kann diese in Lizenz vergeben, verpfänden oder verkaufen.
- Registrieren ist einfach und im Verhältnis zu den Gesamtinvestitionen preiswert.

Fünf gute Gründe, warum sich professionelle Markenrecherchen lohnen

- Vor der Registration sollte abgeklärt werden, ob mit einer bestimmten Marke nicht das Recht einer älteren geschützten Marke verletzt wird (dies wird anlässlich einer Hinterlegung nicht geprüft).
- In der Kreationsphase dient die Recherche als Inspirationsquelle und hilft Leerläufe (z.B. Doppelentwicklungen) vermeiden.
- Mit einer Recherche lässt sich ein aussagekräftiger Überblick über das Umfeld einer bestimmten Marke aufzeigen.
- Als Überwachungsinstrument liefern Recherchen wichtige Hinweise über Marktentwicklungen, das Konkurrenzverhalten und allfällige Verletzungen einer hinterlegten Marke.
- Seriöse Recherchenanbieter verfügen über erfahrenes Fachpersonal, setzen optimal gepflegte Datenbanken und spezialisierte Software ein und gewährleisten somit eine hohe Qualität der Recherchenergebnisse.

1.6.5 Die Systematik der Marken

Das Markenschutzgesetz geht von einem offenen Markenbegriff aus. Grundsätzlich können alle grafisch darstellbaren Zeichen Marken im Sinn des Gesetzes sein, sofern sie der Unterscheidung der eigenen Waren oder Dienstleistungen von denjenigen der Konkurrenz dienen. Man unterscheidet verschiedene Markenformen und Markenarten.

Die gängigste Markenform ist die *zweidimensionale*: Unterschieden wird zwischen:
- *Wortmarken* (z.B. «Ricola», Buchstabenkombinationen wie «ABB», Zahlenkombinationen wie «501» oder Slogans wie «Red Bull verleiht Flüüügel»).
- *Bildmarken* (rein bildliche Elemente ohne jeglichen Wortbestandteil, z.B. Bio-Suisse-Knospe). Bei einer Bildmarke ist die Darstellung eines Zeichens auf rein bildliche Elemente ohne jeglichen Wortbestandteil begrenzt.
- *Kombinierte Marken* sind Zeichen mit Wort- und Bildanteil (z.B. SBB-Logo). Das Firmenlogo stellt hinterlegungstechnisch eine kombinierte Marke dar, da der Wortlaut mit einem bildlichen Element verbunden wird, sei es, weil eine spezielle Schrift gewählt oder weil ein Bildzeichen hinzugefügt wird.

Schützbar sind nebst zweidimensionalen Zeichen unter gewissen Umständen auch *dreidimensionale Formen* (z.B. Toblerone) und *akustische Marken* (z.B. Migros-Melodie). Ist eine Marke eine Tonfolge, so sind die akustischen Werte in Notenschrift zu beschreiben. Wird für Waren und/oder Dienstleistungen eine dreidimensionale Form als Markenzeichen gewählt, ist diese Form fotografisch oder zeichnerisch so festzuhalten, dass die plastische Form deutlich in Erscheinung tritt. Es ist wichtig, dass bei der Hinterlegung ausdrücklich die dreidimensionale Form beansprucht wird. Bei dreidimensionalen Marken kann unterschieden werden zwischen dreidimensionalen Marken, welche unabhänig von der Form oder Verpackung bestehen (z.B. Mercedes-Stern) und dreidimensionalen Marken, welche aus einer Waren- oder Verpackungsform bestehen (z.B. Toblerone). Bei Letzteren ist neben der Prüfung des Gemeingutcharakters (vgl. Kapitel «Eintragungshindernisse») ebenfalls zu berücksichtigen, dass die Form weder technisch notwendig sein, noch das Wesen der Ware ausmachen darf. In erster Linie aber sind Waren- oder Verpackungsformen als Design zu schützen und können nur ausnahmsweise als dreidimensionale Marke eingetragen werden. Falls Farben beansprucht werden, beschränkt sich der Schutz im Prinzip nur auf die hinterlegte Farbkombination.

All diese Unterscheidungen können dann eine Bedeutung erlangen, wenn die Verwechslungsgefahr mit einem anderen Zeichen beurteilt werden muss. Ebenfalls bestehen Unterschiede bei den Hinterlegungsformalitäten, weil bei reinen Wortmarken keine Abbildungen verlangt werden.

Nach Markenarten eingeteilt, betreffen weitaus die meisten Hinterlegungen *Individualmarken*. Wie der Name es sagt, geht es bei dieser Markenart um die Marke eines einzelnen Unternehmens, das seine Produkte oder Dienstleistungen von denjenigen der Konkurrenz unterscheiden will (z. B. Bally). Eine *Kollektivmarke* steht für die Waren oder Dienstleistungen einer Vereinigung von Fabrikations-, Handels- oder Dienstleistungsunternehmen mit dem Ziel, die Zugehörigkeit der Mitglieder zu dieser Vereinigung zu bekunden (z. B. der Drogistenstern). Ein Reglement legt fest, wer die Marke gebrauchen kann. Die *Garantiemarke* erlaubt, den markierten Waren oder Dienstleistungen bestimmte Eigenschaften (z. B. Qualitätsmerkmale) zuzusprechen. Dass diese in einem Reglement festgehaltenen Anforderungen erfüllt werden, garantiert der Markeninhaber. Um nicht in Interessenskonflikte zu geraten, darf er deshalb die Marke weder selber gebrauchen, noch in irgendeiner wirtschaftlichen Verbindung mit den Markenbenutzern stehen. SQS oder SEV sind Beispiele für Garantiemarken.

Internet-Domain-Namen

Für die Vergabe von Internet-Domain-Namen sind abhängig vom Top-Level-Domain-Name (TLD) verschiedene Institutionen zuständig:
- Für generische TLDs (.COM, .NET, .ORG, .BIZ usw.) kann die Anmeldung über eine von der Internet Corporation for Assigned Names and Numbers (ICANN) zugelassene Registrierungsstelle vorgenommen werden.
- Die Vergabe von Ländercode-TLDs (beispielsweise .CH, .DE, .FR, .AT) ist Sache der jeweiligen Landesorganisationen. Die Registrationsstelle der Stiftung SWITCH (CH/LI DOM-REG) registriert Domain-Namen für die Ländercodes .CH (Schweiz) und .LI (Fürstentum Liechtenstein).

Domain-Namen als Marken

Domain-Namen können gemäss den üblichen in der Markenprüfung geltenden Verfahrensregeln und Grundsätzen als Marken hinterlegt werden. Top Level Domain Names (TLD) wie .COM, .ORG, .NET oder .CH in Alleinstellung werden als nicht unterscheidungskräftig und somit als nicht schutzfähig betrachtet. In der Regel ebenfalls nicht schutzfähig ist die Kombination aus einem Begriff des Gemeinguts und einem Top-Level-Domain-Name. Ein Ländercode-TLD kann vom Publikum zudem als Hinweis auf die Herkunft der Waren oder Dienstleistungen verstanden werden, weshalb er insbesondere unter dem Aspekt einer allfälligen Täuschungsgefahr zu berücksichtigen ist.

Konflikte zwischen Domain-Namen und Marken

Mit der Eintragung eines Domain-Namens als Marke wird jeder geschäftliche Gebrauch des Domain-Namens mit den beanspruchten Waren und Dienstleistungen geschützt. Mit einer Domain-Namen-Recherche kann abgeklärt werden, ob identische Domains bereits vergeben sind.

Die Vergabe eines Domain-Namens lässt den Inhaber aus technischen Gründen zum weltweit alleinigen Benützer dieses Namens in der entsprechenden Top-Level-Domain (z.B. .COM, .ORG oder .CH) werden, während der Markenschutz nur in den vom Markeninhaber beanspruchten Ländern gilt (Territorialitätsprinzip). Mit der Vergabe von Domain-Namen besteht aber kein Schutzrecht. Der Inhaber eines Domain-Namen muss damit rechnen, dass Dritte Rechtsansprüche geltend machen (beispielsweise im Zusammenhang mit Markenrecht, Namensrecht oder Wettbewerbsrecht). Organisationen, die Domain-Namen vergeben, prüfen in der Regel die mit einem Domain-Namen verbundenen Rechte nicht und lehnen im Streitfall jegliche Verantwortung ab. Mit der Registrierung des Domain-Namens akzeptiert der Anmelder im Streitfall ein einfaches und rasches Schlichtungsverfahren, in welchem insbesondere die Verletzung eines Markenrechts geltend gemacht und die Übertragung des Domain-Namens verlangt werden kann.

Die Marke als Sonderfall
- *Durchgesetzte Marken:* Beschreibende Zeichen können Schutzfähigkeit erlangen, wenn sie für Waren oder Dienstleistungen eines bestimmten Unternehmens auf dem Markt allgemeine Bekanntheit erlangt, sich wie im Fachjargon genannt «durchgesetzt» haben (z.B. Playstation für Computerspiele).
- *Freizeichen:* Zeichen können sich durch ihre allgemeine Verbreitung zu Bezeichnungen für ganze Produktegattungen entwickeln und so bei Untätigkeit des Inhabers ihre ursprüngliche Schutzfähigkeit verlieren.
- *Berühmte Marken* wie etwa Nike oder Coca-Cola geniessen beispielsweise bei Ausbeutungsgefahr durch Dritte auch für Waren und Dienstleistungen Schutz, für die sie nicht eingetragen wurden.
- *Herkunftsangaben* unterscheiden bestimmte Waren oder Dienstleistungen voneinander – jedoch nicht bezüglich des Herstellers der Ware, sondern mit dem Hinweis auf eine bestimmte geografische Herkunft. Unterschieden wird zwischen direkten Herkunftsangaben (z.B. Schweizer Schokolade), indirekten Herkunftsangaben (z.B. Wilhelm Tell) und qualifizierten geografischen Herkunftsbezeichnungen (z.B. «Genf» für Uhren).
- *AOC (Appellation d'Origine Controlée):* Geschützte oder kontrollierte Ursprungsbezeichnungen (AOC, z.B. Tête de Moine) und geschützte geografische Angaben (IGP, z.B. Bündner Fleisch) werden im Register des Bundesamtes für Landwirtschaft eingetragen. Sie können nur unter bestimmten Bedingungen auch als Markenbestandteil registriert werden.

- *Das Schweizer Kreuz:* Das Wappenschutzgesetz untersagt den kommerziellen Gebrauch des Schweizer Kreuzes sowie der Wappen der Kantone, Bezirke, Kreise und Gemeinden oder damit verwechselbarer Zeichen auf Erzeugnissen oder auf ihrer Verpackung, insbesondere, um auf die geografische Herkunft hinzuweisen. Für Dienstleistungen jedoch ist der markenmässige Gebrauch von Wappen zulässig, sofern der Herkunftshinweis nicht irreführend ist. Beispielsweise ist es unzulässig, wenn auf der Verpackung in China hergestellter Pfannen neben einer Marke das Schweizer Kreuz abgebildet wird.

Das Wappenschutzgesetz verbietet zudem die Eintragung des Schweizer Kreuzes als Bestandteil von Warenmarken. Dies gilt auch für Zeichen, die mit dem Schweizer Kreuz verwechselt werden können. Zulässig ist die Eintragung des Schweizer Kreuzes für das Gemeinwesen (z.B. die Schweizer Eidgenossenschaft) sowie für Unternehmungen des Gemeinwesens (z. B. die Schweizerische Post). Dienstleistungsmarken können mit öffentlichen Wappen dann geschützt werden, wenn das Wappen nicht alleine steht, sondern mit weiteren schutzfähigen Markenelementen versehen wird. Selbstverständlich darf es auch hier zu keiner Irreführung über die Herkunft der mit einer solchen Marke gekennzeichneten Dienstleistungen kommen. Verschiedene schweizerische Versicherungsgesellschaften haben Marken geschützt, welche ein Schweizer Kreuz enthalten.

1.6.6 Markenschutz in der Schweiz

Marken werden beim Eidgenössischen Institut für Geistiges Eigentum (IGE) in Bern hinterlegt. Das IGE ist das Kompetenzzentrum des Bundes für sämtliche immaterialgüterrechtlichen Belange und in dieser Rolle Anlaufstelle für alle gewerblichen Schutzrechte in der Schweiz (Patente: auch für Liechtenstein) – je nach Verfahren auch für internationale Anmeldungen. Das IGE prüft die nationalen Gesuche, erteilt die Schutzrechte und verwaltet die entsprechenden Register (Adresse auf Seite 176).

Markenschutz muss aktiv beantragt werden:

- *Auf dem Postweg*: Das ausgefüllte Eintragungsgesuch mit dem Verzeichnis der Waren oder Dienstleistungen, für welche die Marke beansprucht wird, ist zusammen mit einer Reproduktion der Marke beim Eidgenössischen Institut für Geistiges Eigentum in Bern einzureichen. Formulare können unter www.ige.ch oder per Telefon 031 325 25 25 bezogen werden.
- *Via Internet:* Unter https://e-trademark.ige.ch kann eine Marke auch auf elektronischem Weg hinterlegt werden.

Im Rahmen der Eingangsprüfung stellt das IGE sicher, dass ein bestimmtes Gesuch vollständig ist. Trifft dies zu, wird dem Anmelder eine Hinterlegungsbescheinigung mit der Rechnung für die Hinterlegungsgebühr (CHF 700.– für zwei Waren- oder Dienstleistungsklassen bzw. CHF 600.– bei elektronischer Anmeldung, Stand: 1.3.2005) geschickt. Mit diesem Betrag sind die Kosten für eine Schutzdauer von zehn Jahren abgegolten, sofern es auch tatsächlich zur Registrierung der betreffenden Marke kommt.

Im Rahmen der formellen und materiellen Prüfung entscheidet das IGE über die Eintragungsfähigkeit des hinterlegten Zeichens. Falls es der Ansicht ist, dass dieses nicht eintragungsfähig ist, wird dem Hinterleger Gelegenheit für eine Stellungnahme gegeben. Aus dem entstehenden Schriftenwechsel können unter Umständen neue Erkenntnisse gewonnen werden, die den Eintrag eines Zeichens im Register ermöglichen. Der Registereintrag wird im Schweizerischen Handelsamtsblatt (SHAB) publiziert. Der Markeninhaber erhält eine Eintragungsbescheinigung. Hält das IGE an einem negativen Entscheid fest, wird das Eintragungsgesuch zurückgewiesen. Der betroffene Hinterleger hat die Möglichkeit, innert 30 Tagen eine Beschwerde an die Eidgenössische Rekurskommission für Geistiges Eigentum zu richten. Deren Entscheid kann an das Bundesgericht weitergezogen werden.

Ab dem Zeitpunkt der Veröffentlichung im Schweizerischen Handelsamtsblatt (SHAB) beginnt die dreimonatige Widerspruchsfrist zu laufen, auf die später eingegangen wird.

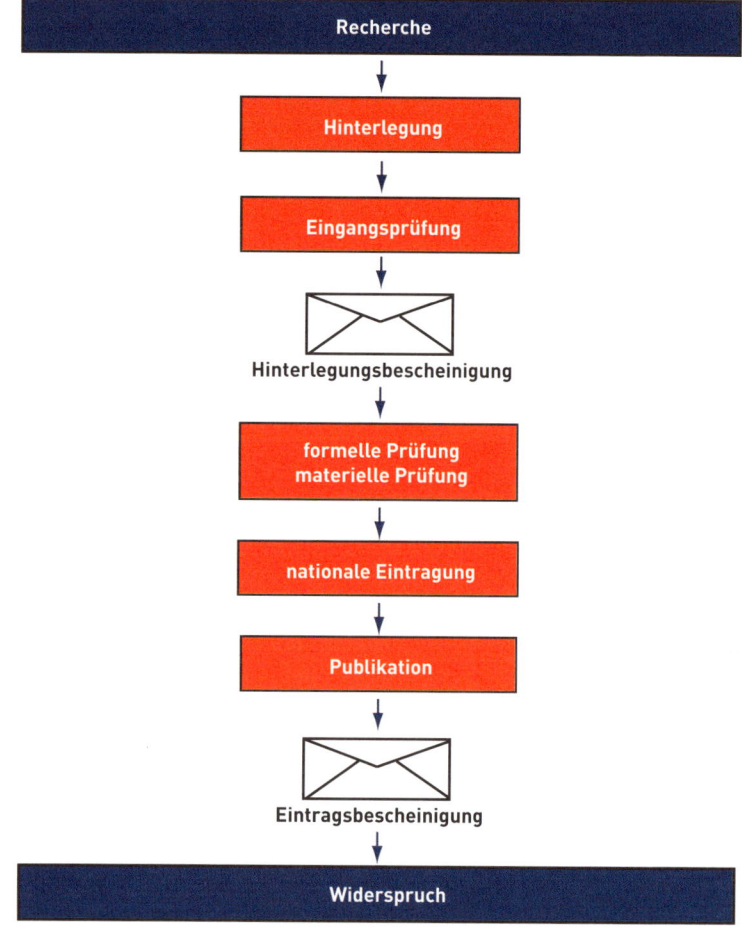

Markenschutz in der Schweiz von der Anmeldung bis zur Registrierung.

Eintragungshindernisse

Das Markenschutzgesetz sieht vor, dass Zeichen, die keine Unterscheidungskraft besitzen (d.h. vom Konsumenten nicht als Hinweis auf ein Unternehmen aufgefasst werden), und Zeichen, die der Allgemeinheit bzw. der Konkurrenz offen stehen müssen, nicht monopolisiert werden dürfen. Die gängige Formel heisst daher: Gemeingut ist nicht monopolisierbar. Im Rahmen des Prüfungsverfahrens wird insbesondere auf folgende Kriterien geachtet:

Ist eine Marke beschreibend? Sachangaben, d.h. Angaben über Beschaffenheit, Qualität, Art oder Ort der Herstellung, Bestimmung oder Preis der Ware sowie jede weitere Angabe rein beschreibender Natur können nicht als Marken geschützt werden. «Apple» lässt sich für Obst nicht eintragen, aber problemlos als Marke eines Computerherstellers schützen. Unter dieses so genannte Gemeingut fallen ebenfalls einfache Zeichen wie z.b. einzelne Buchstaben oder Ziffern, Abkürzungen mit eigenständiger Bedeutung und beschreibendem Charakter (z. 4 x 4, GTI) und einfache geometrische Figuren. Farben an sich können in

Das Wichtigste auf einen Blick

- Der Schutz einer Marke muss beim Eidgenössischen Institut für Geistiges Eigentum in Bern (IGE) beantragt und periodisch «erneuert» werden.
- «Wer zuerst kommt, mahlt zuerst.» Das Schutzrecht an einer bestimmten Marke gehört grundsätzlich denjenigen, die ihre Marke als Erste anmelden.
- Ab dem Datum der Anmeldung beginnt die so genannte Prioritätsfrist zu laufen. Während dieser hat der Anmelder für eine bestimmte Dauer die Möglichkeit, eine Marke mit dem Hinterlegungsdatum für die nationale Marke auch im Ausland registrieren zu lassen.
- Anlässlich des Eintragungsverfahrens wird nicht geprüft, ob eine Marke das Recht Dritter an einer bereits geschützten Marke verletzt. Eine Marke kann also eingetragen, das Schutzrecht aber nachträglich widerrufen werden (bis drei Monate nach Veröffentlichung durch Einleitung des Widerspruchsverfahrens, später jederzeit durch einen Richter). Um eine solche Kollisionsgefahr zu erkennen, ist eine vorgängige Recherche im Markenregister unumgänglich. Nützliche Hinweise rund um die Markenrecherche finden Sie unter www.ige.ch (ip-search).
- Eine Marke wird nicht generell geschützt (Spezialitätsprinzip): Die beanspruchten Waren und Dienstleistungen bestimmen zusammen mit der Abbildung der Marke den Schutzumfang.

> - Eine Marke ist für jeweils zehn Jahre ab dem Hinterlegungsdatum geschützt und kann beliebig oft um weitere zehn Jahre verlängert werden.
> - Das ® darf in der Schweiz nur für in der Schweiz eingetragene Marken verwendet werden. Eine unzulässige Verwendung des Schutzvermerks verstösst gegen das Wettbewerbsrecht und ist somit strafbar. Das Kennzeichnen einer geschützten Marke mit dem ® ist fakultativ. ™ wird als Hinweis auf ein Zeichen verwendet, das als Marke beansprucht, aber im Schutzregister nicht eingetragen ist. Es ist in der Schweiz ohne Bedeutung.

der Regel nicht geschützt werden. Ausnahmen bilden Farben, die sich auf dem Markt als unterscheidungskräftig durchgesetzt und Markencharakter erhalten haben, wie dies beispielsweise bei Lila für Milka-Schokolade der Fall ist.

Ist eine Marke täuschend? Täuscht eine Marke über Eigenschaften der Ware, z.B. über Herkunft, Beschaffenheit oder Qualität, kann diese entweder gar nicht zur Eintragung zugelassen werden oder aber nur mit einer entsprechenden Einschränkung. Ein Zeichen mit dem Wortbestandteil «Zitrone» oder «Orange» wird für natürliches Mineralwasser zurückgewiesen, weil dieses gemäss der Lebensmittelgesetzgebung nicht aromatisiert werden darf und keine Fruchtanteile enthalten kann.

Verstösst eine Marke gegen die öffentliche Ordnung, die guten Sitten oder geltendes Recht? Ein Zeichen wird dann nicht eingetragen, wenn es das sittliche, moralische, religiöse oder kulturelle Empfinden (auch von Minoritäten) verletzen oder die diplomatischen oder internationalen Beziehungen stören könnte.

Vom Schutz ausgeschlossen werden auch Zeichen, die mit landes- oder völkerrechtlichen Vorschriften kollidieren (beispielsweise Schutz des Schweizer Kreuzes, des Roten Kreuzes oder der Namen und Abkürzungen internationaler Organisationen). Zusätzliche Erläuterungen zum Schweizer Kreuz sind im Kapitel «Die Marke als Sonderfall» zu finden.

Wichtig ist zu wissen, dass als Folge der Mehrsprachigkeit der Schweiz der beschreibende bzw. der täuschende Charakter eines angemeldeten Zeichens immer auf der Basis aller Landessprachen geprüft wird. In der Praxis werden auch beschreibende Angaben in englischer Sprache zurückgewiesen.

Was es ebenfalls zu wissen gilt!
Im Zusammenhang mit einer geschützten Marke gibt es Rechte und Pflichten. Die wichtigsten werden nachfolgend beschrieben.

Gebrauchspflicht
Eine Marke muss spätestens nach fünf Jahren auch tatsächlich verwendet werden – und zwar im Zusammenhang mit allen im Register eingetragenen Waren und Dienstleistungen. Ansonsten kann die Marke vom Richter teilweise oder vollständig für nichtig erklärt und aus dem Register gelöscht werden.

Das Widerspruchsverfahren
Wird eine Marke publiziert, die mit einer bereits geschützten Marke identisch oder ihr ähnlich ist, kann der Inhaber einer älteren Marke in der Schweiz innerhalb von drei Monaten seit der Publikation der anzuklagenden Marke beim Eidgenössischen Institut für Geistiges Eigentum Widerspruch einlegen. Hierfür steht ein einfaches und kostengünstiges Verfahren zur Verfügung (CHF 800.–, Stand: 1.3.2005). Es muss nochmals betont werden, dass es für Laien schwierig zu beurteilen ist, ob Verwechslungsgefahr besteht: In vielen Fällen lohnt sich also der Beizug eines spezialisierten Vertreters, sprich: eines Markenanwalts. Gegen den Widerspruchsentscheid des Instituts kann innert 30 Tagen Beschwerde bei der Eidgenössischen Rekurskommission für Geistiges Eigentum eingelegt werden.

Klage vor den ordentlichen Gerichten
Es gilt der Grundsatz, dass Entscheide des Eidgenössischen Instituts für Geistiges Eigentum die ordentlichen Gerichte nicht binden. Eine Marke kann also jederzeit Gegenstand eines Zivil- oder Strafverfahrens werden.

Verlängerung

Die Eintragung ist während zehn Jahren vom Hinterlegungsdatum an gültig. Sie wird jeweils um zehn Jahre verlängert, wenn rechtzeitig, das heisst frühestens zwölf Monate vor Ablauf der Schutzfrist, spätestens aber sechs Monate danach, eine zusätzliche Gebühr bezahlt wird.

Löschung

Die Löschung wird gebührenfrei vollzogen, wenn der Markeninhaber einen entsprechenden schriftlichen Antrag stellt. Gegen Bezahlung ist auch die Löschung für nur einen Teil der Waren und Dienstleistungen möglich. Nach Ablauf der zehnjährigen Gültigkeitsdauer wird die Marke von Amtes wegen gelöscht, sofern kein Verlängerungsgesuch vorliegt.

Änderungen

Änderungen, z.B. von Name bzw. Firma, Adresse oder Sitz sowie eines allfälligen Vertreters sind dem Eidgenössischen Institut für Geistiges Eigentum schriftlich einzureichen. Dasselbe gilt auch dann, wenn eine Einschränkung der Waren- und Dienstleistungsliste gewünscht wird (für eine Erweiterung wird eine Neuanmeldung benötigt), sowie bei der Übertragung, Lizenzierung oder Verpfändung des Rechts an einer bestimmten Marke. Wird eine Marke nur in Bezug auf einen Teil des Waren- oder Dienstleistungsverzeichnisses angefochten, kann der Inhaber mit einem schriftlichen Antrag die Teilung der Eintragung verlangen.

> **Warnung: Offerten für die Eintragung in private Register und Datenbanken**
>
> Im Bereich des Immaterialgüterrechts bieten private Firmen die Eintragung von gewerblichen Schutztiteln in Info-Registern, Handelsmarken-Indizes oder Internet-Datenbanken an. Massgebend für den rechtmässigen Schutz in der Schweiz ist einzig und allein der Eintrag in eines der Schutzrechtsregister, die vom Eidgenössischen Institut für Geistiges Eigentum verwaltet werden. Die Eintragung in private Register und Datenbanken ist fakultativ und von fraglichem Nutzen. Zur Zahlung dieser in Rechnungsform versandten Offerten besteht keinerlei Verpflichtung.

1.6.7 Markenschutz im Ausland

Für die internationale Registrierung einer Marke stehen verschiedene Wege offen:

Direktanmeldungen in anderen Staaten
Wie in der Schweiz kann eine Marke auch direkt in anderen Staaten angemeldet werden. In den meisten Ländern ist dieser Weg ebenfalls Ausländern offen. Es gilt aber zu beachten, dass auf diesem Weg in der jeweiligen Landessprache mit dem Markenamt korrespondiert und oftmals ein lokaler Vertreter beigezogen werden muss.

Mit einer einzigen Markenanmeldung beim Harmonisierungsamt für den Binnenmarkt (HABM, Alicante, Spanien) erhält man Markenschutz für das gesamte Gebiet der Europäischen Gemeinschaft (Gemeinschaftsmarke).

Internationale Registrierungen nach dem Madrider System
Dieses Anmeldeverfahren ermöglicht die Ausdehnung des schweizerischen Markenschutzes auf andere Vertragsstaaten.

Das System (bestehend aus Madrider Abkommen und Madrider Protokoll) wird durch die in Genf ansässige Weltorganisation für geistiges Eigentum (WIPO) verwaltet. Im Februar 2005 gehörten den zwei Abkommen 78 Mitgliedsstaaten an, unter ihnen alle EU-Staaten (die EU kann auch als Ganzes benannt werden), die meisten osteuropäischen Länder, die USA, Russland, China, Japan und Australien.

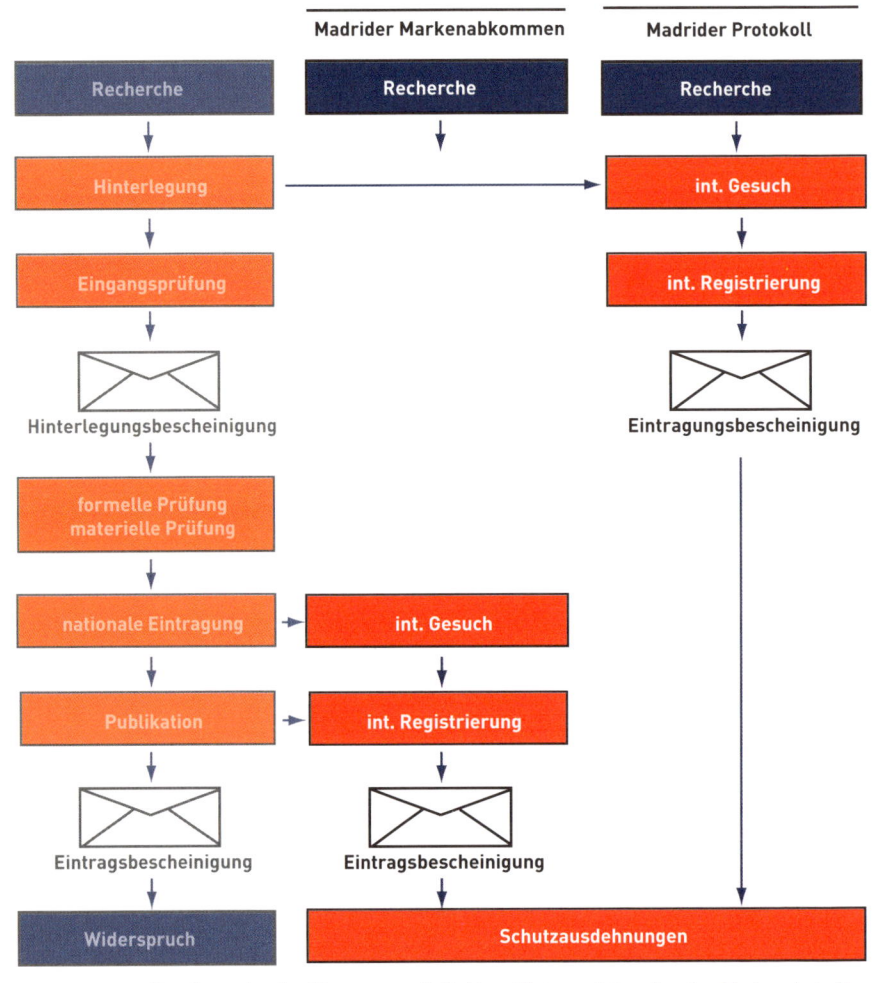

Madrider Markenabkommen | **Madrider Protokoll**

Flussdiagramm:

- Recherche → Hinterlegung → Eingangsprüfung → Hinterlegungsbescheinigung → formelle Prüfung / materielle Prüfung → nationale Eintragung → Publikation → Eintragsbescheinigung → Widerspruch
- Madrider Markenabkommen: Recherche → (von Hinterlegung) → int. Gesuch → int. Registrierung → Eintragsbescheinigung
- Madrider Protokoll: Recherche → int. Gesuch → int. Registrierung → Eintragungsbescheinigung → Schutzausdehnungen

Von der nationalen Eintragung auf direktem Weg zum internationalen Markenschutz (das Madrider System).

Das zentralisierte Verfahren vereinfacht die administrativen Abläufe zur Erlangung des Markenschutzes in den Mitgliedsstaaten wesentlich: Der Markeninhaber kann mit einem einzigen Antrag, der einmaligen Bezahlung der notwendigen Gebühren in der Landeswährung sowie der Verwendung einer Sprache seine Marke in allen benannten Vertragsländern hinterlegen, wie wenn er sie dort einzeln hinterlegt hätte. Die internationale Schutzausdehnung kann direkt beim Eidgenössischen Institut für Geistiges Eigentum verlangt werden, sofern der Hinterleger einen genügenden Bezug zur Schweiz nachweisen kann (z.B. Handelsniederlassung bzw. Wohnsitz in der Schweiz oder Staatsangehörigkeit.) Das Institut leitet das internationale Gesuch an die WIPO weiter, welche die internationale Registrierung zu gegebener Zeit bescheinigen wird und den Antrag ihrerseits den benannten Vertragsländern zustellt.

Jedes benannte Vertragsland wird das Zeichen anschliessend gemäss der jeweiligen nationalen Gesetzgebung prüfen. Dies bedeutet, dass die Marke mit der Eintragung im internationalen Register nicht automatischen Schutz in allen benannten Ländern geniesst, sondern abhängig vom Prüfungsentscheid des jeweiligen Markenamtes in diesem Land vollumfänglichen, teilweisen oder gar keinen Schutz erhält.

Hinweise im Zusammenhang mit internationalen Registrierungen

- Wie beim nationalen Schutz sollte vorgängig mit einer Recherche abgeklärt werden, ob eine Marke in einem bestimmten Land nicht mit einem bereits geschützten Zeichen kollidiert.

- Während einer Frist von fünf Jahren ist die internationale Registrierung an ihre schweizerische Basis gebunden. Fällt sie innert dieser Frist dahin oder wird, etwa durch eine teilweise Löschung, ihr Schutz verkleinert, wirkt sich dies auch auf die internationale Registrierung aus.

- Wird das Gesuch um internationale Registrierung innerhalb von sechs Monaten nach der nationalen Hinterlegung eingereicht, gilt das nationale Hinterlegungsdatum auch für das internationale Gesuch (Prioritätsdatum). Es wird aber dringend empfohlen, den nationalen und internationalen Antrag so weit möglich gemeinsam, jedoch spätestens innert vier Monaten nach der nationalen Hinterlegung einzureichen, damit das Gesuch um internationale Registrierung rechtzeitig an die WIPO weitergeleitet werden kann.

Informationen und Anmeldung
Weiterreichende Auskunft zum nationalen und internationalen Markenschutzsystem sowie Unterlagen zur Hinterlegung einer Marke sind in der Schweiz unter folgender Adresse erhältlich:

Eidgenössisches Institut für
Geistiges Eigentum
Einsteinstrasse 2
CH-3003 Bern

Telefon +41 (0)31 325 25 25
Fax +41 (0)31 325 25 26
E-Mail info@ipi.ch

Geistiges Eigentum online: www.ige.ch
Auf dieser Website sind auch zu finden:
- Die wichtigsten Formulare im PDF- und Word-Format
- Liste mit Vertretern in Markenangelegenheiten in der Schweiz
- Weitere wichtige Adressen, insbesondere diejenigen der Weltorganisation für Geistiges Eigentum (WIPO) und des Harmonisierungsamtes für den Binnenmarkt (HABM).

Konklusion der Herausgeber

Zur erfolgreichen Markenführung gehört der rechtliche Schutz der Marke. KMU sollten sich aus verschiedenen Gründen mit den rechtlichen Aspekten der Markenführung befassen. Zum einen ist die Kenntnis der relevanten juristischen Normen bei der Einführung einer neuen Marke von Bedeutung. Zum anderen sehen sich Unternehmen in einigen Fällen mit Verletzungen des Markenschutzes oder des guten Rufs einer Marke konfrontiert.

Zum Rechtsmanagement von Marken zählen daher präventive, offensive als auch defensive Massnahmen. Ziel der präventiven Massnahmen ist es, die eigene Marke und die damit verbundenen Rechte vorsorglich zu schützen, bevor es zu Konflikten kommt. Als präventive Massnahme gilt die Registrierung der Marke beim Eidgenössischen Institut für Geistiges Eigentum in Bern. Offensive Massnahmen dagegen beziehen sich auf den Schutz der eigenen Markenrechte als auch das Vorgehen gegen Kennzeichen Dritter.

Der Markenschutz wird in der Schweiz ausschliesslich durch die Registrierung der Marke beim Eidgenössischen Institut für Geistiges Eigentum, nicht durch Benutzung oder Verkehrsgeltung erlangt. Daher ist die Registrierung der Marke beim Eidgenössischen Institut für Geistiges Eigentum zwingend notwendig, um Handlungsspielräume in der Führung der Marke zu sichern.

Prof. Dr. Torsten Tomczak/Tim Oliver Brexendorf

Teil II
Der Praxisteil

Socken-Geschichten um die Marke BLACKSOCKS

2.1

Die Geschäftsidee von BLACKSOCKS ist einfach. Weil niemand gerne Socken einkauft, jedermann diese immer wieder braucht und auch das lästige Aussortieren nach dem Waschen kaum Freude bereitet, werden in regelmässigen Abständen dieselben Socken per Briefpost frei Haus geliefert. Das später am Design Preis Schweiz ausgezeichnete «Socken-Abo» war geboren.

2.1.1 BLACKSOCKS: Seit 1999 für eine Socken-Sorgen-freie Welt

Doch wie kommt man auf eine solche Idee? 1994, ich war frisch gebackener Hochschulabsolvent und hatte gerade meine erste Stelle als Juniorberater in einer Werbeagentur angetreten. Jung und mit den Gepflogenheiten in der Geschäftswelt noch wenig vertraut, durfte ich nach kurzer Zeit bereits etwas tun, was sich Neulinge üblicherweise durch Ausdauer und harte Arbeit erst verdienen müssen. Ich wurde von meinem Chef zu einem «Business-Meeting» mit hochkarätigen japanischen Geschäftspartnern mitgenommen. Da nur ausgewählte Mitarbeiter an «Business-Meetings» mit wichtigen ausländischen Geschäftsleuten teilnehmen dürfen, fand ich es angemessen, sich noch schnell umzuziehen. Aus dem Fundus schwarzer Socken wurden zwei übergestülpt, das frisch gebügelte Hemd angezogen und die Krawatte umgebunden. So begab ich mich voller Stolz und Selbstbewusstsein zum Treffen mit den Japanern. Eine folgenschwere Begegnung, wie

Samy Liechti

sich herausstellen sollte ... Im Anschluss an das Meeting wurde die ganze Delegation zu einer traditionellen japanischen Teezeremonie eingeladen. Beim Eintreten in das Teehaus wurde schnell klar, dass – so wie es sich in Japan eben gehört – die Schuhe ausgezogen werden mussten. Und da passierte es. Die totale Peinlichkeit. Es war eindeutig und nicht zu übersehen: Meine Socken hatten nicht den gleichen Lebenslauf. Die linke Socke erschien in kräftigem Schwarz und wies eine breite Struktur auf. Die rechte dagegen war hellschwarz verwaschen, mit schmaler Musterung und zu allem Überfluss schimmerte da auch noch der grosser Zeh durch das erschlaffte Gewebe hindurch. Am liebsten wäre ich in dem Kirschholzboden versunken oder hätte den Kopf in die Erde des Bonsai-Topfes gesteckt. Bald merkte ich aber, dass ich nicht ganz allein war mit meinem Problem. Natürlich war es nicht zu vermeiden, dass auch die japanischen Gastgeber sowie der Chef vom Missgeschick Kenntnis nahmen. Mit viel Takt und menschlicher Grösse überspielten sie jedoch den Fauxpas. Nachdem ich dies alles durchgestanden hatte und mich wieder auf kulturell vertrautem Terrain bewegte, wurde mir klar, dass meine Erlebnisse mit den Japanern einen tieferen Sinn haben mussten. Das Schicksal hatte mich «ausgewählt», menschliche Erniedrigungen durch unpassende Fussbekleidung auf dieser Welt auszurotten. Die Mission hiess fortan: Die Welt Schritt für Schritt von Socken-Sorgen zu befreien. Daraus entstand denn auch die Idee, «Socken im Abo» anzubieten.

Unternehmensentwicklung

Vor dem Internet hätte ein solches Geschäftsmodell nur über Telefonverkauf umgesetzt werden können, was mir aber nicht passte. Deshalb bleibt die Idee lange Zeit nur Idee. Erst im Herbst 1998 tat ich mich mit einem alten Freund zusammen und gründete im Sommer 1999 BLACKSOCKS. Das Unternehmen wurde vorerst als Kollektivgesellschaft organisiert, der Sockenlieferant evaluiert und die Webpage www.blacksocks.com gebaut. In den ersten 1,5 Jahren wurde das Unternehmen als reine Nebenbeschäftigung geführt. Aus der Kollektivgesellschaft wurde Anfang 2001 eine Aktiengesellschaft, und ich hängte meinen Job als Berater an den Nagel. Fortan hiess es wachsen, wachsen, wachsen. Zu Beginn des Jahres 2001 hatte das Unternehmen eine Kundenbasis von rund 1800 Socken-Abonnenten, die seither sukzessive auf über 14 000 ausgebaut wurde. BLACKSOCKS liefert heute in über 35 Länder und erwirtschaftet rund 20 Prozent des Umsatzes im Ausland. Seit der Gründung wurden in über 80 000 Versandboxen über eine Viertelmillion Socken verschickt.

BLACKSOCKS setzt konsequent auf Outsourcing. Dank dieser Strategie kann sich das Unternehmen vor allem um seine Kunden und das Wachstum kümmern. Das Tagesgeschäft läuft grösstenteils automatisch über die Partner ab. So werden die über 14 000 aktiven Kunden mit nur knapp zwei Vollzeitstellen bedient. BLACKSOCKS wächst regelmässig zwischen 20 und 30 Prozent.

Eine klare Markenstrategie

Das Unternehmen hat lediglich zwei Marken: BLACKSOCKS und für die englischsprachigen Kunden SOCKSCRIPTION, als Verbindung von «socks» und «subscribtion». Das Socken-Abo von BLACKSOCKS ist ab CHF 98.- (für drei Lieferungen à drei Paar Wadensocken) übers Internet erhältlich. Neben den Socken-Abos werden auch Geschenk-Abos, Geschenk-Gutscheine und ein Socken-Abo als Firmengeschenk angeboten. Das Sortiment ist aus der Überzeugung, für den Kunden zur Vereinfachung eine enge Vorauswahl vorzunehmen, auf schwarze Wadensocken und schwarze Kniesocken reduziert. So weit ist der Name Programm.

Beide Marken sind in der gesamten westlichen Welt hinterlegt. BLACKSOCKS schien im englischsprachigen Raum als Markenname zu generisch.

2.1.2 Markenaufbau als kritischer Erfolgsfaktor

Als BLACKSOCKS im Sommer 1999 online ging, war man sich einig, dass es nicht einfach werden würde. Denn ein unbekannter Anbieter versucht, über ein anonymes Medium eine neuartige Dienstleistung zu verkaufen. Erschwerend kam hinzu, dass das Abo für ein Jahr zum Voraus bezahlt wird und die Lieferungen anschliessend über das Abo-

Jahr erfolgen. Was fehlte, war Vertrauen; Vertrauen in den Anbieter, in das Produkt und in das Medium. Dieses Vertrauen galt es, sukzessive aufzubauen. Kritisch war denn auch, dass ein einziger Vertriebsweg, die Internetseite www.blacksocks.com, gewählt wurde. So musste der Name BLACKSOCKS mit äusserst knappen Mitteln zuerst bekannt gemacht und anschliessend mit Assoziationen aufgeladen werden, die für die Zielgruppe relevant sind.

Mittlerweile verfügt das Produkt «Socken-Abo» bei den 15- bis 74-jährigen Deutschschweizern über eine gestützte Bekanntheit von 37 Prozent und der Name BLACKSOCKS von 25 Prozent. Bezogen auf die relevanten Zielgruppen kommen mittlerweile sowohl BLACKSOCKS als auch das «Socken-Abo» auf eine gestützte Bekanntheit von knapp 50 Prozent. Damit ist ein wichtiger Schritt getan, denn das Internet kennt keine Passantenlagen und hat auch heute noch die Aura vom Unbekannten. Zentrale Aufgabe muss es denn auch weiterhin sein, BLACKSOCKS als vertrauenswürdige Marke aufzubauen. Sicher ist, dass ein starker Name die Basis für das langfristige Überleben und für den künftigen Markterfolg von BLACKSOCKS ist.

2.1.3 Maximale Wirkung mit knappen Mitteln

Die wohl grösste Herausforderung für BLACKSOCKS ist es, mit äusserst knappen Mitteln verschiedene Aufgaben gleichzeitig zu erfüllen. Die permanente Knappheit an Mitteln hat aber auch den Vorteil, dass sämtliche Marketingaktivitäten genauestens geplant, umgesetzt und evaluiert werden müssen. Als Kleinstunternehmen mit lediglich 170-Stellenprozent sind nicht nur die finanziellen Mittel, sondern auch die verfügbare Zeit äusserst knapp bemessen. Trotzdem stehen einige Herausforderungen an, die gemeistert werden wollen. An erster Stelle steht sicherlich der weitere Markenaufbau von BLACKSOCKS, dabei geht es nicht mehr primär nur darum, die Bekanntheit weiter auszubauen, sondern den Namen BLACKSOCKS mit Inhalten zu füllen und so eine profilierte Markenpersönlichkeit zu werden. Dieses Ziel kann BLACKSOCKS nicht über klassische Werbung erreichen, weil ganz einfach die Mittel fehlen. Vielmehr muss BLACKSOCKS versuchen, durch andere Marketingaktivitäten wie Partnerschaften oder Public Relations die nötige Breitenwirkung zu erzielen. Doch genau bei diesen Aktivitäten kann nur sehr bedingt auf die vermittelten Inhalte Einfluss genommen werden. Es besteht latent die Gefahr, dass aus der Sicht der Marke die falschen Werte mit dem Namen BLACKSOCKS assoziiert werden, kommuniziert doch ein Dritter über die Marke.

Möglicher Markentransfer
Eine weitere Herausforderung ist das weitere Wachstum von BLACKSOCKS. Bis anhin ist BLACKSOCKS immer über mehr Socken-Abonnenten gewachsen. Ein Wachstum auf dem bestehenden Kundenstamm war auf Grund der restriktiven Sortimentspolitik eigentlich ausgeschlossen. Entsprechend ist der durchschnittliche Umsatz pro Kunde pro Jahr in den letzten Jahren denn auch stagniert. Möchte BLACKSOCKS den bestehenden Kundenstamm von rund 14 000 Kunden nutzen, um weiter zu wachsen, so muss das Sortiment ausgebaut werden. Inwieweit die Marke BLACKSOCKS eine Ausdehnung des Sortiments auf andere Produkte als schwarze Socken verkraftet, wird zurzeit abgeklärt.

Vertrieb Quo vadis?
Als dritte Herausforderung ist der Ausbau der Vertriebskanäle zu erwähnen. Bisher wurde fast ausschliesslich direkt über die eigene Homepage blacksocks.com im Internet verkauft. Damit besass BLACKSOCKS die volle Kontrolle über die gesamte Kette von Interaktionspunkten vom potenziellen Kunden bis zum treuen Socken-Abonnenten. Werden neue Vertriebswege ins Auge gefasst, so würden mögliche Kontaktpunkte zwischen Kunden und der Marke aus der Hand gegeben. Damit könnte BLACKSOCKS teilweise die Kontrolle über die Marke verlieren.

2.1.4 BLACKSOCKS – vielleicht ein bisschen anders

Die Marke BLACKSOCKS steht nicht nur für das Produkt Socken-Abo per se. BLACKSOCKS steht für eine hohe Kundenorientierung, für Jungunternehmertum und ist Teil der Schweizer Internetgeschichte. BLACKSOCKS steht auch für den kleinen, persönlichen, für Dritte unsichtbaren Luxus im Alltag. Im Gegensatz zu manch anderen Marken bleibt BLACKSOCKS im Verborgenen. Bleiben doch in der Regel Socken durch Schuh und Hose verdeckt. Zudem sind unsere Socken nicht gekennzeichnet.

Die Marke steht also nur für den kleinen Luxus, sich ganz persönlich um etwas nicht mehr kümmern zu müssen. Vielleicht fühlt sich der Abonnent deshalb ein wenig moderner oder cleverer, nutzt er doch die mit Abstand einfachste Schnittstelle zwischen Mensch und Socke. Entgegen vieler anderer Textilprodukte will BLACKSOCKS nicht vornehm oder modisch sein. BLACKSOCKS verspricht auch nicht, dass der Konsument sich dabei besser fühlt oder besser aussieht, wie wir dies von vielen Lifestyle-Produkten nur allzu gut kennen. BLACKSOCKS

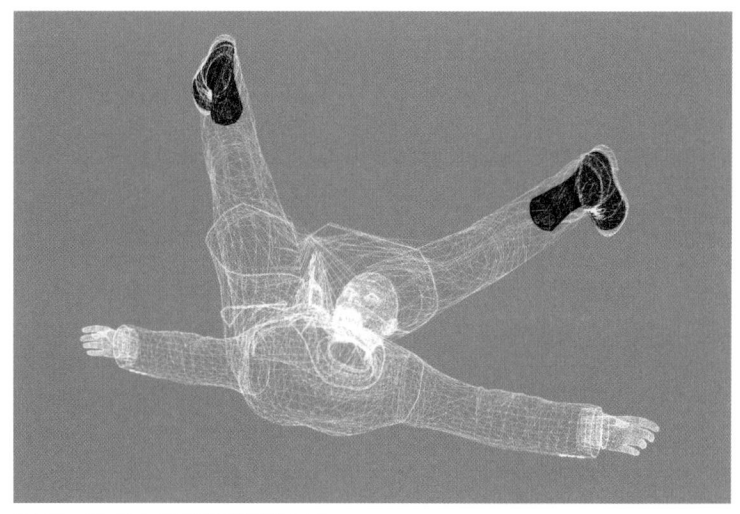

Abbildung 1: Carte BLACKSOCKS Sujet 2.

gibt ein einziges Leistungsversprechen ab: BLACKSOCKS befreit von Socken-Sorgen! Als Erfinder und Vermarkter eines cleveren, aber unendlich langweiligen Produktes verhält sich BLACKSOCKS innovativ, unterhaltsam, selbstironisch und bleibt immer alltäglich, wie das Produkt Socken-Abo selber.

Die Zielgruppe von BLACKSOCKS ist relativ homogen. Im Vordergrund stehen Männer zwischen 30 und 45 Jahren mit knappem Zeitbudget. Sie möchten ihre Zeit sinnvoller als für den Socken-Einkauf einsetzen und abonnieren ihre Socken bei BLACKSOCKS. Wie eine Kundenstamm-Analyse ergeben hat, sind Leute, die mehrheitlich einen anspruchsvollen Beruf und ein hohes Einkommen haben, sehr stark im Kundenstamm von BLACKSOCKS vertreten.

Zudem ist die BLACKSOCKS-Zielgruppe offener für neue Konzepte als der Durchschnitt. Sie geben gerne Geld für technische Gadgets aus und setzen sich früh mit neuen Technologien auseinander.

2.1.5 Das BLACKSOCKS-Marken-Credo: Aus Geschichten aus einer Socken-Sorgen-freieren Welt entsteht eine Marke

Die Marke ist nicht, was wir senden, sondern was beim Empfänger hängen bleibt. Gemäss unserem Marken-Credo möchte BLACKSOCKS Geschichten erzählen und erlebbar machen. Als Kleinstunternehmen haben wir kaum die Möglichkeit, mit grosser Medienwirkung Marketingbotschaften zu verbreiten. Vielmehr sind wir auf Geschichten angewiesen, die weiter erzählt und ohne viele Wiederholungen erinnert werden. Wir sind überzeugt, dass – nicht anders als im richtigen Leben – Geschichten am besten hängen bleiben. Geschichten sind unabhängig von visuellen Aspekten wie Corporate Design. Sie transportieren ausschliesslich Inhalt und Tonalität. Deshalb erzählen wir viele kleine Geschichten, die zusammen die Geschichte von BLACKSOCKS und somit von einem Socken-Sorgen-freieren Leben ergeben, unserem Leistungsversprechen. All diese Geschichten sind dabei Teil einer grösseren

Geschichte, nämlich der Geschichte der Socken-Sorgen-freieren Welt. Doch BLACKSOCKS-Geschichten sind mehr als leere Versprechen, unsere Kunden sollen diese auch erleben. Erlebtes ist immer stärker als Gehörtes. Aus dem Erlebten bauen wir Vertrauen auf. So schaffen wir die Beweisführung für ein Socken-Sorgen-freies Leben. Im Folgenden möchten wir einige dieser Geschichten kurz erzählen und den Einfluss auf die Marke abschätzen.

Der erste Eindruck: Es funktioniert!
Markenführung ist immer auch ein Erfüllen von Erwartungen mit dem Ziel, möglichst viele Personen der Zielgruppe zufrieden zu stellen. Denn Kundenzufriedenheit ist letztlich nichts anderes als die Differenz zwischen dem, was erwartet wurde, und dem, was man schlussendlich erhält. Zu viele Unternehmen ziehen lediglich das Leistungsversprechen in ihre Markenüberlegungen ein. Ein Kleinstunternehmen wie BLACKSOCKS hat hingegen die Möglichkeit, die Leistungserbringung in ihre Markenüberlegungen mit einzubeziehen. So verarbeitet BLACKSOCKS jede Bestellung, die bis 15.30 Uhr reinkommt, noch am selben Tag und verschickt diese mit der teuren A-Post. Im Normalfall trifft die Lieferung bereits am nächsten Tag beim Kunden ein, was aber niemals versprochen und so vom Kunden nie erwartet wird. BLACKSOCKS nutzt somit die Möglichkeit, einen guten ersten Eindruck zu hinterlassen und gleichzeitig die Erwartungen zu übertreffen, was wir als vertrauensfördernd und somit markenbildend ansehen. Erstlieferungen als teure A-Post zu verschicken, sehen wir als Investition in die Marke. Insbesondere in der Pionierzeit des Internets konnten viele Leute so äusserst positiv überrascht werden.

Mehr als bestellt: Jede Lieferung ein kleiner Event!
Als Anbieter eines der wohl langweiligsten Produkte überhaupt, die tagtäglich zudem mit Füssen getreten werden, gibt es für BLACKSOCKS kaum die Möglichkeit, mittels Newsletter oder Direct Marketing an bestehende Kunden relevante Informationen zu transportieren. Zudem haben langjährige Kunden mittlerweile gelernt, was sie erwartet, wenn sie eine Versandbox von BLACKSOCKS im Briefkasten finden: drei Paar Socken. Damit das Eintreffen frischer BLACKSOCKS für die Kunden dennoch etwas Besonderes bleibt, versuchen wir, mit jeder

Abbildung 2: BLACKSOCKS-Sujet Cadeau.

Lieferung eine kleine Geschichte zu inszenieren. Mittlerweile gibt es über 15 verschiedene Beilagen, die helfen sollen, das Eintreffen der frischen Socken zu einem Event zu machen. So wird beispielsweise unter dem Motto «Mach mal Pause nimm 'ne Brause» ein Beutel original Ahoi-Brause beigelegt. Ebenfalls beiliegend findet der Kunde eine Rechenanleitung. Ziel ist es, die Zeitersparnis durch ein Socken-Abo bis zum Lebensende auszurechnen. Dank dem Socken-Abo entfallen all die Momente des schlechten Gewissens wegen mangelndem Nachschub («eigentlich sollte ich»), die Zeit, in der man sich daran zu erinnern versucht, mit welchem Modell man in der Vergangenheit zufrieden war («Welche waren es?»), die Momente des lästigen Aussortierens nach dem Waschen und schliesslich das Ausmisten von Socken-Waisen, die durch den Verlust einzelner Socken entstehen. Rechnet man dies aufs Jahr hoch, so spart ein Socken-Abonnent über zwölf Stunden jährlich. Abonniert er mit 30 und bleibt bis zum Ende seiner Lebenserwartung treuer Kunde, so hat er über vier Wochen Freizeit dazu gewonnen. Während der Kunde nun seine Brause trinkt, kann er sich in aller Ruhe überlegen, was er sinnvollerweise mit der gewonnenen Zeit anfangen möchte. Mit diesen Beilagen haben wir die Möglichkeit, die Vorteile des Socken-Abos auf unterhaltsame Art und Weise wieder in

Erinnerung zu rufen und so eine auch emotionale Bindung zu BLACK-SOCKS aufzubauen.

Abbildung 3: Brause.

2.1.6 Besser als die Börse?

Blenden wir zurück in den Spätsommer 2002. Zwei Dauerthemen beschäftigen das Land: Börsenflaute und Rentenklau. Damit sassen plötzlich viele Menschen auf ihren liquiden Mitteln und konnten diese nicht in die Pensionskasse einzahlen oder diese an der Börse Gewinn bringend anlegen. Um diesen Leuten eine echte Investitionsmöglichkeit bieten zu können und ihre Liquidität, wenn auch in bescheidenem

Rahmen, abzubauen, hat BLACKSOCKS kurzerhand das Lifetime-Abo erfunden. Beim Lifetime-Abo investiert der Kunde in seinen zukünftigen Sockenbedarf. Dabei werden die Zahlungen für die zukünftigen Abo-Jahre mit 5 Prozent abgezinst, und damals war dies wohl eine der bestverzinsten Anlagen überhaupt. Auch diese Aktion wurde von der Presse wohlwollend aufgenommen, und mit der Geschichte wurde der Nutzen des Socken-Abos dramatisiert. Das Resultat war, dass BLACKSOCKS zwar einige Interessenten hatte, doch bis anhin lediglich zehn Lifetime-Abos verkauft hat. Die Abverkäufe für das Standard-Sortiment profitierten aber stark von der Präsenz des Lifetime-Abos. Der Name BLACKSOCKS stand wiederum im Zentrum des Interesses, verbunden mit einer Geschichte, die Produktnutzen und Markenwerte transportiert und einfach erinnert wird.

2.1.7 LOVESOCKS: Ist das Liebe?

Aus der Beobachtung, dass der Blumenfachhandel zweimal im Jahr sehr gute Abverkäufe hat, nämlich an Weihnachten und am Valentinstag, hat BLACKSOCKS im Jahr 2001 folgende Geschichte inszeniert. Der Valentinstag gilt als Tag der Liebenden, doch Fakt ist, dass der Mann seiner Angebeteten Blumen schenkt und selber leer ausgeht. Wir haben uns zu diesem Sachverhalt die ketzerische Frage erlaubt: Ist das Liebe? Gleichzeit haben wir beobachtet, dass im Zeitalter von E-Mail und SMS der klassische duftende Liebesbrief latent vom Aussterben bedroht ist. Auch hier wollte BLACKSOCKS nicht tatenlos zusehen und hat kämpferisch LOVESOCKS, die duftende Liebeserklärung, mit einem Socken-Geschenk-Abonnement zum Valentinstag lanciert. Am Produkt wurde wenig geändert. Der Lieferschein wurde als Liebesbrief formuliert und als Versanddatum wurde ein Tag vor St. Valentin festgelegt. Zudem hatte die Schenkerin aus fünf verschiedenen Damendüften zu wählen, mit welchen die erste Geschenklieferung parfümiert werden sollte. Für das nötige Einkauferlebnis sorgte eine in Rosa gehaltene Website, die mit Vogelgezwitscher unterlegt wurde und unter dem Thema «l'amour toujours!» aufgemacht wurde. Zur Abrundung spielte die entsprechende Website auch noch «Postillon d'Amour». Hierzu konnte aus vorgefertigten Liebeserklärungen aus drei unterschiedlichen Leidenschaftlichkeitslevels ausgewählt werden.

Abbildung 4: Logo LOVESOCKS.

Die kämpferische Aufmachung und leicht ironische Umsetzung kalkulierte von Anfang an ein Medienecho mit ein, was denn auch geschah. Mindestens drei Fernsehstationen, einige Zeitungen und Lokalradios berichteten über die Geschichte, was die Frequenz auf der Website massgeblich erhöhte. Entsprechend stiegen denn auch die Abverkäufe, und BLACKSOCKS konnte 7000 Liebeserklärungen auf verschiedenen Leidenschaftlichkeitslevels verschicken. Verkauft wurden aber nur zirka 70 LOVESOCKS-Abos, denn die meisten Besucher waren Männer, für die die Geschichte viel relevanter war als für die Frauen. Die Männer bestellten aber ganz normale Socken-Abos, und BLACKSOCKS hatte tatsächlich zum zweiten Mal innert weniger Wochen erhöhte Abverkäufe. Mit dieser Aktion konnte der Name BLACKSOCKS nicht nur weiter bekannt gemacht werden, sondern auch mit einigen für Männer wichtigen Werten in Verbindung gebracht und aktuell gehalten werden.

2.1.8 Branding am Menschen?

Mit steigender Bekanntheit des Unternehmens stieg auch das Interesse an den Gründern. Immer wieder wurden wir an öffentliche Veranstaltungen eingeladen und es stellte sich die Frage, wie wir die Marke auch visuell transportieren können. Verschiedene aus der Welt des Sports bekannte Branding-Varianten wurden ins Kalkül mit einbezogen: Logo auf Hemdkragen, spezielle Hütchen und so weiter. Doch schiesslich sind wir Unternehmer und keine Skispringer. So galt es, neue Formen zu suchen, um das eigentlich «unsichtbare Produkt» an uns sichtbar zu machen. Die Lösung war schlussendlich ganz einfach. Wie es sich für erfolgreiche Unternehmer gehört, kauften wir uns je einen Massanzug, jedoch einen Massanzug mit Shorts, die freien Blick auf die Socken erlauben. Was am Anfang nicht immer ganz angenehm und im Winter auch manchmal ein wenig kalt war, hat sich zu einem Teil der visuellen Markenpersönlichkeit von BLACKSOCKS gemausert. Der Anzug mit

Abbildung 5: Sockentäter.

Shorts fällt nicht nur auf, sondern ruft beim Betrachter auch Geschichten ab oder öffnet Türen zum Erzählen einer Socken-Geschichte.

Sicherlich findet BLACKSOCKS die Möglichkeit, weitere Kapitel in der Geschichte über eine Socken-Sorgen-freiere Welt zu erzählen.

2.1.9 Herausforderungen in der Markenführung

BLACKSOCKS hat in den letzten Jahren gelernt, dass es auch für ein Kleinstunternehmen unverzichtbar ist, mittel- und langfristig eine starke Marke aufzubauen. Dabei hat sich gezeigt, dass das Markenversprechen die Leitplanken für das unternehmerische Handeln setzt und intern gar als Qualitätsmassstab eingesetzt werden kann. Alles, was mit dem Markenversprechen nicht vereinbar ist, darf auch nicht gemacht werden. Ansonsten wird es nie möglich, eine profilierte Marke aufzubauen.

Gerade kleine Unternehmen haben es im permanenten Kampf um Aufmerksamkeit besonders schwer. Jedes sich bietende Kommunikationsfenster muss genutzt werden, um die Marke zu stärken. Hierzu ist ein konsistentes Auftreten, das aber dennoch vital und ausbaubar ist, äusserst wichtig. Als Markenverantwortlicher hat man oft den Eindruck, dass es an der Zeit ist, alles neu zu machen, weil man den Eindruck hat, das Bisherige sei ausgelatscht. Doch gerade das stetige Wiederholen der Botschaften macht den Erfolg aus.

Was grösseren Unternehmen schwer fällt, ist die Chance der Kleinen. Im Zeitalter ausgelagerter Call Center haben viele grosse Unternehmen den Bezug zum Kunden verloren und versuchen, diesen über teure CRM-Massnahmen wieder unter Kontrolle zu bringen. Im Gegensatz dazu können Kunden kleiner Unternehmen die Marke bei der Leistungserbringung tagtäglich noch persönlich erleben. Kleinunternehmen können ihr Markenversprechen einlösen und für die Kunden erlebbar machen. Nur so werden Kunden zu Botschaftern der Marke, und das Kleinunternehmen kann sich auch gegen übermächtige Marketingbudgets und ruinösen Preispromotionen seinen Platz verteidigen.

Die Herausforderung für BLACKSOCKS wird es sein, auch in Zukunft immer aktuell und relevant über alle möglichen Kontaktkanäle zu bleiben, was in starken Wachstumsphasen nicht immer einfach ist. In der Vergangenheit wurde dem konsistenten visuellen Eindruck tendenziell zu wenig Aufmerksamkeit geschenkt. Hier besteht für BLACKSOCKS sicherlich Nachholbedarf. Die entsprechenden Schritte wurden bereits eingeleitet.

Konklusion der Herausgeber

Der Beitrag «Socken-Geschichten um die Marke BLACKSOCKS» von Samy Liechti zeigt eindrücklich auf, dass verschiedene Kommunikationsmassnahmen den Markenaufbau und die Markenprofilierung stützen können. Eine starke Fokussierung auf die klassischen Medien ist für KMU aus Kostengründen oftmals nicht effizient. Public Relations dagegen können eine hohe Medienwirkung zu geringen Kosten erzielen – wie der Fall BLACKSOCKS zeigt.

Weiterhin zeigt der Beitrag auf, dass die Führungspersonen in KMU wichtige Botschafter der Marke sind. Sie verkörpern die Marke und müssen das Markenversprechen durch ihr eigenes Handeln gegenüber externen Anspruchsgruppen, aber auch gegenüber den Mitarbeitern einlösen.

Für Unternehmen kann eine Analyse der kommunikativen Markenkontaktpunkte hilfreich sein, um eine markenidentitätsgerechte Ansprache aller relevanten Anspruchsgruppen wie den Kunden sicherzustellen. Weiterhin kann sie einen zielgerechten Einsatz der Massnahmen vorbereiten und eine integrierte Kommunikation der Marke über alle Kanäle hinweg ermöglichen. Insbesondere für KMU ist eine Markenkontaktanalyse einfach durchführbar, da die Kommunikationsprozesse eine geringe Komplexität besitzen und alle kommunikativen Massnahmen unter einer Klammer leicht zusammengefasst werden können.

Prof. Dr. Torsten Tomczak, Tim Oliver Brexendorf

«Rivella – welche Farbe hat dein Durst?» 2.2

Die Rivella AG ist als Lizenzunternehmen der Rivella International AG in der Herstellung, der Vermarktung und dem Vertrieb der Marken Rivella, Michel, Passaia, Rivi Marathon tätig. Das Sortiment wird ergänzt durch die Handelsprodukte Grapillon (Traubensaft) und Vallée Noble (elsässisches Mineralwasser). Sie entwickelte sich im Laufe der Zeit zur grössten Unternehmensgruppe für Marken-Süssgetränke schweizerischer Herkunft.

2.2.1 Die Geschichte von Rivella

Gegründet wurde das Familienunternehmen Rivella am 30. Oktober 1952 vom damals 30-jährigen Zürcher Robert Barth. Als angehender Jurist stiess Barth in den Nachkriegsjahren zufällig auf ein Verfahren zur Herstellung von Bier unter Verwendung von Molke. Von der Idee fasziniert, daraus ein neues, gesundes Getränk zu entwickeln, richtete er im Keller seines Elternhauses ein Mini-Labor ein. Zusammen mit einem Assistenten der ETH Zürich entwickelte er schliesslich ein Verfahren zur Veredelung von Molke in ein fett- und eiweissfreies Milchserum. Unter Zugabe von Wasser, Zucker, Kräuter- und Fruchtauszügen entstand das noch heute unveränderte Rivella rot.

Auch bei der Suche des Markennamens wählte Robert Barth einen unkonventionellen Weg. Er konsultierte das Stationenverzeichnis der SBB und stiess auf das Tessiner Dorf Riva San Vitale. Nach schweizerischem

Franz Rieder, CEO Rivella Gruppe

Recht sind Orts- und Personennamen geschützt und können nicht als Marke für ein Produkt verwendet und geschützt werden. Weil ihm der Klang des Namens aber gefiel, schlug Barth das italienische Wörterbuch auf und suchte nach Begriffen mit «Riva...» und stiess schliesslich auf Rivelazione, die Offenbarung. Aus beiden Begriffen zusammen entstand das Fantasiewort Rivella. Rivella ist ein Begriff, der in allen Sprachen gut ausgesprochen werden kann, kurz und leicht einprägsam ist. Damit das Produkt in den Regalen sofort die Aufmerksamkeit der Käufer erweckte, wurde ein markanter Schriftzug auf roter, signalfarbener Etikette gewählt. Schon seit den Anfängen von Rivella setzte die Unternehmung auf Farbcodes. Dies erwies sich später als Glücksfall. 1959 wurde Rivella blau als erster kalorienreduzierter Softdrink auf den Markt gebracht, 40 Jahre später Rivella grün. Seit 1999 wurde auch die ganze Kommunikation auf die Rivella-Farben aufgebaut. Die Botschaft «Welche Farbe hat dein Durst?» steht seither über sämtlichen Kommunikationsmassnahmen und erlaubt eine klare Differenzierung der drei Rivella-Welten Rot, Blau und Grün.

Heute erwirtschaftet die Rivella AG mit ihren 270 Mitarbeitenden einen Jahresumsatz von 160 Mio. Franken. Von den 122 Mio. produzierten Litern werden immer noch rund 80 Prozent im Heimmarkt Schweiz abgesetzt. Im Schweizer Süssgetränkemarkt ist die Rivella AG mit einem Marktanteil von 19 Prozent (wertmässig) und 15,5 Prozent (mengenmässig) die Nummer 2 hinter Coca-Cola. Im Ausland ist Rivella in den Niederlanden, Luxemburg, in den Grenzregionen von Frankreich, Deutschland und Österreich sowie in Florida erhältlich.

Neben Rivella gehört die Fruchtsaftmarke Michel, das elsässische Mineralwasser Vallée Noble und der Traubensaft Grapillon in das Markenportfolio der Rivella AG. Exklusiv für den Absatzkanal Migros stellt die Rivella AG die Markenartikel Mivella und Passaia her. (Passinel wurde im Oktober 2004 in der Migros von Passaia abgelöst. Passaia ist nun exklusiv in der Migros erhältlich.) Die Markenrechte für diese beiden Produktlinien liegen bei der Rivella AG.

Die Marke Rivella ist die Substanz der Unternehmung und steht im Zentrum ihres Handelns. Die Kernkompetenz als Markenartikler und

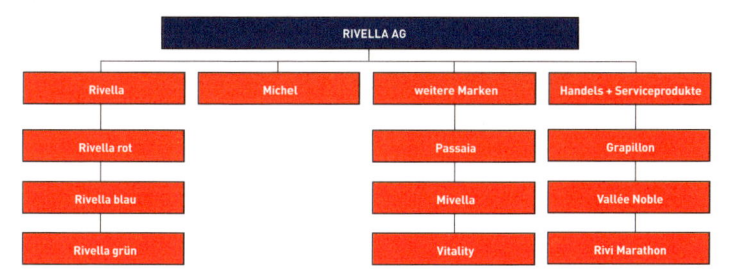

```
                    RIVELLA AG
    ┌──────────┬──────────┬──────────────┬──────────────────────┐
  Rivella     Michel   weitere Marken  Handels + Serviceprodukte
  Rivella rot            Passaia        Grapillon
  Rivella blau           Mivella        Vallée Noble
  Rivella grün           Vitality       Rivi Marathon
```

Abbildung 1: Markenarchitektur Rivella AG.

traditioneller Getränkehersteller wird aber genutzt, um das zweite Markenstandbein Michel mit innovativen und profitablen Produkteneuheiten kontinuierlich zu stärken und so die Abhängigkeit von der Marke Rivella zu mindern. In dieser Case Study wird nur auf die Markenstrategie von Rivella eingegangen.

2.2.2 Die Herausforderungen der Markenführung von Rivella

Die Herausforderungen von Rivella in der Markenführung sollen anhand der SWOT-Analyse dargestellt werden.

Eine herausragende Stärke von Rivella liegt in der Einzigartigkeit des Produktes betreffend Zusammensetzung (Milchserum, 100 Prozent natürlich, keine Konservierungsmittel) und Geschmack. Dies ist sicher der wichtige USP der Marke. Als weitere Stärke der Marke Rivella kann der hohe Bekanntheitsgrad in der Schweiz genannt werden (97 Prozent gestützte Bekanntheit). In der Schweiz wächst man heute mit Rivella auf. Oft ist es der erste Softdrink, der einem als Kind von den Eltern erlaubt wurde. Weiter verfügt Rivella über ein sehr gutes Image bei Kunden und Konsumenten. Jährliche Umfragen wie zum Beispiel diejenige des Marktforschungsinstitut IHA-GfK beweisen dies. Aus der letzten Umfrage ging die Rivella AG als viertbeliebtestes Schweizer Unternehmen hervor. Spitzenwerte wurden Rivella bei den beiden Faktoren «Ist ein besonders sympathisches Unternehmen» und

«Ist ein besonders vertrauenswürdiges Unternehmen» zugeordnet. Diese Imagewerte der Unternehmung korrelieren mit den Imagewerten der Marke Rivella. Aus Markenstudien des Marktforschungsinstituts LINK geht hervor, dass Rivella als vertrauenswürdige Marke und gesundes, natürliches Produkt wahrgenommen wird. Der Distributionsgrad von Rivella ist nahezu 100 Prozent, sowohl im Detailhandel als auch in der Gastronomie. Die Unternehmung ist daher nicht abhängig von ein, zwei Grosskunden.

Den genannten Stärken stehen jedoch auch einige Schwächen gegenüber. Die Nachfrage nach Rivella und das Image der Marke sind in der Westschweiz gegenüber der Deutschschweiz im Rückstand. Rivella ist bei den jugendlichen Konsumenten (14–25-jährig) eher untervertreten. Diese Konsumentengruppe bevorzugt gerade in der Freizeit oft Cola-Produkte, Energy-Drinks oder Alco-Pops.

Eine Chance für Rivella liegt im gestiegenen Gesundheitsbewusstsein der Konsumenten. Functional-Food und -Drinks sind bei den Konsumenten nach wie vor beliebt. Traditionelle Werte wie Heimat und Schweizer Produkte haben in den letzten Jahren an Bedeutung gewonnen. Weiterhin lässt sich für Rivella das Marktpotenzial in der Westschweiz noch weiter erschliessen.

Eine Gefahr für Rivella könnten die vielen Innovationen im Bereich der Wellness-Getränke auf Mineralwasserbasis darstellen, die in den letzten Monaten den Getränkemarkt überfluten. Das stark sinkende Preisniveau ausländischer Softdrinks, die in die Schweiz eingeführt und hier verkauft werden, können auch die inländischen Süssgetränke preislich unter Druck setzen. Was die reinen Produktionskosten in der Schweiz betrifft, ist Rivella hier eher im Nachteil. Eine weitere Gefahr für die Getränkebranche und somit auch für Rivella ist die rückläufige PET-Recycling-Quote und das damit zusammenhängende und bereits vom Bundesamt für Umwelt, Wald und Landschaft (BUWAL) angedrohte Zwangspfand.

2.2.3 Positionierung und Zielgruppen der Marke Rivella

Rivella ist ein typisch schweizerisches Produkt. Die Marke steht für ein gesundes Leben, das Spass macht. Positioniert ist Rivella als natürlicher, gesunder Durstlöscher auf der Basis von Milchserum. Milchserum enthält für die Gesundheit wertvolle Mineralstoffe, Vitamine, Spurenelemente, Milchzucker und Milchsäure.

Rivella gibt es in den drei Subbrands Rivella rot, Rivella blau und Rivella grün. Dabei ist Rivella rot der seit über 50 Jahren unveränderte Klassiker, Rivella blau die kalorienreduzierte Variante und Rivella grün ist angereichert mit Grüntee-Extrakten. Für jeden der drei Subbrands wurde eine Markenwelt definiert. In diesem Umfeld finden sich auch die Kommunikationsschwerpunkte wieder. Die drei Rivella-Welten sind:

ROT = Sport
Rivella rot ist dank seiner Zusammensetzung der ideale Durstlöscher nach körperlicher Anstrengung. Unvergessen ist sicher der Werbespruch «Sportler trinken Rivella». Auch heute noch hat diese Aussage Gültigkeit und zeigt die Verbundenheit von Rivella mit dem Sport auf.

BLAU = Freizeit/Kultur
Rivella blau enthält keinen Zucker und ist deshalb der leichte und gesunde Durstlöscher, der Seele und Sinne erfrischt. Idealerweise wird Rivella blau in der Freizeit zusammen mit Kollegen und Freunden getrunken.

GRÜN = Arbeitsumfeld/Schule/Studium
Rivella grün wird zusätzlich mit wertvollen Grüntee-Extrakten angereichert. Neben den vielen gesundheitlichen Aspekten ist es erwiesen, dass Grüntee den Geist anregt. Deshalb trinkt man Rivella grün am besten immer, wenn frische Ideen gefragt sind, sei es im Büro, in der Schule oder an der Uni.

Grundsätzlich ist Rivella ein gesundes Erfrischungsgetränk für die breite Masse. Von ganz Jung bis ins hohe Alter hat Rivella eine grosse Anhängerschaft. In der Kommunikation fokussiert sich Rivella auf folgende Hauptzielgruppen:

Weltoffene Personen im Alter von 18 bis 40 Jahren, die aktiv am Leben teilnehmen und sich ihr Leben nach ihren Vorstellungen gestalten. Diese Personen leben gesundheits- und verantwortungsbewusst, sich und der Umwelt gegenüber. Sich-wohl-Fühlen ist dabei für sie die Voraussetzung für ein aktives Leben. Von besonderer Bedeutung sind für Rivella die Familien.

Nach Subbrands unterteilt sind die Hauptzielgruppen für Rivella rot die körperlich aktiven Menschen, für Rivella blau kulturell interessierte Menschen (ab 25-jährig, eher weiblich) und für Rivella grün die arbeitende Bevölkerung respektive Studenten und Schüler.

2.2.4 Massnahmen der Markenführung

Die Marke Rivella wird kontinuierlich durch eine Vielzahl von Marketingmassnahmen gestützt. Die Marke wird sowohl durch produkt-,

Abbildung 2: Historische Anzeigen.

kommunikations-, preis- und distributionspolitische Massnahmen differenziert.

Die Rivella AG hält ihr Angebot unter der Marke Rivella bewusst schmal, um die Marke nicht zu verwässern. Rivella rot ist, was die Rezeptur betrifft, seit über 50 Jahren unverändert. Rivella blau wurde bereits 1959 in der Schweiz eingeführt, als erstes Süssgetränk ohne Zucker überhaupt. Erst ein Vierteljahrhundert später schwappte die Lightwelle von Amerika nach Europa über, und kalorienreduzierte Produkte kamen in den Trend. Es brauchte weitere 40 Jahre, bis der Markt reif war für eine weitere Rivella-Varietät: Rivella grün wurde 1999 nach Aussage des Marktforschungsinstituts IHA-GfK als erfolgreichste Neuheit der jüngeren Zeit in der Getränkeindustrie eingeführt.

Um ein Ausufern des Sortiments zu verhindern, werden unter der Marke Rivella nur neue Produkte eingeführt, wenn damit neue Konsumentenkreise erschlossen oder die Konsumintensität gesteigert werden können. Mit Rivella grün war dies 1999 der Fall. Die Einführung belebte die Marke zusätzlich. Es konnten neue Konsumenten angesprochen werden, und die beiden bestehenden Produkte Rivella rot und Rivella blau gewannen Marktanteile. Eine Kannibalisierung von rot und blau blieb vollständig aus.

Auch die Verpackungen orientieren sich an Konsumententrends und -bedürfnissen. So wurde 1995 die PET-Flasche eingeführt. Dem Bedürfnis nach mehr Mobilität wird Rivella mit praktischen Unterwegskonsumgebinden gerecht. Seit letztem Jahr werden für Grosseinkäufe anstelle von Harassen zusätzlich Schrumpfpackungen angeboten.

Unter der Marke Rivella werden Qualitätsprodukte im oberen Preissegment angeboten. Aktionen und Preisnachlässe werden nur restriktiv gewährt. Die Premium-Pricing-Politik ist ein zentraler Bestandteil der Markenwertpflege.

Rivella ist und bleibt breit distribuiert. Potenzial hat es noch in der Westschweiz und mit Rivella grün. Eine Distributionsausweitung um jeden Preis wird vermieden.

Rivella investiert überdurchschnittlich in die Kommunikation ihrer beiden starken Marken Michel und Rivella. Bei Rivella werden einerseits die Markenkernwerte «gesund», «natürlich», «erfrischender Durst-

Abbildung 3: Aktuelle Plakatsujets.

löscher», «auf der Basis von Milchserum» kommuniziert. Dies geschieht mit gezielten Kleininseraten, die den Zusatznutzen von Rivella herausstellen (so genannter Added Value) und PR-Massnahmen in Gesundheits- und Fachtiteln.

Die drei Markenwelten von Rivella werden mit Sponsoringmassnahmen für die Konsumenten erlebbar gemacht. Die Rivella AG ist mit ihrer Sports&Events-Abteilung jährlich an rund 400 Anlässen in Kultur und Sport präsent, davon sind etwa 50 nationale und internationale Grossanlässe. Darunter finden sich renommierte Anlässe wie zum Beispiel der freestyle.ch in Zürich, die Lakeparade in Genf, das Paléo Festival in Nyon und das Filmfestival in Locarno. Hier ist es Rivella möglich, direkt mit ihrer Zielgruppe in Kontakt zu treten. Seit ihren Anfängen vor über 50 Jahren setzt sich die Rivella AG aktiv für den Schweizer Spitzen- und Breitensport ein. So ist Rivella zum Beispiel das offizielle Getränk der Schweizer Olympia-Mannschaften, der Schweizer Skinational- und Unihockey-Mannschaften. Ein besonderes Anliegen ist Rivella eine sinnvolle Freizeitbeschäftigung der Jugend. So unterstützt Rivella seit vielen Jahren als Presentingsponsor die beliebten Rivella-Family-Contest-Plauschskirennen, die Rivella-Climbing-Contests für Schulen oder als Hauptsponsor die Kinderkonzerttournee.

2.2.5 Empfehlungen für die Markenführung und zukünftige Herausforderungen

Die wichtigsten Learnings für die Markenführung aus Sicht der Rivella AG sind:

- Konzentration und Fokussierung auf eine, maximal zwei starke Marken.
- Über ein Markenprofil mit klarem USP verfügen und dieses in der Kommunikation auch konsequent umsetzen. Dies in Bezug auf das Erscheinungsbild (Wiedererkennbarkeit der Marke) und in Bezug auf den Inhalt der Botschaft.

- Keine ausufernden Sortimente, um eine Verwässerung der Marke zu verhindern.
- Bezüglich Preis- und Konditionenpolitik eine klare und für den Handel nachvollziehbare Strategie verfolgen und diese auch konsequent einhalten.
- Nachhaltig und konstant in die Marke investieren.
- Markenführung selber in der Hand behalten und nicht an Agenturen oder externe Partner (z.B im Ausland) delegieren.

Der Preis- und Margendruck seitens des Handels wird in Zukunft noch weiter zunehmen. Gerade auch im Hinblick auf den Markteintritt von ausländischen Discountern. Umso mehr wird es in Zukunft von entscheidender Bedeutung sein, den Weg der eingeschlagenen Markenstrategie konsequent und nachhaltig weiterzuverfolgen und nicht der Versuchung zu verfallen, zu Lasten der Marke Konzessionen im Bereich der Strategie und des Preises, als wichtige Komponente davon, einzugehen.

Konklusion der Herausgeber

Rivella ist ein wichtiges Stück Schweizer Markengeschichte. Diese spiegelt sich auch in einem hohen monetären und verhaltenswissenschaftlichen Markenwert wider. Die Marke Rivella ist nach einer Untersuchung von Interbrand, Zintzmeyer & Lux und «Bilanz» die 41 wertvollste Marke der Schweiz und wird mit einem Wert von 48 Millionen Franken beziffert. Neben der hohen monetären Bewertung der Marke besitzt die Marke Rivella in der Schweiz eine gestützte Bekanntheit von 97 Prozent und wird als besonders sympathisch und vertrauensvoll assoziiert.

Der Erfolg und die Stärke der Marke Rivella wurde in der über 50-jährigen Geschichte durch innovative Produkte und eine konsequente und kontinuierliche Markenpflege erzielt. Im Spannungsfeld zwischen Kontinuität und Varietät verfolgt die Rivella AG einen sehr erfolgreichen Weg durch konsequentes Subbranding. Der Markenaufbau erfolgt durch stringente Markenkommunikation. Der Markenslogan «Welche Farbe hat dein Durst?» ermöglicht eine Assoziationsverknüpfung der Farben «Rot», «Grün» und «Blau» mit der Marke Rivella und eröffnet Handlungsspielraum für Markenerweiterungen. Die Verbindung von innovativen Produkten und erfolgreicher Markenführung zeigt auch erfolgreiche Wege von KMU auf.

Prof. Dr. Torsten Tomczak, Tim Oliver Brexendorf

MOTOREX – «Challenge the limits» 2.3

Die Langenthaler Firma BUCHER AG LANGENTHAL ist Hersteller von qualitativ hochstehenden Schmier- und Pflegeprodukten. Sie ist besser bekannt unter dem Markennamen MOTOREX und beliefert Garagisten, Servicewerkstätten, Industrieunternehmen, Maschinenkonstrukteure, landwirtschaftliche Betriebe sowie Motorradfahrer und Motorbootbesitzer mit einem Sortiment von mehr als 1800 Produkten aus allen Bereichen. MOTOREX steht für ständige Innovationen und Produktweiterentwicklungen, die zusammen mit Kunden und Partnern permanent unter härtesten Einsatzbedingungen getestet werden. MOTOREX-Produkte verfolgen den Anspruch technologisch auf dem letzten Stand zu sein und halten sich an typische Schweizer Qualitätsstandards. Typisches Markenzeichen ist das grüne Fass. Der Slogan der Firma heisst «Challenge the limits». Aber zunächst ein kurzer Einblick in die Geschichte des Unternehmens, bevor auf die Markenführung von MOTOREX eingegangen wird.

2.3.1 Ein historischer Einblick

1917 wurde die BUCHER AG LANGENTHAL von Arnold Bucher gegründet und produzierte vorerst Leder- und Bodenpflegemittel der Marke REX. 1947 wurde die Marke MOTOREX lanciert, unter der seither Schmierstoffe und Pflegeprodukte in höchster Qualität entwickelt, produziert und vertrieben werden. Vorerst verkaufte man etwa ein Fass

Edi Fischer, Leiter Marketing und Verkauf, Bucher AG, Langenthal

Schmierstoffe pro Tag. 1974 erfolgte die Gründung der Schwesterfirma MOTOREX AG. Sie spezialisierte sich auf die Herstellung von Schmiertechnik für die metallverarbeitende Industrie. 1997 wurde die MOTOREX TOPTECH AG gegründet. Sie ist komplementär zu ihren beiden Schwesterfirmen im Handel mit Garagen- und Werkstatteinrichtungen tätig und agiert als Importeur für eine Vielzahl von führenden Markenprodukten. 2001 erfolgte schliesslich die Gründung der MOTOREX USA Inc., welche als Vertriebsgesellschaft die MOTOREX-Produkte in den USA vertreibt. Die BUCHER AG exportiert heute Produkte in etwa 50 Länder rund um den Globus und erwirtschaftet weltweit einen Umsatz von rund 100 Mio. CHF. Der Exportanteil beträgt 25 Prozent.

In Langenthal BE zu Hause beschäftigt die Firma heute über 200 Mitarbeiter. Mit 7,3 Millionen Litern verfügt das Unternehmen über das grösste Basisöllager der Schweiz, weitere 2 Millionen Liter lagern in externen Tankanlagen.

2.3.2 Tätigkeitsfelder

Die BUCHER AG LANGENTHAL ist mit der Marke MOTOREX der grösste Hersteller von Schmier- und Pflegeprodukten der Schweiz. Rund jeder vierte Motor hier zu Lande erbringt seine Leistung mit Unterstützung von MOTOREX-Produkten. Das Angebot von rund 1800 Markenartikeln bietet ein umfassendes Sortiment für Unterhalt und Pflege von Automobilen, Transport- und Baufahrzeugen, Landmaschinen, Zweirädern sowie Anlagen und Maschinen aller Art. Dabei spielen sachgemäss die Motorenöle eine zentrale Rolle. Im internationalen Umfeld hat sich MOTOREX eine bedeutende Position im Motorrad- und Fahrradbereich geschaffen. Die grosse Nähe zum Rennsport hat auf der einen Seite zu einer Vielzahl von technologisch hoch stehenden und rennerprobten Innovationen geführt. Andererseits hat diese wesentlichen Anteil an der eindeutigen Positionierung und guten Markenbekanntheit beigetragen.

2.3.3 Stellenwert der Marke für den Unternehmenserfolg

Die Marke MOTOREX trägt im hohen Masse zum Unternehmenserfolg bei: Je nach Geschäftsfeld und insbesondere auch in den internationalen Aktivitäten werden sehr hohe Anteile des Umsatzes durch Retailverkäufe getätigt. Hier hat die Marke MOTOREX dieselben Aufgaben der Vertrauensgebung und der Entscheidungslenkung wie bei einem klassischen Markenartikel. Diese wird im internationalen Umfeld sowie bei nichtgewerblichen Grosskunden sowie bei jüngeren Kunden umso wichtiger, weil dort im Gegensatz zu vielen gewerblichen Kunden der Schweiz kein direkter Bezug mehr zur Firma bzw. zum Besitzer besteht. Auch im Business-to-Business-Geschäft spielt die Marke eine wichtige Rolle. In Kombination mit der persönlichen Beratungsleistung sorgt sie für das Vertrauen in die spezifisch angepasste und konstant hohe Qualität der Produkte. Nur in wenigen Fällen haben Schmiermittel einen Commodity-Charakter.

2.3.4 Zielgruppen und Herausforderungen in der Markenführung

Die Dachmarke MOTOREX fasst eine Vielzahl von Produkten unter dem Markendach zusammen, die an unterschiedliche Kundensegemente vertrieben werden. Die Marke MOTOREX löst Schmier- und Pflegeprobleme in sehr vielfältigen Anwendungsgebieten, bei unterschiedlichsten Kundensegmenten und in Märkten mit sehr unterschiedlicher Marktpenetrationen. Allein in der Schweiz gibt es 20 000 aktive Kunden. Das Angebot umfasst Hightech-Schmierstoffe für Autos und Motorräder, LKW- und Landwirtschaftsschmierstoffe, Pflegeprodukte für Fahrräder bis zu Kühlschmierstoffen für die metallbearbeitende Industrie. Je nach Segment und Markt variieren die Anteile von Business-to-Business zu Business-to-Consumer von fast 0 bis zu 100 Prozent.

Durch die Dachmarken-Strategie versucht das Unternehmen, eine höhere Akzeptanz beim Handel und beim Endkunden zu erzielen und eine unverwechselbare Markenidentität aufzubauen. Die Nachteile der Dachmarkenstrategie bleiben jedoch nicht unberücksichtigt. Eine zu starke Dehnung der Marke kann zum Akzeptanzverlust bei Konsumenten in spezifischen Segmenten führen. Dies kann insbesondere dann geschehen, wenn die unter der Marke MOTOREX vertriebenen Produkte in sehr unterschiedlichen Segmenten angesiedelt sind. Die Dachmarke MOTOREX muss somit eine Klammer über alle Produkte bilden und jede Form der Kommunikation muss auf die Dachmarke einzahlen. Eine Definition des Markenkerns ist deshalb von sehr grosser Bedeutung.

Um die Marke MOTOREX nicht zu überdehnen, fokussiert sich die Marke einerseits auf den Heimatmarkt mit einer breiten Abdeckung aller Schmierstoffanwendungsgebiete. Andererseits werden weltweit Nischenmärkte bedient, welche die multinationalen Ölfirmen auf Grund ihrer Grösse kaum effizient bearbeiten können. Durch die Nähe zum Kunden nimmt MOTOREX Trends früh auf und kann schnell und innovativ neue Produkte entwickeln. Durch die Lancierung von zielgruppenspezifischen Produktlinien und korrespondierenden Verkaufsabteilungen positioniert MOTOREX neue Produkte sehr fokussiert.

Unter der Dachmarke MOTOREX sind eine ganze Reihen von MOTOREX-Produktlinien vereinigt. Im Sinne eines ganzheitlichen und verständlichen Angebotes sind darunter jeweils jene Produkte zusammengefasst, die für eine spezifische Zielgruppe oder ein spezifisches Anwendungsgebiet entwickelt wurden, ergänzt mit den wichtigsten allgemein anwendbaren Produkten.

Selbst innerhalb dieser Produktlinie ergeben sich Untersegmente, die MOTOREX mit spezifisch entwickelten und positionierten Produkten besonders dicht besetzen kann. Hier werden zum Beispiel im Motorradbereich die unterschiedlichen Bedürfnisse von Strassen- und Offroadmaschinen oder Rennsport- und Alltagsfahrern mit ensprechenden Produkten abgedeckt. In mehreren Fällen hat MOTOREX Produkte im Co-Branding lanciert. Als Beispiel sei ein Motorenöl genannt, welches im Co-Branding mit dem Motorradhersteller KTM und spezifisch für den rennsporttreibenden KTM-Fahrer entwickelt und vermarktet wird.

MOTOREX Carline:	PKW-Produkte für Garagen und Automobilisten
MOTOREX Motoline:	Produkte für Motorradwerkstätten und Motorradfahrer
MOTOREX Truckline:	Produkte für LKW und Baumaschinen
MOTOREX Farmerline:	Produkte für Land- und Forstwirtschaft, Gartenbau
MOTOREX Alpine Line:	Produkte für Bergbahnen und Skiresorts
MOTOREX Marine Line:	Produkte für Motorboote und andere Wasserfahrzeuge
MOTOREX Bike Line:	Produkte für Fahrräder
MOTOREX Kart Line:	Produkte für Go-Karts
MOTOREX Arctic Line:	Produkte für Schneemobile
MOTOREX ATV-Line:	Produkte für ATVs und Quads
MOTOREX Industrial line:	Produkte für die metallverarbeitende Industrie

2.3.5 Positionierung der Marke MOTOREX

Die Positionierung der Marke MOTOREX kann mit Hilfe eines Pyramidenmodells dargestellt werden.

Der Nutzen der Marke liegt einerseit in der Ausschöpfung der Motorleistung die je nach Zeilgruppe sehr unterschiedlich sein kann (Leistung, Lebendauer, Wartungsfreiheit, Umweltverträglichkeit, usw.) andererseit verleiht die Verwendung von MOTOREX-Produkten eine hohen Professionalität. Die Markenpersönlichkeit (Brand personality) der Marke MOTOREX soll demnach kompetent, vertrauenswürdig, sportlich weltoffen und lebensfreudig sein und diese Eigenschaften gegenüber den Anspruchsgruppen ausstrahlen. Der «Reason to believe» oder «Reason-Why» der Marke MOTOREX liegt in der zielgruppenbezogenen Innovation von Produkten, die durch die hohen Rennsporterfahrungen und der hohen Marktkenntnis durch die starke Nähe zum Kunden erzielt werden. Dies vermittelt dem Kunden eine hohe Kompetenz und Glaubwürdigkeit der Marke MOTOREX. Eine Abgrenzung bzw. der USP der Marke erfolgt über die Nähe der Marke zu den Kunden und die flexible Anpassung auf die Kundenbedürfnisse. Der Markenkern von MOTOREX als das Spiegelbild der bisher erarbeiteten Ergebnisse mündet darin, der sportlich-professionelle Partner im grünen Fass zu sein. Durch den Slogan «Challenge the limits» wird die Positionierung in den Markt kommuniziert.

2.3.6 Massnahmen der Markenführung

MOTOREX steht als Marke für High-End-Schmierstoffe und -Pflegeprodukte und ständiger Innovationskraft. Die Nähe zu den Kunden, cleveres Marketing, kompetente Beratung und erstklassige Dienstleistungen ergänzen die Fakten. Von MOTOREX wird eine gepflegte Qualität der zwischenmenschlichen Kontakte und eine hohe ethische Haltung der Firma gegenüber Kunden, Lieferanten und Umwelt erwartet und auch gelebt. Die Marke MOTOREX weist bei Landmaschinenhändlern eine ungestützte Bekanntheit von 86 Prozent auf und wird mit einer hohen Produktqualität und einem guten Beratungsdienst assoziiert.

Um die Marke MOTOREX nach aussen zu kommunizieren, setzt das Unternehmen auf eine Vielzahl von sich ergänzenden Instrumenten. Je nach Geschäftsfeld variiert dieser Mix beträchtlich. Aus Gründen der Streuverluste wie auch auf Grund der gestiegenen Kosten wird die klassische Werbung in Zukunft an Bedeutung eher verlieren und sich auf Präsenz in spezifischen Fachzeitschriften reduzieren.

Der Markenslogan von MOTOREX, «Challenge the limits», wurde im Rennsport geboren. Im Rennsport werden Leistungen kontinuierlich verbessert und Grenzen überwunden. Genauso wie im Rennsport gilt dieser Slogan für die Zusammenarbeit mit den Kunden und den Mitarbeitern. Tagtäglich beschäftigen sich mehr als 200 Mitarbeiter mit der kontinuierlichen Weiterentwicklung, Produktion und Vermarktung der MOTOREX-Produkte und sichern damit den Führungsanspruch der

Marke. Jede Form der internen Tätigkeit der Mitarbeiter soll durch den Slogan unterstützt werden.

Die interne Ambition, über Grenzen zu gehen, wird auch in der externen Kommunikation von MOTOREX genutzt. Gegenüber externen Anspruchsgruppen des Unternehmens wird der Slogan «Challenging the limits» prominent in den Anzeigen von MOTOREX in den Marktsegmenten Automobil, Motorrad, Landwirtschaft und Transportgewerbe kommuniziert.

Eine emotionale Ansprache erfolgt durch Bildmotive, die das gewünschte Feeling von Herausforderung ohne Grenzen ausstrahlen. Dabei wurde gezielt auf gängige Sujets der Motorenbranche wie Rennwagen verzichtet. Die Inserate werden in rund 50 Ländern in verschiedenen Formaten eingesetzt.

Die Marke transportiert die Markenwerte auch durch das MOTOREX-Fass (vgl. Abbildung 2). Überall in Werkstätten, Landwirtschaftsbetrieben usw. kommuniziert das Fass die Markenwerte von MOTOREX in dem unverwechselbaren MOTOREX-Grün.

Das Sportsponsoring hat sich als ein weiteres taugliches Kommunikationsinstrument in allen Segmenten der Freizeit- und Hobbyanwendungen erwiesen. Dabei bildet das Sponsoring von erfolgreichen Teams den eigentlichen Kern, die Unterstützung von Sportanlässen findet ergänzend statt. Entscheidend wird es hier sein, in diesen Segmenten über den engen Kreis der Sportenthusiasten hinauszukommen und die Masse der Genuss- und Gelegenheitsfahrer zum Beispiel mit starken POS-Aktivitäten oder an Publikumsanlässen zu erreichen.

Ergänzt werden die Massnahmen durch das Messemarketing. MOTOREX nimmt mit seinem Stand an einigen ausgewählten Fach- und Publikumsmessen teil.

Dienstleistungen wie Schulungen, Beratung und Services sowie die Pflege der zwischenmenschlichen Beziehungen bilden weiterhin das Rückgrat der Markenführung im Business-to-Business-Geschäft.

Abbildung 1: Kommunikationsmassnahmen von MOTOREX.

Abbildung 2: Das MOTOREX-Fass.

2.3.7 Erfahrungen und künftige Entwicklungen

Mit dem neuen Markenslogan «Challenge the limits» und der neuen farblichen Gestaltung des MOTOREX-Fasses wurden erste Schritte in die Entwicklung der Markenidentität von MOTOREX getätigt.

Im internationalen Geschäft ist die Einheitlichkeit der Markenführung bedeutend schwieriger umzusetzen. In vielen Märkten wird mit Importeuren gearbeitet, die als selbstständige Unternehmen das Marketing für MOTOREX angepasst an die lokalen Märkte nach eigenem Gutdünken umsetzen und wo MOTOREX nur indirekt Einfluss nehmen kann.

Konklusion der Herausgeber

Das Beispiel der Marke MOTOREX zeigt, dass auch bei Low-Involvement-Produkten wie Öl eine Marke erfolgreich aufgebaut werden kann. MOTOREX schafft es, durch konsequentes Sub-Branding eine Vielzahl von Produkten und unterschiedlichen Zielgruppen unter einem Dach zu führen. Auch zukünftig wird die Herausforderung des Unternehmens darin liegen, alle Produktlinien unter der Dachmarke MOTOREX zu vereinen.

Der neu entwickelte Markenslogan «Challenge the limits» hat einen hohen Produktbezug und transportiert die Markenbotschaft – über Grenzen zu gehen – sowohl nach innen gegenüber den Mitarbeitern des Unternehmen als auch gegenüber den Kunden und Anwendern der MOTOREX-Produkte. Weiterhin fordert der Slogan auf, weitere Ziele – wie die Durchsetzung eines einheitlichen internationalen Markenauftritts – zu erreichen. Doch: «Wie hoch auch die Ziele sind: Das Öl kommt dazu.»

Prof. Dr. Torsten Tomczak, Tim Oliver Brexendorf

ODLO – «passion for sports»

2.4

Mit bald 60 Jahren Erfahrung ist ODLO Pionier und zugleich Marktführer im Bereich der Funktionswäsche. Als Synonym steht ODLO für zuverlässige und funktionelle Sportbekleidung mit hoher Qualität. Das Erfolgsrezept hinter der Marke ODLO besteht darin, Sportbekleidung «Von Sportlern für Sportler» anzubieten. Dieser Anspruch spiegelt sich auch in der Unternehmensphilosophie wider, authentisch, innovativ, dynamisch, aktiv zu sein. Das Firmencredo von ODLO ist «passion for sports».

2.4.1 ODLO – seit fast 60 Jahren Pionier und Vorreiter in Sachen funktionelle Sportbekleidung

1946 wurde das Unternehmen ODLO vom Norweger Odd Roar Lofterød gegründet. Überzeugt vom kommenden Erfolg, lässt er die Marke bereits bei Gründung weltweit schützen. Im Jahre 1963 präsentiert ODLO eine Weltneuheit: Den ersten Helanca-Anzug für Eisschnellläufer. Helanca ist eine reiss- und scheuerfeste Polyamidfaser mit hoher Formstabilität, die schnell trocknet. Damit wurde der Weg für den Einzug von funk-tionellen Fasern in den Sport geebnet. Zwei Jahre später wurde die gesamte norwegische Nationalmannschaft mit den ersten Langlaufanzügen aus Helanca ausgerüstet. Bei den Olympischen Spielen 1972 tragen bereits 25 Nationalmannschaften ODLO-Wettkampfkleidung aus der neuen Faser – damals noch nicht gesponsert, sondern auf eigene

Claudia Merkel

Kosten und aus Überzeugung! Ein Jahr nach den Spielen gelingt ODLO eine Revolution in der Sportbekleidungsbranche: Mit der ersten vollsynthetischen Sportunterwäsche ODLO TERMIC eröffnet ODLO das Segment der funktionellen Sportbekleidung. Im Zuge einer zunehmenden Internationalisierung verlegt ODLO 1986 den Firmensitz von Norwegen in die Schweiz, wo bereits ein Jahr später eine weitere «kleine Revolution» erfolgt: ODLO lanciert das «Athletic Clothing Systems». Drei aufeinander perfekt abgestimmte Schichten sorgen für hundertprozentige Funktion und für ein optimales Körperklima beim Sport. 1994 erweitert ODLO die Geschäftstätigkeit und startet mit einer eigenständigen CYCLING-, RUNNING- und OUTDOOR-Kollektion, welche die Segmente X-COUNTRY und UNDERWEAR perfekt ergänzen. Weitere Innovationen wie die Entwicklung der Seamless-Unterwäsche mit Sportfunktion, der zukunftsweisenden Klebe-Schweisstechnologie *unlimited by ODLO* mit der Lancierung des klebegeschweissten nahtlosen SIS-Bikeeinsatzes und die Vorstellung der geruchshemmenden Faserneuheit *effect by ODLO* mit Silberionentechnologie im Jahre 2002 folgen.

2003 ODLO geht mit einem völlig neuen Markenkonzept und Unternehmensauftritt an die Öffentlichkeit. Ein Prozess mit drei Jahren Vorlaufzeit findet seinen erfolgreichen Abschluss und ist gleichzeitig der Beginn einer neuen Ära in Blau. Im Jahre 2004 erfolgt eine Weiterentwicklung der bahnbrechenden *unlimited* by ODLO-Technologie: Der erste komplett klebegeschweisste *unlimited* Sport-BH, ganze 46 Gramm schwer, ist marktreif. Im Winter darauf wird der weltweit erste nahtlose Langlauf-Racinganzug BODYTEC IV *unlimited* lanciert.

Abbildung 1: Bild bodytec IV unlimited, close up.

Zudem dehnt ODLO seine Marktführerschaft im Bereich der funktionellen Nordic-Walking-Bekleidung aus.

2.4.2 Wer wir sind – das Unternehmen

Unser Tätigkeitsfeld ist die funktionelle Sportbekleidung, das Kerngeschäft die funktionelle Unterwäsche. Neben der Funktionsunterwäsche werden für die Segmente Running/Nordic Walking, Outdoor, X-Country und Tec Shirts eigene zugkräftige Kollektionen angeboten: Die Produktlinien mit rund 400 Teilen pro Saison bieten Sportlern aller Leistungsklassen das Passende. Im europäischen Markt ist ODLO in den Bereichen funktionelle Sportunterwäsche, Cross Country und Nordic Walking Marktführer – die Marktanteile bewegen sich je nach Markt zwischen 45 Prozent und 60 Prozent. Der Umsatz von ODLO lag im Jahr 2003 bei über 100 Mio. Franken, wobei ein zweistelliges Umsatzwachstum erreicht wurde. Das Kerngeschäft ODLO SPORTS UNDERWEAR wuchs trotz starkem Konkurrenzumfeld weit über 10 Prozent. Die ODLO Tochtergesellschaften in Deutschland, Schweiz, Frankreich, Norwegen und USA realisieren den Hauptteil des Umsatzes – die Marke ODLO wird weltweit in über 20 Ländern vertrieben. ODLO verfügt über hoch moderne Produktionsbetriebe in Portugal und seit März 2004 in Rumänien. Die Produktionskapazität beträgt rund 12 000 Teile pro Tag – ein Teil der ODLO-Produkte wird in Fernost produziert. ODLO beschäftigt weltweit derzeit 380 Personen, davon 60 in der Zentrale in Hünenberg in der Schweiz, die seit 1986 internationaler Sitz von ODLO ist. Zum Markenportfolio des Unternehmens gehört die Marke ODLO sowie die topfunktionelle Langlaufmarke BJØRN DÆHLIE Technical Wear®.

2.4.3 Der Stellenwert der Marke für den Unternehmenserfolg

Wie schon aus der Firmenhistorie und der Unternehmensdarstellung deutlich erkennbar wird, waren schon immer professionelle und passionierte Sportler Inspirationsquelle und Botschafter für die Marke ODLO. Das Prinzip: «Erst was unter härtesten Bedingungen getestet und für hochgradig funktionell und brauchbar befunden wurde, ist reif für den breiten Markt», ist bis heute einer der Leitgedanken von ODLO, der mitentscheidend für den Unternehmenserfolg ist. Das beantwortet auch die Frage nach dem Stellenwert der Marke für den Unternehmenserfolg: Die Marke ODLO steht für diese konsequente Ausrichtung an Funktionalität. Für das Bestreben nach höchsten Ansprüchen. Für die beständige Innovation. Für die Liebe zum Detail.

Mit dem Rebranding-Prozess ist es gelungen, die Werte und Begriffe, welche die Konsumenten bislang der Marke ODLO zuordneten, mit einem modernen Gesicht zu versehen. Es gelingt die Gratwanderung, neue Kundenschichten anzusprechen, ohne die bestehenden zu vergrämen.

2.4.4 Herausforderungen in der Markenführung: Der Rebranding-Prozess 2000–2003

Im Jahr 2000 entschied sich das Unternehmen zu einer kompletten Umgestaltung der Marke ODLO. Die folgende Abbildung zeigt die Entwicklung vom alten zum neuen Markenlogo.

Abbildung 2: altes Logo kursiv, altes Logo Pflaume, neues Logo vertikal.

Eine derartig tief greifende Umgestaltung erfordert exakt aufgesetzte Prozesse und eine klare und stringente Kommunikation an alle unsere Zielgruppen, intern wie extern. Eine grosse Herausforderung an die Kommunikation! Nach zwei Jahren mit dem neuen Auftritt und drei intensiven Jahren Vorarbeit können wir sagen, dass der Prozess nicht problemlos, aber letzten Endes äusserst erfolgreich verlaufen ist. Der neue Auftritt wurde sowohl von Händler- als auch Kundenseite sehr positiv aufgenommen. Auch auf Mitarbeiterebene spürt man den frischen Wind und das neue Bewusstsein: Da ist eben wieder «passion for sports», auch in der Arbeit.

Im strategischen Prozess ging es für uns ganz klar darum, die Marke ODLO zu repositionieren, indem wir ein klar abgegrenztes, konsistentes Profil schaffen und Unschärfe auf mehreren Ebenen reduzieren. Stichwort: «Nur von dem, der ein Gesicht hat, kann man sich ein Bild machen.» Es war offensichtlich, dass eine Aktualisierung des Erscheinungsbildes allein nicht genügend war, sondern das ganze Unternehmen aus dem Blickwinkel der Marke neu definiert und ausgerichtet werden musste. Im Detail bedeutete dies:

- die Definition unserer Kernkompetenzen,
- eine Vereinfachung von Strukturen intern wie extern: Z.B. Änderung der Vertriebsstruktur,
- die Reduktion von Komplexität: Auflösen von Submarken, Straffung des Produktportfolios,
- ein klares Bekenntnis zu Ehrlichkeit und Echtheit im Auftritt: «Echte Sportler wie du und ich».

Durch diese Massnahmen sehen wir schon zwei Jahre nach Markteinführung des neuen Unternehmensauftrittes ganz klare Ergebnisse: Die Marke wurde durch das Rebranding und die begleitenden Prozesse aktualisiert und weiter profiliert.

«A brand my mother would buy» – die Ausgangslage vor dem Rebranding

Kurz zusammengefasst: Vor der Umgestaltung des Auftrittes mangelte es der Marke an Zeitgeist, an Sex-Appeal, an Begehrlichkeit. ODLO vermochte funktionell, also aus rationaler Sicht 100 Prozent zu überzeugen, galt allerdings als etwas langweilig, altbacken und als unsexy. Es mangelte an dem «Gefühl dahinter». Das heisst: Emotional liess die Marke die breite Schicht an Sportlern kalt. ODLO wurde zwar gerne wegen der Funktion und der hohen Qualität gekauft, war als Marke aber nicht bekannt und begehrt. Was bedeutete: Viele hatten zwar ODLO-Produkte, wussten es aber nicht. Sie hatten einfach «Skiunterwäsche» im Kasten. In Zeiten starker Marken war das definitiv zu wenig. Die Marke ODLO musste also gestärkt werden, und man entschloss sich – durchaus mutig – zu einer Radikalkur und einer kompletten Umgestaltung. Das bedeutete für das Unternehmen, reinen Tisch zu machen, aufzuräumen – und ganz klare Ziele zu definieren, wofür ODLO als Marke und als Unternehmen stehen will. Das passierte zum einen auf der Ebene der Unternehmensziele, aber eben auch auf der Ebene des Markenauftritts.

Die Ziele und Ambitionen für die Umgestaltung des Markenauftrittes:

Von einer	Zu einer
lokalen Marke	globalen Marke
kleinen Marke	bedeutenden Marke
funktionalen, rationalen Marke	emotionalen, inspirierenden Marke
«altmodischen» Marke	modernen, zeitgemässen Marke
Oder anders formuliert:	
Not talk about products	Talk abouts emotions
Not talk about functions	Talk about advantages for consumers
Not talk about sport	Talk about passion
Not talk to everybody	Talk to me

2.4.5 Strategie und Positionierung der Marke ODLO

Sich positionieren heisst: Entscheidungen treffen. Ein klares Profil hat nur, wer sich traut, sich zu sich, seinen Markenwerten, seinen Zielen und letztlich auch zu seinen Kunden zu bekennen. Glaubwürdigkeit, die auch auf dem klaren Bekenntnis zu Funktionalität und Qualität beruht: Keine Kompromisse, keine Schnörkel – aber Innovationsgeist und Liebe zum Detail.

Die funktionale Positionierung der Marke – ODLO Functional Sportswear

Vor den rund 70 Mitbewerbern, die es mittlerweile in diesem Segment gibt, positioniert sich ODLO als «das Original», sprich als Pionier im Bereich der funktionellen Sportunterwäsche. Es ist die Marke für Sportler aller Leistungsklassen, die ein Premium-Produkt in mittlerer bis höherer Preisklasse haben möchten, das hoch funktionell ist und qualitativ höchsten Ansprüchen gerecht wird.

Die emotionale Positionierung der Marke – «passion for sports»

Wichtig beim Aufbau der Marke ODLO war es, Emotion als zentrales Trägerelement für Sympathie zu nutzen. Die Marke wollte emotional aufgeladen werden. Die Leidenschaft und Begeisterung der unden wie Mitarbeiter, die in ODLO-Funktionsbekleidung ihren Sport treiben, egal ob Nordic Walken oder Mountainbiken, egal ob lockeres Joggen oder Skitourenmarathon – das wollte ODLO nutzen und auch zeigen. Sport löst Emotionen aus und braucht Begeisterung. «Passion» drückt sowohl als Konzept als auch als Gefühl Lebensfreude und Vitalität aus – mit den dazugehörigen Attributen Aktivität, Dynamik und Bewegung an und für sich. Der neue Claim war gefunden: *«passion for sports»*.

Abbildung 3: Sujets «passion for sports»

Struktur der Markenarchitektur: Neustrukturierung, Konsolidierung

Für eine Neustrukturierung der Marke hatten wir folgende Eckpunkte zur Orientierung:
- unsere Kernkompetenz «Funktionsunterwäsche»,
- die zugeordneten Eigenschaften «klimaregulierend», «premium» und «komfortabel»,
- die Tatsache, dass ODLO ein Bekleidungssystem anbietet. Angesichts der Kernkompetenz «Funktionsunterwäsche» liegen die Prioritäten klar auf der ersten Bekleidungsschicht.

Im Rahmen des Rebranding verschwanden alle Sub-Brands wie ODLO TERMIC, ODLO PROTEC und ODLO SPORTS – obwohl z.B. die Produktmarke ODLO TERMIC bekannter war als die Dachmarke ODLO selbst!

Das Resultat war neben der Straffung des Produktportfolios um rund 30 Prozent die Einführung einer einfachen Struktur nach innen (Organisation) wie auch nach aussen (Auftritt dem Kunden gegenüber):

Stufe 1: Dachmarke	Stufe 2: Divisions
ODLO	ODLO SPORTS UNDERWEAR
	ODLO TEC SHIRTS
	ODLO RUNNING
	ODLO OUTDOOR
	ODLO X-COUNTRY

Und wer trägt ODLO? – Unsere Zielgruppen

Auch hier erfolgte im Zuge des Rebranding-Prozesses ein Umdenken, das zu einer kompletten Neustrukturierung der Zielgruppendefinition führte. Früher war die Zielgruppe klar im Bereich leistungsorientierter Sportler angesiedelt. Heute wird ODLO vermehrt von der breiten Masse getragen – mit der Neugestaltung des Unternehmensauftrittes erweiterte sich die Zielgruppe klar Richtung Breitensport.

Die Zielgruppe von ODLO sind sportliche Menschen, die meist mehrere Sportarten betreiben und bevorzugt im Freien ihren Aktivitäten nachgehen. Das heisst: Egal ob sie 65 und gerade mit Nordic Walking beginnen oder passionierte Sportler sind, die den Engadiner Skimarathon in Bestzeit bestreiten: Sie alle spricht ODLO mit Erfolg an.

Die Zielgruppen lassen sich in unseren Augen von mehreren Seiten betrachten. Offensichtlich ist die Unterteilung nach den für ODLO relevanten Sportarten:

Läufer	Bergsteiger
Nordic Walker	Wanderer
Langläufer	Traveller und Trekker
Inlineskater	Rennradfahrer
Skifahrer	Mountainbiker
Snowboarder	Du und ich

Ergänzend zur Segmentierung nach Sportarten bietet sich die Unterteilung nach Bedürfnissen an, im Fall des typischen ODLO-Kunden dem Bedürfnis nach Klimaregulierung, insbesondere Wärme. Dieses Kriterium führt zu einer Erweiterung der Zielgruppe. Neben den sportlich aktiven Menschen spricht ODLO ebenfalls alle «Nicht-Sportler» an, welche Wärme suchen bzw. nicht frieren wollen. Dazu gehören der aktive Freizeitmensch (z.B. Spaziergänger, Fischer, Motorradfahrer usw.) als auch die Berufsgruppen, welche ganz oder teilweise draussen arbeiten (z.B. Polizisten, Flughafen-Angestellte, Handwerker usw.).

Und, nicht zu vergessen, eine der wichtigsten Zielgruppen: Die Mitarbeiter, die auch in ihrer Freizeit ODLO tragen, beim Sport oder einfach, um «ein Wohlfühlklima zu haben» – und so Botschaft und Marke erfolgreich, weil glaubhaft, nach aussen kommunizieren. Die meisten Mitarbeiter sind passionierte Sportler und leben buchstäblich für den Sport.

2.4.6 Besondere Massnahmen der Markenführung

Ziel ist es, die Werte der Marke auf allen Ebenen nach innen und aussen mit unserem Ansatz «echt, ehrlich, authentisch» zu kommunizieren. Die Umsetzung erfolgt auf folgendem Weg:

Die neue visuelle Identität

1. Das Logo, die Farbe
Für das neue Markendesign erhielt ODLO 2003 den norwegischen «International Design Award». Das Jury-Mitglied Norsk Designråd formulierte die Wahl von ODLO wie folgt: «Die Grundidee von ODLO war die umfassende Gestaltung eines modernen und interessanten Corporate Design. Die traditionsreiche Marke hat ein neues Profil erhalten, das sich in einem eindeutigen Firmenlogo mit dynamisch sportlicher und gleichzeitig zeitlos eleganter Form widerspiegelt. Die Ausführung ist auf hohem Niveau ausgeführt, welches sich besonders in der Aufmerksamkeit auf die Details zeigt. Die Wahl der Farbe Blau ist frisch und gewagt, eigenwillig und im Sportbereich absolut untypisch. Sie schafft Aufmerksamkeit und ist absolut neu.» Die Farbe ist es auch, die im Bereich der Shops und der Anzeigen im wahrsten Sinne des Wortes hervorstechend ist und den Unterschied macht. Offenbar auch für den Konsumenten.

2. Die Bildwelt
Die neue Bildwelt zeichnet sich durch eine Abkehr vom Gestellten, von Studio-Aufnahmen hin zu einem natürlichen, authentischen Stil mit Menschen und Sportlern wie du und ich aus. In den Gesichtern

Abbildung 4: Verpackung COOL Verpackung LIGHT Verpackung WARM Verpackung X-WARM.

spiegelt sich all das wider, was Sport ausmacht: Lust, Begeisterung, Anstrengung, Freude.

3. Die Verpackung
Das gesamte Sortiment für Sportwäsche wurde gestrafft, vereinfacht und neu strukturiert. Das äussere Erscheinungsbild der Verpackungen wurde komplett überarbeitet. Unterteilt wurde das Sortiment in die vier Linien: COOL, LIGHT, WARM, X-WARM. Die Farbordnung ist bei ODLO Wegweiser, der durch das Sortiment führt. Die Verpackung für die kühle Sommerqualität ist blau und für warme Winterwäsche rot. Das logische Farbkonzept und das praktische «Temperature Control System» erleichtern dem Kunden die Wahl der richtigen Qualität. Je nach Bedürfnis, Aktivität und Wetter.

4. Der Shop, das Display-System
Die Shops und Displays wurden auf Basis der emotionalen und funktionalen Inhalte der Marke ODLO komplett neu gestaltet. Diese Struktur bildet sich auch in der Navigation des Kunden am POS ab und schafft einen klaren Auftritt:

Abbildung 5: Shop Heidelberg.

- Orientierung nach Kategorien auf emotionaler Ebene (Bildwelt: running, hiking usw.).
- Orientierung nach Produkten auf der rationalen Ebene (climate control system – «was ziehe ich am besten an, wenn ich ...» mit Farbcodierung).
- Orientierung nach dem ODLO sportswear system auf rationaler Ebene (Eigenschaften: premium, komfortabel, klimaregulierend).

5. Das Magazin «passion» für Konsumenten und Streuprospekte
Das Magazin «passion» ist ein 32 Seiten starkes, vierfarbiges Hochglanzmagazin, in dem die ODLO-Welt in all ihren Facetten lebensnah präsentiert wird: Ein genau abgestimmter Mix aus Produktinformationen, Innovationen aus der Funktionswelt, Geschichten unserer Testimonials. In der neuesten Ausgabe kommt zum Beispiel Bruno Baumann zu Wort, der die Wüste Gobi im Alleingang durchschritten hat – eine einzigartige Leistung. ODLO war mit dabei und präsentiert solche und andere Geschichten in «passion».

Abbildung 6: Cover «passion» Magazin.

Auf Basis des ODLO-Magazins wurde ein produktnahes Flyer-Konzept entwickelt. Die 8-seitigen Streuprospekte werden über Special-Interest-Magazine und Tageszeitungen jeweils zu Beginn der Verkaufssaison national und regional gestreut.

6. Das ODLO Functionality Team
Das ODLO Functionality Team besteht aus einem ausgewählten Kreis an Spitzenathleten und Opinion Leadern aus der Welt des Sports und testet unsere Produkte auf Herz und Nieren. Die Erkenntnisse, die daraus gewonnen werden, fliessen in die stetige Verbesserung der Produkte ein. Die Mitglieder des Functionaliy Teams werden gezielt als Botschafter auf Stufe Handel und Consumer eingesetzt. Denn gerade bei Produkteinführungen ist eine glaubwürdige Mund-zu-Mund-Kommunikation entscheidend.

2.4.7 Erfahrungen in der Markenführung und zukünftige Entwicklung

Die gewonnenen Erfahrungen aus der Führung der Marke ODLO sind vielfältig umfassend. Es ist in einem Branding-Prozess nicht damit getan, sich ein neues Outfit zu verpassen und zu hoffen, dass der Rest von selber passiert. Eine Markenrestrukturierung erfordert Durchhaltevermögen und Konsequenz. Dies heisst auch immer: Sich von Altem, Liebgewonnenem und Überholtem trennen. Aber nur wer die Hände frei hat, kann nach Neuem greifen. Besser ist es, etwas gleich ordentlich aufzusetzen in dem Bewusstsein, das immer noch gilt: Gut Ding braucht Weile. Es ist viel mühsamer und auch kostspieliger, ständig später nachjustieren zu müssen, weil der Prozess nicht sauber aufgesetzt war.

Wichtig ist eine sauber geplante und durchgeführte interne wie externe Kommunikationspolitik. Die Mitarbeiter müssen mitwachsen und mitleben können, wenn sie den Prozess und die Werte mittragen sollen.

Bedeutsam ist hierbei die Festlegung klarer Ziele und ein Bewusstsein darüber, für welche Werte das Unternehmen steht. Bei seinen Werten zu bleiben und nicht zu versuchen, etwas sein zu wollen, was man nicht ist, ist von hoher Bedeutung für den Markenerfolg. Fragen wie «Wer sind wir?» «Was wollen wir eigentlich?» «Was ist unser Ziel?» dienen der Festlegung des eigenen Standorts. Dennoch muss man sich in Bezug auf den Markenauftritt und die Produkte die Freiheit nehmen, einen mutigen Schritt zu machen und sich klar zu positionieren!

Mit einer Vorlaufzeit von drei Jahren sind wir seit zwei Jahren mit dem neuen Auftritt im Handel präsent. Erste Schritte sind getan, aber es wird weiterhin nötig sein, beweglich zu bleiben und mit unseren hohen Ansprüchen sowie denen unserer Kunden mitzuwachsen. Und auch wenn sich an der Farbe und dem Logo wenig ändern wird, wird ODLO weiter daran arbeiten, mit «passion for sports» noch erfolgreicher zu sein und seine Marktführerschaft noch weiter auszubauen. Die Herausforderung von ODLO ist es, die Marke international noch bekannter und auch begehrter zu machen. Dies erfolgt mit Begeisterung, Klarheit, hohen Qualitätsansprüchen und «passion for sports».können als Multiplikator der Marke dienen und die Glaubwürdigkeit und Authentizität der Marke stützen. Bei ODLO ist das Functionality Team ein entscheidender Baustein für den Erfolg der Marke.

Konklusion der Herausgeber

Das Beispiel der Marke ODLO zeigt eindrücklich auf, dass Marken erfolgreich restrukturiert werden können. Das Ausmass der Markenanpassung bewegt sich dabei immer in einem Spannungsfeld zwischen Kontinuität und Anknüpfung an die Markengeschichte auf der einen Seite sowie Innovation und Anpassung an den Zeitgeist auf der anderen Seite. Weitere entscheidende Erfolgskriterien der Markenrestrukturierung liegen in der Festlegung klarer Ziele, die durch die Markenrestrukturierung erreicht werden sollen sowie einer konsequenten Umsetzung. Zu berücksichtigen sind hierbei auch die Mitarbeiter des Unternehmens. Sie müssen die Restrukturierung tragen und von der Anpassung der Marke überzeugt sein.

Die Identifikation der Mitarbeiter mit der Marke ist für jedes Unternehmen von hoher Bedeutung. Hinter jeder erfolgreichen Marke stehen Menschen, die von der Marke begeistert sind, für diese einstehen, diese leben und an einer kontinuierlichen Weiterentwicklung der Marke interessiert sind. Die Marke ist damit immer auch ein Spiegelbild der dahinter stehenden Kultur, der Mitarbeiter, der Prozesse und der Produkte eines Unternehmens.

Weiterhin ist die Kommunikation durch Meinungsführer eine Massnahme, die in der Lage ist, die Bekanntheit der Marke zu steigern und das Image bei den Zielgruppen zu stärken. Meinungsführer können als Multiplikator der Marke dienen und die Glaubwürdigkeit und Authentizität der Marke stützen. Bei ODLO ist das Functionality Team ein entscheidender Baustein für den Erfolg der Marke.

Prof. Dr. Torsten Tomczak, Tim Oliver Brexendorf

Teil III
Der Ausblick

Erfolgreiche Markenführung für KMU 3.1

3.1.1 Warum werden Marken für KMU immer wichtiger?

«Nicht notwendig, zu teuer, für ein KMU nicht realisierbar.» So lautet in der Regel die Antwort von KMU auf die Frage, warum sie keine Marken führen. Und so sind denn auch die meisten KMU, vom Hotelier bis zum Küchenbauer, der festen Überzeugung, dass einzig Qualität und Preis den Erfolg ihrer Produkte und Dienstleistungen ausmachen.

Aber gerade Markenführung ist notwendig, wenn es im heutigen Wettbewerb um das erfolgreiche Überleben geht. Denn in praktisch jeder Branche herrschen Sättigung und Überangebot. Die wachsende internationale Verflechtung und Globalisierung des Wettbewerbs führen zu steigendem Konkurrenzdruck. Auf Grund moderner Informations- und Kommunikationstechnologien besteht grössere Transparenz in einem Markt mit immer mehr Teilnehmern. Nebst Überangebot und Sättigung sind die Folgen sinkende Margen bei immer ähnlicherer Produktqualität.

Erfolg ist einem Unternehmen auf diesem harten Boden der Wirtschaftsrealität also nur beschieden, wenn sein Produkt auffällt. Und dies geschicht dadurch, dass ein Produkt anders, origineller, differenzierter auftritt als dasjenige der Mitbewerber.

Was ist die Lösung? Starke Marken können nicht kopiert werden. Es geht folglich darum, in einem Umfeld, in welchem Unternehmen, Pro-

Thomas Ramseier

dukte und Dienstleistungen zunehmend austauschbar werden, Differenzierung über ein Markenversprechen zu erreichen. Dadurch erhält das Produkt unverwechselbare Eigenständigkeit und wird fassbar: Denn die Marke schafft Vertrauen und bietet dem Kunden eine Orientierungshilfe im Dschungel der Angebote.

3.1.2 Welche KMU profitieren von Markenführung?

Marken hatten in der Vergangenheit primär in der Konsumgüterindustrie einen grossen Stellenwert. Die oben beschriebenen Markttendenzen zeigen seit einigen Jahren aber eine neue Entwicklung: Dienstleistungen, aber auch Investitionsgüter und Zulieferer haben bessere Chancen im Markt, wenn sie ihr Angebot in die Form einer Marke verpacken. Unabhängig davon, ob sie in einem Business-to-Consumer- oder in einem Business-to-Business-Markt tätig sind. Und egal, ob sie eine Unternehmensmarke (Beispiel: Saurer) führen oder sich auf die Führung von Produkt- oder Dienstleistungsmarken (Beispiel: Michel Fruchtsäfte) konzentrieren. Dies gilt für Grosskonzerne, zunehmend aber eben auch für KMU. Denn die Gesetzmässigkeiten der Marke sind für alle Branchen – unabhängig von der Unternehmensgrösse – gültig.

Ohne strategische Markenführung keine gezielte Wahrnehmung
Nun mag das Argument aufkommen, dass auch KMU, welche keine strategische Markenführung betreiben, im Markt wahrgenommen werden. Dem ist tatsächlich so, nur – die strategisch geführte Marke bestimmt selber, wie sie wahrgenommen werden will. Nicht geführte Marken laufen Gefahr, diffus und profillos im Markt zu erscheinen. Es geht also um die Frage, ob das Soll-Image der Marke strategisch aktiv verfolgt wird oder ob die Wahrnehmung einfach unkontrolliert dem Zufall überlassen wird.

3.1.3 In welchen Situationen muss sich ein KMU mit der Entwicklung einer Marke auseinander setzen?

Es gibt bestimmte Situationen, in denen Markenführung für KMU einen besonderen Stellenwert einnimmt und folglich höchst dringend ist. Dies ist der Fall:

- *Wenn eine Differenzierung des Angebots nötig wird, um sich von den austauschbaren Angeboten der Konkurrenz zu profilieren.*
  Ziel ist es, das Angebot in Form einer Marke klar gegenüber den Konkurrenzangeboten zu profilieren. Meist ist dies nicht über eine rationale Argumentation möglich, sondern primär mit Hilfe einer emotionalen Differenzierung. Die Beispiele der Mobilfunkanbieter Swisscom und Orange zeigen dies: Beide haben das gleiche Angebot, aber unterschiedliche Markenversprechen. Während Swisscom für qualitativ hochstehend, Sicherheit, Produkte- und Leistungsorientierung steht (im Sinne von «Da weiss man, was man hat»), hat Orange die Telekommunikation neu interpretiert und verkörpert Modernität und Zukunftsorientierung und gilt als jung, frisch und trendy.

- *Wenn nach einer Phase der Umstrukturierung eine Neuausrichtung ansteht.*
  In diesem Fall erfolgt eine Anpassung an die neue Marktsituation durch Repositionierung oder Konsolidierung. Oder aber es steht eine Neuausrichtung an, weil die Unternehmenstätigkeit durch neue Geschäftsfelder erweitert wird. Hier lässt sich das Beispiel UBS nennen: Bei der UBS erfolgte in der jüngeren Zeit eine Neuausrichtung mit einer globalen One-Brand-Strategie, welche die Stilllegung zugekaufter Marken wie Paine Webber und Warburg zur Folge hatte. Der Grund bestand in der Fokussierung auf eine globale, starke Marke mit dem Ziel, grösstmögliche Synergien innerhalb der unterschiedlichen Finanzmärkte zu schaffen.

- *Wenn die hergebrachten Verhaltensweisen zu einer Erstarrung der Situation geführt haben.*
  Der Liberalisierungstrend auch in Unternehmenszweigen, die unter dem Prädikat «Heimatschutz» tätig waren, führt dazu, dass sich Firmen der neuen Situation stellen müssen, um sich gegenüber marktwirtschaftlich orientierten Konkurrenten behaupten zu können. So muss der Post die Transformation vom «Staatsunternehmen» PTT in ein modernes, in einem liberalisierten Markt konkurrenzfähiges Unternehmen gelingen, damit sie überleben kann. Die Markenführung hat dabei die Aufgabe, die neue Marke als Symbol zu nutzen, um die Veränderung gegenüber Mitarbeitern und im Markt zu verkörpern («bei uns tut sich was»).

- *Wenn ein bisher familiengeführtes Unternehmen zur managergeführten Firma wird.*
  In vielen KMU verkörpert der Gründer die Marke und deren Werte. Entwickelt sich ein solcher Betrieb vom familiengeführten zum managergeführten Unternehmen, so besteht oftmals die Gefahr, dass das Unternehmen in ein Vakuum fällt, weil die Werte des Gründers nicht mehr gelebt werden und somit von den Interessengruppen nicht mehr wahrgenommen werden können. Die Entwicklung einer Marke kann hier helfen, dieses Vakuum zu beseitigen und als Zeichen für die neu angebrochene Ära gegenüber Mitarbeitern und im Markt zu wirken.

- *Wenn die Kommunikationskosten bei abnehmendem Grenzertrag ins Unermessliche wachsen.*
  Ein Unternehmen, welches unterschiedliche Produkte anbietet und diese einzeln vermarktet, schafft es ohne gemeinsame Klammer in Form einer Marke kaum, Synergien innerhalb der Vermarktung zu schaffen. Hohe Kommunikationskosten für verschiedene Produkte zwingen jedoch zu Synergien, weil die Kosten andernfalls ausufern. Eine Marke kann hier helfen, die Kompetenz und das Image des Unternehmens aufzubauen, welches auf diese Weise in der Vermarktung der einzelnen Produkte eine wichtigere Rolle erhält. Nestlé ist mit unterschiedlichsten Produkten weltweit erfolgreich. Möglich macht dies die Kennzeichnung jedes Produktes als Nestlé-Produkt.

Die Marke Nestlé wird auf diese Weise als Kompetenzmarke für Qualität und Vertrauen eingesetzt und transferiert das Markenimage beispielsweise auf neu eingeführte Produkte.

3.1.4 Zehn Schritte zur erfolgreichen Marke

Die Führung einer Marke basiert auf vier Ebenen: der Markenstrategie, der Markierung, dem Markenverhalten und der Markenkommunikation. Die Markenstrategie beantwortet die Frage nach der Positionierung und der Persönlichkeit – also der Differenzierung im Konkurrenzumfeld unter Berücksichtigung der Kundenbedürfnisse – und bezeichnet die mittel- bis langfristige Ausrichtung der Marke. Die Markierung definiert die Benennung, den visuellen Auftritt der Marke und ihre akustische Erscheinung. Das Markenverhalten bestimmt die

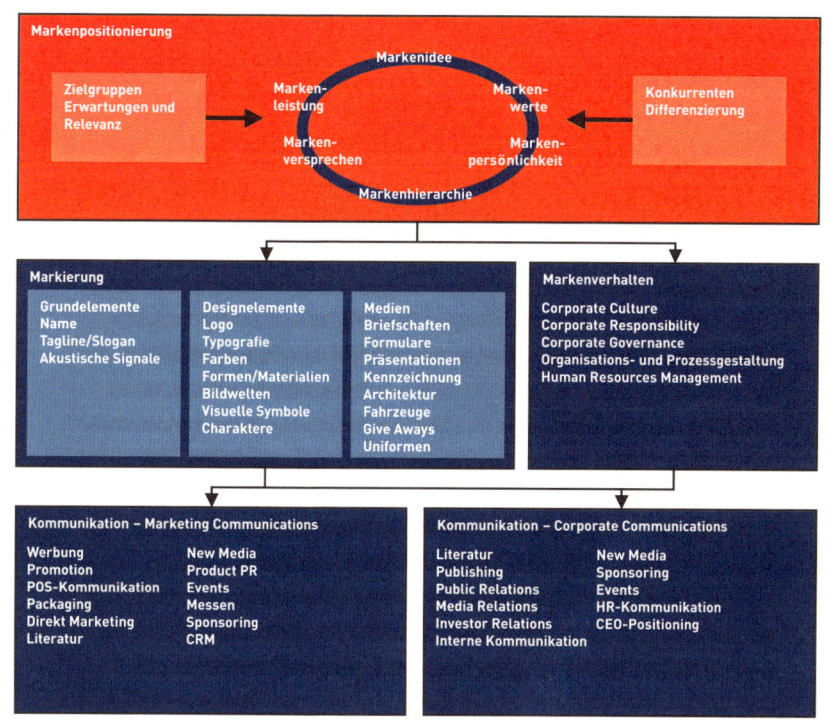

Markenpositionierung				
Zielgruppen Erwartungen und Relevanz	Marken-leistung	Markenidee / Marken-versprechen / Markenhierarchie	Marken-werte / Marken-persönlichkeit	Konkurrenten Differenzierung

Markierung			Markenverhalten
Grundelemente Name Tagline/Slogan Akustische Signale	Designelemente Logo Typografie Farben Formen/Materialien Bildwelten Visuelle Symbole Charaktere	Medien Briefschaften Formulare Präsentationen Kennzeichnung Architektur Fahrzeuge Give Aways Uniformen	Corporate Culture Corporate Responsibility Corporate Governance Organisations- und Prozessgestaltung Human Resources Management

Kommunikation – Marketing Communications		Kommunikation – Corporate Communications	
Werbung Promotion POS-Kommunikation Packaging Direkt Marketing Literatur	New Media Product PR Events Messen Sponsoring CRM	Literatur Publishing Public Relations Media Relations Investor Relations Interne Kommunikation	New Media Sponsoring Events HR-Kommunikation CEO-Positioning

Abbildung 1: Die Ebenen der strategischen Markenführung.

Umgangsform, die eine Marke gegenüber ihren Zielgruppen pflegt. Die Kommunikation – bestehend aus Unternehmens- und Marketingkommunikation – schafft die Vorstellungs- und Erlebniswelten, die für die Marke Image und Bekanntheit aufbauen und ihr Charisma verleihen. Im Folgenden werden zehn Schritte zur erfolgreichen Marke vorgestellt. Die Prüfung der einzelnen Schritte enthält Hinweise für jeden Verantwortlichen der Markenführung in KMU:

Fokussierung, oder: Don't try to be everybody's darling
Jede erfolgreiche Marke steht für eine Kompetenz: Volvo bedeutet Sicherheit, Apple steht für kreatives Arbeiten, BMW heisst Fahrspass, Axe macht unwiderstehlich ...

Nun begehen gerade viele produktionsorientierte Unternehmen diesbezüglich einen Fehler: Sie wollen allzu oft unter einer Marke ein zu breites und zu heterogenes Angebot vermarkten. Doch damit laufen sie Gefahr, dass die Marke in der Wahrnehmung des potenziellen Kunden mit mehreren, unklaren Kompetenzen verknüpft wird. Nun ist es aber so, dass eine Marke in der heutigen Zeit kaum einem Generalistenanspruch gerecht werden kann. Denn die Globalisierung des Wettbewerbs und der damit verbundene steigende Konkurrenzdruck verlangen nach Spezialisten. Speziell KMU können sich diesen Trend zu Diensten machen, indem sie eine Angebotsnische finden, welche ihre Marke in der Wahrnehmung des Kunden zum Spezialisten macht.

> **Was ist zu tun?**
>
> Analysieren Sie Ihr Produkt-Portfolio, und stellen Sie sich die Frage, ob alle Produkte einen gemeinsamen Nenner haben und mit einem Markenversprechen sowie mit einer klaren Preisstrategie an eine – in Bezug auf deren Interessen – homogene Zielgruppe vermarktet werden können. Die Antwort auf diese Frage bestimmt im weitesten Sinn die Markenleistung

Im Bedarfsfall die Marke hierachisieren
Ist die Fokussierungsfrage problemlos beantwortet, so steht der Weg

frei für die Entwicklung und den Einsatz einer Marke. Der Einsatz einer Marke steht für KMU im Vordergrund, denn Markenführung ist mit Investitionen verbunden. Auch hier also gilt das Gebot der Fokussierung, denn je mehr Marken zu führen sind, umso grösser die Investitionen. Liegt der Fall vor, dass mit einem Angebot unterschiedliche Zielgruppen angesprochen werden, so kann das Problem möglicherweise über die Markenhierachie gelöst werden: Mit der Entwicklung einer starken Dachmarke können beispielsweise zusätzliche Submarken geschaffen werden. Diese stehen zwar für die Markenkompetenz der Dachmarke, können jedoch auf spezifische Zielgruppenbedürfnisse ausgerichtet werden. Der Kosmetikhersteller Fleur produziert Produkte für Damen und Herren. Da ist es vermutlich sinnvoll, wenn bereits auf der Markenebene durch den Einsatz der Submarken «Fleur pour Homme» und «Fleur pour Femmes» eine Unterscheidung der Zielgruppen und damit der Submarkenkompetenz gemacht wird.

> **Was ist zu tun?**
>
> Analysieren Sie Ihre Zielgruppe(n): Welche Bedürfnisse haben sie? Welche Überlegungen werden beim Kauf Ihres Produktes gemacht? Welche Faktoren beeinflussen den Kaufentscheid? Lautet Ihre Feststellung, dass Ihre Zielgruppen in unterschiedliche Bedürfnisgruppen kategorisiert werden müssen, so prüfen Sie, inwieweit die Markenstruktur diese Kategorisierung berücksichtigen kann.

Die Markenentwicklung strategisch planen
Bevor Sie sich daran machen, eine Marke zu entwickeln (oder vom Fachmann entwickeln zu lassen), so sollten Sie sich die Frage stellen, welche strategischen Ziele damit verfolgt werden. Vier Strategien kommen dabei grundsätzlich in Frage:

- Neupositionierung: Diese hat zum Ziel, eine neue oder bestehende Marke im Markt zu profilieren. Während die Produktleistung und das Pricing (bei bestehenden Marken) unverändert bleiben, wird für das Angebot eine neue, sich vom Wettbewerbsumfeld differenzierende Eigenschaft gesucht. (Beispiel Sunrise: Die Marke hat sich in

der Markteintrittsphase als unkomplizierter Telekommunikationsanbieter für Junggebliebene positioniert. Seit einiger Zeit profiliert sich Sunrise als «erwachsene» Alternative zu Swisscom und versucht, das jugendliche Image mit den Dimensionen Seriosität und Vertrauenswürdigkeit zu ergänzen.)
- Relaunch: Dieser hat zum Ziel, eine bestehende Marke in Bezug auf Produktleistung, Pricing und Positionierung (also Differenzierung im Konkurrenzumfeld) neu zu gestalten. Das bedeutet: Nicht nur die Markenstrategie wird verändert, auch das Produkt und eventuell die Preisstrategie werden überarbeitet. (Beispiel Audi: Die Marke stand bis Mitte der 80er-Jahre für Mittelklasse-Fahrzeuge. Seit der Einführung der Quattro-Technologie positioniert sich Audi als Hersteller von Oberklasse- und Luxusklasse-Modellen und hat in dieser Zeit ein klares Markenprofil aufgebaut, das für Design- und Technologieführerschaft steht.)
- Top-Down-Strategie: Hier wird das Image einer bestehenden Marke genutzt, um eine neue Submarke einzuführen, welche in Bezug auf die Produktleistung unter der bestehenden Marke positioniert wird (Beispiel: Mercedes – als Inbegriff für Oberklasse- und Luxusfahrzeuge – führte in den 90er-Jahren als Kompaktmodell die A-Klasse ein).
- Line-Extension-Strategie: Das Image einer bestehenden Marke wird für die Einführung einer neuen Produktlinie genutzt (Beispiel: Das starke Image der Marke Nivea wurde auf weitere Produktlinien wie Nivea Sun, Nivea Hair Care, Nivea Baby und viele andere transferiert).

Im Rahmen der Strategiebestimmung ist es sinnvoll, den Einsatz von neuen Trends in der Markenführung zu prüfen.

Was ist zu tun?

Formulieren Sie vor der eigentlichen Markenentwicklung die Zielsetzungen für das Projekt: Welche Strategie kommt zum Einsatz? Welche Trends müssen berücksichtigt werden?

Differenzierung über eine klare Positionierung
Das Ziel jeder Marke ist es, pointiert anders zu sein als die Konkurrenz. Dieser klare Anspruch zur Differenzierung wird über die Wahrnehmung der Markenkompetenz manifest. So unterscheiden sich BMW und Mercedes klar bezüglich Markenkompetenz: BMW steht für Fahrspass, während Mercedes für Engineering steht. Wir sind also mitten im Positionierungsprozess, in welchem es um die Suche nach einem Markenversprechen geht, das von der Konkurrenz noch nicht besetzt ist. Dieses Markenversprechen kann produktorientiert (inwiefern unterscheiden sich die Produkte und Dienstleistungen von den Konkurrenzangeboten?) oder emotionsorientiert (welche emotionalen Zusatznutzen erhält der Kunde beim Kauf/Gebrauch des Produktes?) sein. Nebst dem Markenversprechen gehören zwei weitere Elemente – die Markenwerte und die Markenpersönlichkeit – zur Positionierung:

- Das Markenversprechen: Es formuliert das wichtigste Verkaufsargument der Marke. Beispiel: McDonald's ist Familienrestaurant, Alfa Romeo ist italienische Sportlichkeit.
- Die Markenwerte: Sie sekundieren das Markenversprechen und umschreiben die wichtigsten Werte der Marke, welche das Markenversprechen unterstützen, zum Beispiel Dynamik, Sportlichkeit, Preis/Leistung, Premium-Produkte, Discounter usw.
- Die Markenpersönlichkeit: Sie formuliert Stil und Charakter der Marke, zum Beispiel aggressiv, zurückhaltend, konservativ, trendy usw.

Im Positionierungsprozess werden die drei Elemente festgelegt und aufeinander abgestimmt. Das Resultat ist die zukünftige Basis für alle Leistungen, das Verhalten, die Markierung (Corporate Design mit Name und Logo) und die Kommunikation (Werbung, Promotion, Events, Sponsoring, PR usw.) der Marke. Als zentrales Leitinstrument wird sie in der Unternehmensführung eingesetzt. Schlagwortartig gesagt, gilt: Je homogener die verschiedenen Erscheinungsformen der Marke, umso klarer das Markenversprechen. Wie immer die Marke auftritt, was immer sie tut, wie immer sie sich verhält und was immer sie kommuniziert – es sollte immer das Markenversprechen zum Ausdruck kommen. Oder, anders gesagt: Jede Botschaft der Marke zahlt ins gleiche «Kässeli» ein.

Die Formulierung der Positionierung birgt grundsätzliche Gefahren: Zu vermeiden ist es, eine Nische zu suchen, die die Konkurrenz zwar nicht besetzt, die aber für die Zielgruppe absolut irrelevant ist. Es geht bei der Positionierung nicht darum, sich besser als die Konkurrenz darstellen zu wollen, sondern anders. Markennachahmer haben selten eine Erfolgschance.

Was ist zu tun?

Formulieren Sie auf der Basis einer Konkurrenz- und Zielgruppenanalyse mögliche Positionierungsoptionen und stellen Sie sich anschliessend die folgenden Fragen: Differenzieren wir uns klar genug gegenüber unseren Mitbewerbern? Führt das Markenversprechen zu einer klaren Kernkompetenz, welche mit maximal drei Wörtern formuliert werden kann? Wenn Sie die Fragen mit Ja beantworten können, dann überprüfen Sie in einem zweiten Schritt Ihre Positionierungsoptionen mit den Bedürfnissen Ihrer Kunden. Überprüfen Sie das Potenzial Ihres Markenversprechens: Sind die Positionierungsansätze für den Kunden relevant? Haben Sie ein Versprechen entwickelt, welches dem Kunden eine interessante Alternative zu den bestehenden Marktteilnehmern bietet? Wenn ja, dann nichts wie los: Sie können mit der Umsetzung der Marke beginnen.

Naming
Der Markenname als Teil der Markierung sollte wenn möglich vom Markenversprechen abgeleitet werden. Dadurch wird das Markenversprechen direkt oder indirekt kommuniziert bzw. unterstützt. So beinhaltet der Name Orange den Positionierungsansatz, Telekommunikation auf eine neue, frische Art zu betreiben. Dabei ist zu beachten, dass Markennamen mit der Zeit ihre semantische Bedeutung verlieren, weil sie mit den Werten und Erfahrungen, welche der Kunde mit der Marke macht, assoziiert werden. Oder woran denken Sie, wenn Sie den Namen Apple oder Novartis hören?

Wichtig ist, dass Namen in den jeweiligen Sprachregionen, in denen die Marke vertrieben wird, problemlos phonetisch aussprechbar sind.

Zudem sollte in den jeweiligen Sprachen eine Abklärung erfolgen, inwieweit der Markenname eine andere Bedeutung haben könnte. So löste die Markteinführung des Mitsubishi Pajero in Spanien eine Massenverlegenheit aus, weil «Pajero» ein Slang-Ausdruck für «Masturbierer» ist.

Was ist zu tun?

Entwickeln Sie einen neuen Markennamen auf der Basis von Suchfeldern, welche Sie von den Markenwerten ableiten. Suchen Sie innerhalb dieser Felder nach fremdsprachigen Übersetzungen der Markenwerte oder nach Synonymen. Lassen Sie Ihrer Kreativität freien Lauf und bilden Sie Wortkombinationen, welche als mögliche Markennamen das Markenversprechen direkt oder indirekt kommunizieren. Beispiel: Swiss Bridge als Name für eine schweizerische Fundraising-Stiftung für die internationale Krebsforschung.

Markenschutz

Im rechtlichen Sinn ist die Marke – im Gegensatz zur Markentheorie, wo sie eine assoziative Wahrnehmung darstellt – nur ein Zeichen, das geeignet ist, Waren oder Dienstleistungen eines Unternehmens von anderen Unternehmen zu unterscheiden. Marken im rechtlichen Sinn können Wörter, Buchstaben, Zahlen, bildliche Darstellungen, dreidimensionale Formen oder Verbindungen dieser Elemente sein. Eine umfassende Klärung der rechtlichen Rahmenbedingungen würde hier zu weit führen (vgl. Beitrag Institut für Geistiges Eigentum). Wichtig aber ist: Wie alles Erfolgreiche in dieser Welt sind auch Namen und Logos der Gefahr ausgesetzt, kopiert zu werden. So wurde die trendige Taschen- und Accessoire-Marke Freitag von einer Marke namens Donnerstag kopiert. Markenname und Logo sind daher vor Kopierern zu schützen, indem sie in Markenregister eingetragen werden. Nebst der markenrechtlichen Eintragung ist auch die Reservation eines Domain-Namens von grösster Wichtigkeit.

> **Was ist zu tun?**
>
> Aufgrund der Komplexität des Markenrechts – vor allem, wenn ein internationaler Schutz der Marke angestrebt wird – empfiehlt sich, bereits in der Phase der Namensentwicklung einen Markenanwalt beizuziehen. Dieser kann die Schutzmöglichkeiten aufzeigen, Registeranalysen durchführen und die Markeneintragungen in den benötigten Registern vornehmen.

Konsequenz im Erscheinungsbild

Das Erscheinungsbild der Marke gehört meist zu den am stärksten wahrgenommenen Markenelementen. So sorgen die so genannten Design-Grundelemente, wozu Logo, Typografie, Farben, Bilder, Formen, Charaktere (Beispiel Mr. Proper), aber auch Materialien gehören, für die grösstmögliche Signalwirkung. Sie definieren den «Look and Feel» der Marke, ihre formale Erscheinung. Je konsequenter die Elemente aufeinander abgestimmt und je konsequenter sie eingesetzt werden, desto grösser ist die Wiedererkennbarkeit der Marke.

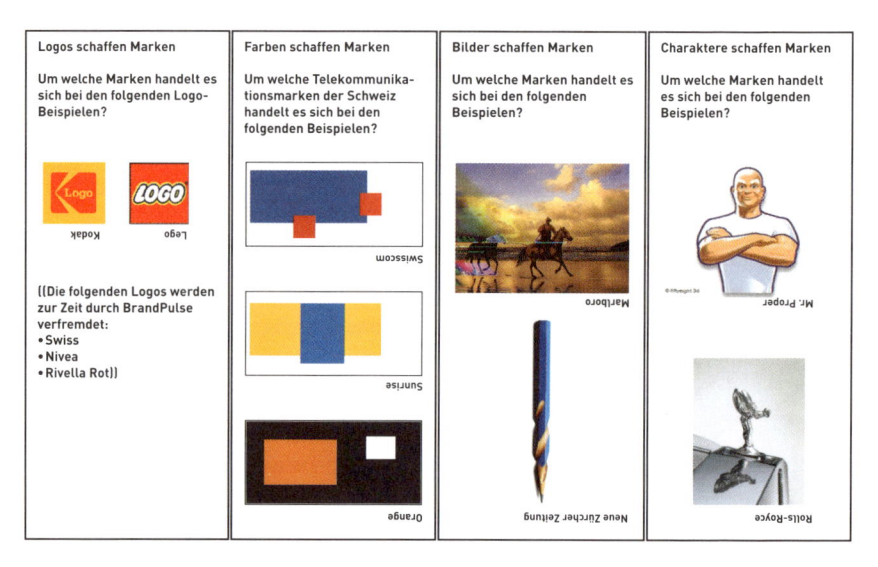

Logos schaffen Marken	Farben schaffen Marken	Bilder schaffen Marken	Charaktere schaffen Marken
Um welche Marken handelt es sich bei den folgenden Logo-Beispielen?	Um welche Telekommunikationsmarken der Schweiz handelt es sich bei den folgenden Beispielen?	Um welche Marken handelt es sich bei den folgenden Beispielen?	Um welche Marken handelt es sich bei den folgenden Beispielen?
Kodak / Lego	Swisscom	Marlboro	Mr. Proper
((Die folgenden Logos werden zur Zeit durch BrandPulse verfremdet: • Swiss • Nivea • Rivella Rot))	Sunrise	Neue Zürcher Zeitung	Rolls-Royce
	Orange		

Abbildung 2: Beispiele von Designelementen, welche die Wiedererkennbarkeit einer Marke unterstützen.

Markenkommunikation: Relevanz von Strategie und Kommunikation

Noch ist nicht alles getan, um Ihrer Marke Leben einzuhauchen. Nun braucht es konzertierte Kommunikationsmassnahmen (wie Werbung, Promotion, Public Relations, Sponsoring usw.), um Vorstellungs- und Erlebniswelten zu schaffen, welche für die Marke Image und Bekanntheit aufbauen und ihr das nötige Charisma verleihen. Selbstverständlich – aber das haben Sie bestimmt schon vermutet – muss jede kommunikative Botschaft der Marke vom Markenversprechen abgeleitet werden und bezüglich des visuellen Auftritts mit dem Ziel der grösstmöglichen Wiedererkennbarkeit den «Look and Feel» der Marke widerspiegeln. Beispiel: Rivella rot kommuniziert in der Kommunikation stets den Anspruch des «Sportlergetränks». Dies geschieht einerseits über inhaltliche Botschaften und andererseits über die Abbildung von Sportsituationen.

Wie Sie weiter oben gelesen haben, ist nun auch klar, dass die Design-Grundelemente die Markenwerte widerspiegeln müssen. Eine konservative Privatbank hat folglich eine andere visuelle Erscheinung als eine progressive Internetbank.

Die Design-Grundelemente bilden die Grundlage für die Umsetzung von Briefschaften, Formularen, Präsentationen, Aussenkennzeichnung, Architektur, Fahrzeugen bis hin zum Give-Away wie Kugelschreiber. Auch sie sollen die Markenwerte widerspiegeln. Auch hier gilt: Je homogener die einzelnen Erscheinungsformen aufeinander abgestimmt sind, desto klarer wird die Marke von Zielgruppen wahrgenommen.

Was ist zu tun?

Vertrauen Sie die Entwicklung des Erscheinungsbildes Ihrer Marke einem Design-Profi an. Dieser Spezialist stellt sicher, dass die einzelnen Elemente aufeinander abgestimmt sind und in unzähligen Einsatzformen auch tatsächlich funktionieren. Und lassen Sie klare Design-Guidelines in Form eines Manuals entwickeln. Sie stellen sicher, dass das Markenerscheinungsbild über Jahre

> hinweg homogen angewendet wird – und zwar sowohl von internen Mitarbeitern wie von externen Lieferanten (wie beispielsweise Druckereien).

Markenkommunikation: Relevanz von Strategie und Kommunikation

Noch ist nicht alles getan, um Ihrer Marke Leben einzuhauchen. Nun braucht es konzertierte Kommunikationsmassnahmen (wie Werbung, Promotion, Public Relations, Sponsoring usw.), um Vorstellungs- und Erlebniswelten zu schaffen, welche für die Marke Image und Bekanntheit aufbauen und ihr das nötige Charisma verleihen. Selbstverständlich – aber das haben Sie bestimmt schon vermutet – muss jede kommunikative Botschaft der Marke vom Markenversprechen abgeleitet werden und bezüglich des visuellen Auftritts mit dem Ziel der grösstmöglichen Wiedererkennbarkeit den «Look and Feel» der Marke widerspiegeln. Rivella rot beispielsweise kommuniziert in der Kommunikation stets den Anspruch des «Sportlergetränks». Dies geschieht einerseits über inhaltliche Botschaften und andererseits über die Abbildung von Sportsituationen (vgl. Beitrag Rieder).

Das Markenversprechen ist auf kreative Weise zu kommunizieren. Wichtig dabei ist, dass der Empfänger stets nur eine Botschaft aufs Mal aufnehmen kann. Frei nach dem Prinzip «Less is more» ist es sinnvoll, für die Kommunikation eine kreative Leitidee zu entwickeln, die sowohl für Werbung, Promotion, Events, Sponsoring, PR als auch alle weiteren Kommunikationsdisziplinen eingesetzt wird. Daraus entstehen Synergien, welche wiederum der bereits vielfach erwähnten Homogenität der Marke zugute kommen.

Es ist nicht von der Hand zu weisen, dass die klassische Werbung nach wie vor zu den stärksten Kommunikationsmassnahmen für den Aufbau einer Marke zählt. Zahlreiche KMU haben es geschafft, sich über kreative Werbung in den Köpfen ihrer Zielgruppen zu positionieren. Pneu Egger, Sportplausch Wider und das Discounthaus Eschenmoser sind Beispiele dafür.

Leider ist Werbung aber auch ein kostenintensives Kommunikationsinstrument. Deshalb ist es für KMU sinnvoll, nach ergänzenden – vielleicht auch nach alternativen – Kommunikationsformen zu suchen. Zahlreiche KMU haben es geschafft, ihre Marken unabhängig von der Werbung bekannt zu machen und zu profilieren: Rohrmax und Flashkurier verfügen über ein impactstarkes Erscheinungsbild, das durch seine schrille Abbildung auf zahlreichen Fahrzeugen im Strassendschungel auffällt; die Restaurationsbetriebe von Strozzi's kommunizieren über differenzierende Innenarchitektur; der Softdrink Red Bull nutzte in der Gründerzeit Degustationen und Auftritte an POS-fremden Veranstaltungen und der Sockenvertrieb BLACKSOCKS führte breit angelegte PR-Aktionen durch (vgl. Beitrag Liechti).

Was ist zu tun?

Lassen Sie von Profis eine kreative Leitidee entwickeln, welche das Markenversprechen dramatisiert und integriert in allen Kommunikationsdisziplinen eingesetzt werden kann. Suchen Sie neben klassischer Werbung nach alternativen Kommunikationsformen, die ihnen helfen, Bekanntheit und Image für Ihre Marke aufzubauen. Achten Sie darauf, Ihre Kommunikationsinvestitionen nicht verzettelt zu tätigen. Lieber während eines halben Monats über verschiedene Kanäle omnipräsent wahrgenommen werden, als das ganze Jahr kommunizieren zu wollen und dabei nicht mehr auffallen.

Markenverantwortung ist Chefsache

Eine Studie der Universität Münster zeigt, dass der Erfolg der Markenführung davon abhängt, welchen Stellenwert sie in der Unternehmenshierarchie einnimmt. Erfolgreiche Marken werden demnach vom Vorstand direkt geführt, während erfolglose Marken dagegen vom Einkauf betreut werden. Markenführung ist eine zentrale Aufgabe für Unternehmen, denn Investitionen in den immateriellen Vermögenswert Marke sind ebenso systematisch zu betreiben wie Investitionen in Anlagen und Fabriken. Markenführung kann deshalb nicht delegiert werden. Sie ist Chefsache. Und vor allem: Eine erfolgreiche Marke zu entwickeln, geschieht nicht von heute auf morgen. Erfolgreiche Markenführung ist ein langfristiges Projekt und soll von denjenigen betreut werden, die sich der Aufgabe auch langfristig widmen wollen. Und das sind die Unternehmer selber.

Was ist zu tun?

Machen Sie die Markenführung zu einem festen Traktandum der Geschäftsleitung. Sie gehört in der Strategie- und Planungsphase nicht in den exklusiven Aufgabenbereich des Verkaufs- oder Werbeleiters. Erst die Umsetzungsphase kann an die Marketing- und Kommunikationsspezialisten im Unternehmen delegiert werden. Wobei auch dann eine enge Kontrolle durch die oberste Führungsebene sichergestellt werden muss.

Zusammenarbeit mit Spezialisten suchen
Markenentwicklung und Markenführung sind komplexe Prozesse. Untersuchungen des deutschen Instituts für Marken- und Kommunikationsforschung zeigen, dass nahezu 90 Prozent der Markenpositionierungen für die Zielgruppe nicht erkennbar umgesetzt sind. Der Grund dafür liegt sicherlich in falschen Positionierungsansätzen, nicht relevanten Markenversprechen und der fehlenden Kompetenz für Brand-Design- und Kommunikationsumsetzungen.

Was ist zu tun?

Arbeiten Sie mit Spezialisten zusammen. Sie verfügen über die nötige Kompetenz in der Markenentwicklung und garantieren Ihnen, dass die Marke von Anfang an strategisch und konzeptionell den richtigen Weg geht. Und eine falsch entwickelte Marke kostet Sie langfristig noch viel mehr: nämlich Ihren Erfolg.

Konklusion der Herausgeber

Der Artikel «Erfolgreiche Markenführung für KMU» stellt die Rahmenbedingungen der Markenführung von KMU deutlich heraus und zeigt zehn Schritte auf, die auf dem Weg zu einer erfolgreichen Marke durchlaufen werden müssen.

Der Artikel stellt damit den Verantwortlichen in KMU einen Leitfaden zur Verfügung, den sie in ihrer Praxis anwenden können, um eine Standortbestimmung ihrer bestehenden Marke(n) durchzuführen. Weiterhin können die zehn Schritte auch bei der Neuentwicklung einer Marke berücksichtigt werden. Der interessierte Leser kann die von Ramseier integrierten Einzelkonzepte durch die Lektüre der vorangegangen Beiträge stärker vertiefen.

Prof. Dr. Torsten Tomczak, Tim Oliver Brexendorf

Zukünftige Entwicklungen der Markenführung 3.2

Die Zukunft der Markenführung ist ein Dauerthema in der Marketingwissenschaft. Dennoch, oder gerade deshalb, macht es Sinn, nach vorne zu blicken. Verschiedene Autoren haben sich in einer Trendvorschau geübt. Meffert (2002, S. 671 ff.) skizziert explizit 13 Thesen als zukünftige Herausforderungen in der Markenführung:

1) Erosion der Markenkonzepte
2) Integrierte Konzeption der Markenführung
3) Messung des Markenwertes
4) Evaluierung von Markenstrategien
5) Markenüberdehnung als Risikofaktor
6) Von Produkt- zu Systemmarken
7) E-Branding
8) Corporate Branding
9) Co-Branding und Allianzen
10) Internationale Markenführung
11) Markencontrolling
12) Ausweitung der Markenführungskonzepte
13) Erfolgsfaktoren der Markenführung

Quelle: Meffert 2002, S. 671ff.

Abbildung 1: Zukunftsaspekte der Markenführung nach Meffert.

Man kann unschwer erkennen, dass sich einige Trends bereits überholt haben (z.B. E-Branding), andere sich verstärken (z.B. Corporate Branding) und wieder andere wohl ein beinahe unlösbarer Dauerbrenner bleiben (z.B. Messung des Markenwertes).

Dr. Joachim Kernstock

Bruhn (2001, S. 23) sieht die Zukunft der Markenführung insbesondere in der Ausweitung ihrer Bedeutung. Er nennt vier Felder, in die sich die Markenführung ausdehnt. Erstens weitet sich das Anwendungsfeld der Markenführung auch auf Unternehmensmarken, Unterhaltungsmarken, Personenmarken und virtuelle Marken aus. Zweitens erfasst die Verwendung des Markenbegriffs Bereiche ausserhalb des Marketing im betriebswirtschaftlichen und soziopolitischen Umfeld in Forschung und Praxis. Der kommerzielle Erfolg des Buches «No Logo» von Naomi Klein ist dafür ein Beleg. Als drittes Feld nennt er die stetig steigende Kundennähe. Kunden wollen ihre Marken zunehmend mitgestalten und werden selbst Teil der Markenführung. Viertens: Es werden andere Funktionalbereiche im Unternehmen zunehmend mit Teilaufgaben der Markenführung befasst, wie der Personalbereich (z.B. im Rahmen des Employer Branding), das Controlling und die Unternehmensstrategie.

Der folgende Beitrag ist der Versuch, im Jahre 2005 aus dem Sammelsurium verschiedenster Trends der Markenführung die wichtigsten Ansätze der nächsten Jahre herauszuarbeiten. Diese besitzen keinen Anspruch auf Vollständigkeit. Sie ersetzen nicht die vielen wichtigen Erkenntnisse, die die lange Tradition der Forschung zur Markenführung bereits erarbeitet hat. Sie sollen dem ambitionierten und an der Markenführung interessierten Management für die nahe Zukunft Anregungen geben. Bilanz kann erst in einigen Jahren gezogen werden. Zwei Kriterien sind für jeden Aspekt erfüllt: Jedes Thema ist mit seinen Spuren bereits in der aktuellen theoretisch-wissenschaftlichen Diskussion verankert und gleichzeitig in der Praxis belegt.

Folgende Themen werden die zukünftige Diskussion der Markenführung prägen.

These 1

Markenführung entwächst dem produkt- und funktionalorientierten Marketing und wird als ganzheitlicher, anspruchsgruppenorientierter Ansatz mit starkem Bezug zur Führung eines Unternehmens verstanden.

Diese Tendenz ist nicht ganz neu, wird sich aber weiter verstärken. Die Relevanz von Marken für den Unternehmenserfolg ist in verschiedenen Studien belegt worden (vgl. Kernstock et al. 2004, S. 1 ff.). Neben den klassisch markenorientierten Branchen, wie die Konsumgüterindustrie, entdecken zunehmend auch Branchen die Markenführung, die bislang markentechnisch eher ein Mauerblümchendasein fristen. Gerade in einer eher anspruchsgruppenorientierten Markenführung liegen die Chancen für Energieversorger, Chemieunternehmen, dem Maschinen- und Anlagenbau und Technologieunternehmen, also den Industriegüterbranchen. Linde, BASF, Geberit oder Vattenfall sind die heute oft noch verborgenen Markenchampions von morgen.

Mit der Anspruchsgruppenorientierung wächst die Bedeutung der Marke für die Führung von Unternehmen insgesamt. Denn wichtige Anspruchsgruppen, wie Mitarbeiter oder Anteilseigner, können von der Unternehmensführung gar nicht allein dem Marketing überlassen werden. Vielmehr wird die Markenführung die Bereiche Personal, Controlling, Öffentlichkeitsarbeit und strategische Planung erfassen. Aufgabe der Unternehmensführung ist es, das Zusammenspiel der unterschiedlichen Kräfte richtig zu orchestrieren und die widerstrebenden Kräfte im Unternehmen hinter der Identität der Marke zu bündeln (vgl. Kernstock et al., 2004, S. 43). Wenigen Unternehmen ist dies bislang gelungen. Oftmals findet man in der Praxis weniger den Teamgedanken vor, sondern das Delegationsprinzip der Verantwortung für die Marke in einen Funktionalbereich.

These 2

Die Bedeutung der persönlichen Interaktion zwischen Mitarbeiter und Kunden beim Aufbau und der Steuerung von Marken wird erkannt und nimmt einen stark wachsenden Anteil in der Aufmerksamkeit der Markenführung ein.

Lange Zeit wurde in der Markenführung den Artefakten der Primat zugebilligt. Das Produkt ist der Held und die Marketingkommunikation setzt den Helden ins rechte Licht. Dieses eher technokratische Verständnis der Markenführung ist heute noch dominant, wenn es darum geht, die Frage zu beantworten, wie das Markenwissen in die Köpfe der Kunden kommt. Aber der lange vernachlässigte Bereich der Mitarbeiter-Kunden-Interaktion wird in Wissenschaft und Praxis an Gewicht zunehmen. Die interne Anspruchsgruppe Mitarbeiter wird zum Schlüsselfaktor im Markenaufbau der Zukunft. Stichworte wie Internal Branding und Employer Branding gehen heute Verantwortlichen bereits leichter über die Lippen als noch vor wenigen Jahren. Aber die Zielrichtung greift noch zu kurz. Es geht nicht nur darum, die (Unternehmens-)Marke in den Köpfen der Mitarbeiter zu verankern. Sondern vielmehr werden in Zukunft Marken durch entsprechendes Verhalten der Mitarbeiter gegenüber ihren Kunden gestärkt und im Wettbewerb profiliert.

Der Kernwert der Marke BMW, «Joy», wird nicht nur von den Fahrzeugen einzulösen sein, sondern von jedem Mitarbeiter des Hauses im Kundenkontakt. Und diese Personen im Kundenkontakt sind mehrheitlich keine Mitarbeiter von BMW, sondern der lokalen Autohäuser. Da wird in Zukunft nicht nur beim Autokauf, sondern auch bei der einen oder anderen Fahrzeugpanne «Freude» aufkommen dürfen.

Dieses Beispiel zeigt, wie komplex diese Herausforderung ist. Unternehmen müssen ihre Mitarbeiter für ihre Marke gewinnen. Brand Ambassadors versuchen, die Markenwerte an interne und externe Multiplikatoren über die gesamte Wertschöpfungskette hinweg zu vermitteln. Der steigende Dienstleistungsanteil vieler Produkte lässt die Bedeutung der Mitarbeiter-Kunden-Interaktion auch für Nicht-Dienstleistungsbranchen steigen. Balmer (2005, S. 15) stellt das markenorientierte Verhalten auf eine Stufe mit Markenversprechen und Markenwerten. Tomczak et al. (2005, S. 28) sehen persönliche Kommunikation gleichwertig neben unpersönlicher Kommunikation. Unter dem Stichwort Behavioral Branding werden Massnahmen betrachtet, «die den Aufbau und die Pflege von Marken durch zielgerichtetes Verhalten und persönliche Kommunikation unterstützen». Jedes Unternehmen wird die Bedeutung des Mitarbeiterverhaltens anerkennen. Aber welches Unternehmen weiss, was markenorientiertes Mitarbeiterverhalten wirklich heisst?

These 3

Die Chancen für die Besetzung von Nischen für lokale Marken werden zunehmen, gleichsam als Gegentrend zu der immer globaleren Markenführung der international agierenden Konsumgüterunternehmen.

Die Globalisierung in der Markenführung ist ein Dauertrend. Die grossen Konsumgüterunternehmen führen bereits beinahe ausschliesslich globale Marken (Procter & Gamble) oder restrukturieren und reduzieren ihr Marken-Portfolio auf international durchsetzbare Marken (Unilever). Dennoch oder gerade deshalb werden die Nischen für lokal erfolgreiche Marken immer grösser und attraktiver. Schliesslich lehrt bereits die Trendforschung, dass jeder Trend auch einen Gegentrend erzeugt.

Jeder kleine Markt, differenziert durch seine soziokulturellen Grenzen, bietet Chancen. Wie sonst ist der Erfolg von Rivella in der Schweiz, aber nicht in den Nachbarländern zu erklären? Auch Frankreich ist ein kleiner Markt. Dort zeigt sich dieser «Gegentrend» besonders. Kapferer (2002) sieht bereits die Grenzen der Globalisierung von Marken erreicht und zeigt dies in seinem Heimatland deutlich auf. In Frankreich sind Whiskeymarken Marktführer, die ausserhalb des Landes kein Mensch kennt. Selbst Nischen für Marken mit einem Ursprung französischer Identität werden grösser. Orangina bleibt selbstständig. Mekka-Cola ist insbesondere in der französischsprachigen Welt auf dem Vormarsch. Auch werden Marken länderspezifisch höchst unterschiedlich beurteilt. So halten Franzosen die Schweizer Modemarke Bally für eine italienische Schuhmarke und Deutsche die Marke für ein Discountprodukt. Das eröffnet Chancen. Allerdings kann die ambitionierte Positionierung auch schief gehen: Kambly liess seine «Guetsli» in Deutschland bei Aldi listen. Da landete dann die Marke in der falschen Nische.

Coca-Cola hingegen trägt diesem Trend Rechnung und kauft ein Portfolio von lokal äusserst erfolgreichen und führenden Mineralwassermarken zusammen, wie z.B. Valser (Schweiz) und Römerquelle (Österreich). Und diese Marken werden nicht irgendwann einmal überall in Bonaqua transferiert, sondern in ihrer Identität erhalten bleiben.

These 4
In Zukunft muss die Aufgabenteilung zwischen zentraler Unternehmensleitung und Fachbereichen auch hinsichtlich der Markenführung stärker präzisiert werden.

Unter dem Stichwort «Corporate-Level-Marketing» (Balmer/Greyser 2003, S. 348) wird zukünftig eine Diskussion um die Aufgabenteilung der Markenführung zwischen Zentralinstanzen und Geschäftsbereichsmarketing geführt werden. Welche Aufgaben sind innerhalb der Organisationsstruktur sinnvoll in der Aufbauorganisation welcher Einheit zugeordnet?

Keller und Aaker (1998) zeigen, dass sich zentrale Marketingaktivitäten, die auf die Unternehmensmarke einzahlen, positiv auf die Geschäftsbereichsaktivitäten und die dort verwendeten Marken und Produkte auswirken. Sie folgern daraus, dass es für bestimmte Aufgabenbereiche, wie den Aufbau der Glaubwürdigkeit des Unternehmens oder Reaktionen auf Umwelteinflüsse, eine zentrale Koordination der Markenführung effektiver ist. Die gilt auch für den Aufbau bestimmter Assoziationen, wie z.B. «innovativness». Am effektivsten unterstützt eine starke, zentral geführte Unternehmensmarke die Markteinführung neuer Produkte. Seit einigen Jahren folgt beispielsweise der Nestlé-Konzern dieser Strategie.

Balmer und Greyser (2003, S. 351) sehen für ein Corporate-Level-Marketing vier Aufgabenschwerpunkte: Das unternehmensweite Marketing beschäftigt sich mit den Bedürfnissen, dem Verhalten und den Wünschen der aktuellen und zukünftigen Anspruchsgruppen des Unternehmens (1). Es koordiniert die Aktivitäten hinsichtlich der einzelnen Anspruchsgruppen und das Markcting der Geschäftsbereiche (2). Es balanciert Gewinnmaximierungsziele mit dem Überlebensziel des Unternehmens aus (3) und berücksichtigt die nachhaltige Einbettung von Marke und Unternehmen in das soziokulturelle Umfeld des Unternehmens (4).

In diesem Ansatz bleibt allerdings noch unberücksichtigt, inwiefern sich ein Corporate-Level-Marketing Aufgaben mit anderen Zentralfunktionen teilt. Auch ist sicherlich erst ab einer bestimmten Grössenordnung des Unternehmens eine Ausdifferenzierung der Aufgaben sinnvoll. Für ein KMU-Unternehmen bleiben viele Aufgaben des Corporate-Level-Marketing auch in Zukunft beim Geschäftsführer zugeordnet. Aber es stellt schon für viele Unternehmen einen gewaltigen Schritt dar, diese Aufgaben überhaupt zu adressieren.

These 5
Die Prozesse der Markenführung werden aus Effizienz und Effektivitätsgesichtspunkten in Zukunft stärker an Bedeutung gewinnen.

Neben der Frage nach der adäquaten Aufbauorganisation für die Markenführung wird in Zukunft stärker auch das lange vernachlässigte Thema einer effizienten und effektiven Ablauforganisation der Markenführung Berücksichtigung finden. Knox (2004, S. 108 f.) macht deutlich, dass es in Theorie und Praxis ein eklatantes Missverhältnis bei der Prozessdefinition gibt. Während Unternehmen äusserst differenziert ihre Prozessabläufe bei Planung, Produktion oder IT-Infrastruktur definiert haben, so ist dies häufig für Fragen der Positionierung von Marken und dem Auftreten von Produkten und Unternehmen insgesamt nicht der Fall. Dies ist umso mehr verwunderlich, da in der Unternehmenspraxis das Denken in Wertschöpfungsketten weit gehend anerkannt und durchgesetzt ist. Geht man davon aus, dass Unternehmensmarke und Produktmarken einen wesentlichen Anteil an der Wertschöpfung des Unternehmens haben, dann ist die Lücke bei den Prozessen der Markenführung umso verwunderlicher. Differenziert man bei den Prozessen der Markenführung zwischen Produkt- und Unternehmensebene, dann sind sicherlich die Prozesse auf «Corporate-Level» komplexer. Für die Unternehmen, die hier einen Schwerpunkt setzen wollen, ist aber die Definition von Prozessabläufen für die Produktmarken bereits ein wichtiger erster Schritt, der vielerorts noch geleistet werden muss.

These 6
Strategy follows Brand Management wird den Umkehrschluss (Branding follows Strategy) in der Gewichtung ablösen.

Es zeigt sich, dass heute immer noch die Strategiearbeit hierarchisch eindeutig höher verantwortet wird als die Arbeit in der Markenführung, insbesondere, wenn es um die Führung der Unternehmensmarke, dem Corporate Brand Management geht. Nur in 29 Prozent der in einer Studie befragten Unternehmen wird die Markenführung auf Top-Management-Ebene verantwortet (vgl. Kernstock/Brekenfeld 2004, S. 40 ff.). Hingegen fühlen sich 64 Prozent des Topmanagements der strategischen Planung verpflichtet. In der Regel findet sich in der Selbsteinschätzung der Unternehmen die Verantwortung für die Markenführung auf der 2. Führungsebene. In der Konsequenz kann man festhalten: Branding follows Strategy, zumindest wenn es um die Machtstrukturen in den Unternehmen geht. Die Notwendigkeit, Branding-Fragen im Rahmen unternehmensstrategischer Weichenstellungen auf Top-Management-Level zu diskutieren, scheitert vielfach noch an den Organisationsstrukturen und mangelnder Durchsetzungskraft der Markenverantwortlichen.

Häufig werden strategische Planung und Markenführung als isolierte Teildisziplinen betrachtet, die ohne systematische Abstimmung arbeiten. Das belegen die weiteren Studienergebnisse. Es ist festzuhalten, dass die wesentlich erfolgreicheren Unternehmen Strategiearbeit und Markenführung in Einklang bringen und koordiniert weiterentwickeln. Für die Durchsetzung von Markenideen innerhalb und ausserhalb des Unternehmens hilft eine entsprechende Zuordnung der Markenverantwortung im Unternehmen. Nicht alles im Unternehmen kann alleine CEO-Thema sein. Dennoch hilft es dem Unternehmen, wenn in Zukunft das Thema Markenführung auf Augenhöhe mit anderen strategischen Themen im Unternehmen verankert wird.

These 7

Aktivere Nutzung von Markenrechten in Branchen und bei Unternehmen, die diese Potenziale bislang ungenutzt lassen.

In Zukunft werden sich verstärkt Märkte für die Marke selbst bilden. Einerseits wird die in den nächsten Jahren wieder zunehmende Aktivität von Unternehmensübernahmen weniger durch Synergieeffekte oder den Zugang zu nationalen Märkten getrieben sein, wie dies in der letzten Merger-Welle (bis 2000) der Fall war, sondern vielmehr von der Jagd nach den immer enger und wertvolleren Plätzen im Kopf des Kunden. Dem ersten

Top-Merger diesen Jahres (Procter & Gamble übernimmt Gillette) werden weitere markengetriebene Übernahmen folgen (vgl. o.V, 2005a. S. 9).

Andererseits wird sich die zunehmende betriebswirtschaftliche Bedeutung der Markenführung an der steigenden Vergabe von Lizenzierungsrechten und einem weiterhin starken Wachstum und Erfolg von Franchisemodellen zeigen. Bislang in der Mode-, Medien- und Sportartikelwelt zuhause, wird die Vergabe von Markenlizenzen weitere Branchen erfassen. Auch werden neue Modelle, wie z.b. die Verpfändung der Marke als Sicherheit an einen Versicherungskonzern, wie dies z. B. der deutsche Bundesligaverein Borussia Dortmund mit der Verpfändung von Vereinsfarben und Emblemen an den Gerling-Konzern für 20 Millionen Euro getan hat (o.V. 2005b), nicht mehr nur Ausnahmecharakter besitzen und für Schlagzeilen sorgen, sondern zur Selbstverständlichkeit werden.

Dies wird dazu führen, dass für die gesamte Branche und das Management der Markenführung neue Qualifikationen erforderlich werden. Neben klassischen Qualifikationen des Marketing werden Kompetenzen von Unternehmens-, Geschäfts- und Markenbewertung genauso gefragt sein wie die Gestaltung von Vertragswerken zur Lizenzvergabe, die einerseits die Geschäftsentwicklung verbessern, andererseits aber die Marke in ihrem Kern schützen oder sogar stärken.

Konklusion der Herausgeber

Der Beitrag «Zukünftige Entwicklungen der Markenführung» stellt nicht nur thesenartig heraus, welche Entwicklungstendenzen in der theoretischen Betrachtung der Markenführung zu beobachten sind, sondern zeigt auch Handlungsimplikationen für die Praxis auf. Markenführung wird zunehmend nicht mehr nur als Teilbereich des Marketing gesehen, sondern als ganzheitlicher Ansatz mit starkem Führungsbezug.

Die oft getroffene Aussage «Markenführung ist Chefsache» ist demnach zum einen richtig, da die Markenführung stark mit der Gesamtführung des Unternehmens verbunden ist. Zum anderen sind es aber auch alle Mitarbeiter des Unternehmens, die zum Aufbau und zur Profilierung der Marke in der täglichen Kommunikation mit allen Anspruchsgruppen des Unternehmens wie den Kunden beitragen. Insbesondere in KMU ist die Interaktion zwischen Mitarbeiter und Kunde sehr bedeutsam und hat einen hohen Einfluss auf die Markenwahrnehmung.

Die Ausführungen machen deutlich, dass die Führung der Marke in Zukunft das gesamte Unternehmen betrifft. Dies hat zur Folge, dass die Steuerung der Marke zunehmend funktionenübergreifender, prozessorientierter und inhaltlich abgestimmter erfolgen muss, als dies bisher in den meisten Unternehmen der Fall ist. Die Theorie wird zunehmend gefordert sein, Ansätze zu entwickeln, die Unternehmen vor dem Hintergrund der beschriebenen Rahmenbedingungen bei diesen Aufgaben unterstützen.

Insbesondere bei KMU bleiben die Potenziale einer effektiven Markenführung vielfach noch ungenutzt. Das vorliegende Buch und die Ausführungen der einzelnen Autoren sollen dazu anregen, diese Potenziale zu erkennen und zukünftig zu nutzen.

Prof. Dr. Torsten Tomczak, Tim Oliver Brexendorf

Literatur

Balmer, J.M.T. (2005): Values, Promise and Behaviour: The Corporate Branding Triumvirate?, in: Thexis, Nr. 1, S. 13-17

Balmer, J.M.T.; Greyser, S.A. (2003): Beyond the Age of Innocence, in: Balmer, J.M.T.; Greyser, S.A. (Hrsg.): Revealing the Corporation, London, Routledge, S. 345-357

Bruhn, M. (2001): Bedeutung der Handelsmarke im Markenwettbewerb – eine Einführung, in: Bruhn, M. (Hrsg.): Handelsmarken. Entwicklungstendenzen und Perspektiven der Handelsmarkenpolitik, 3. Aufl., Stuttgart, Schäffer-Poeschel, S. 3-48

Kapferer, J.-N. (2003): Is there really no hope for local brands, in: Journal of Brand Management, Vol. 9, No. 3, S. 163-170

Keller, K.L.; Aaker D.A. (1998): The Impact of Corporate Marketing on a Company's Brand Extensions, in: Corporate Reputation Review, Vol. 1, No. 4, S. 356-378

Kernstock, J.; A. Brekenfeld, A. (2004): Abgekoppelt: Die Marke als Placebo strategischer Entscheidungen, in: Absatzwirtschaft, Nr. 10, S. 40-46

Kernstock, J.; Esch, F.R.; Tomczak, T.; Langner, T. (2004): Zugang zum Corporate Brand Management, in: Esch, F.R.; Tomczak T.; Kernstock, J.; Langner, T. (Hrsg.): Corporate Brand Management. Marken als Anker strategischer Führung von Unternehmen, Wiesbaden, Gabler, S. 1-52

Knox, S. (2004), Positioning and branding your organisation, in: Journal of Product and Brand Management, Vol. 13, No. 2, S. 105-115

o.V. (2005a): Love is in the air. The return of corporate mergers, in: The Economist, Februar, 5th, S. 9 und S. 53-54

o.V. (2005b): Borussia Dortmund verpfändet seinen eigenen Namen, in: Süddeutsche Zeitung, 3. Februar 2005, S. 36

Meffert H. (2002): Zukunftsaspekte der Markenführung – Zusammenfassende Thesen, in: Meffert H.; Burmann, C.; Koers, M. (Hrsg.): Markenmanagement. Grundfragen der identitätsorientierten Markenführung, Wiesbaden, S. 671-673

Tomczak, T.; Herrmann, A.; Brexendorf, T.O.; Kernstock, J. (2005): Behavioral Branding – Markenprofilierung durch persönliche Kommunikation, in: Thexis, Nr. 1, S. 28-31